Comptabilité
générale
Gestion
des entreprises

JEAN-JACQUES FRIEDRICH, agrégé d'économie et gestion et diplômé expert-comptable,
est directeur du Master Comptabilité-Contrôle-Audit à l'IAE de l'Université Jean-Moulin–Lyon-3.

hachette
SUPÉRIEUR

Mise en page : Marion Fernagut/PAON

www.hachette-education.com

ISBN : 978-2-01-140171-7

Avant-propos

Cet ouvrage comprend des séries de questions à choix multiple (QCM) et de nombreuses applications avec un corrigé détaillé.

Les QCM permettent de vérifier l'acquisition et la compréhension des connaissances préalablement à la résolution des exercices. Ils permettent également de s'entraîner aux examens et concours qui comportent des QCM de comptabilité (concours Message, concours d'entrée en Licence 3 ou en Master 1, etc.).

Chaque application ou cas porte sur un thème particulier de comptabilité financière.

Le référentiel retenu est celui de l'UE 9. *Introduction à la comptabilité* du Diplôme de comptabilité et de gestion (DCG). Cette unité d'enseignement, qui correspond à 150 heures de cours environ, est le premier niveau en comptabilité de l'enseignement supérieur. Son programme officiel est un référentiel très utilisé de l'enseignement de la comptabilité financière dans les universités de gestion et les écoles de management françaises.

L'ouvrage est conçu pour aider les candidats :

– au Diplôme de Comptabilité et de Gestion (DCG) ;

– à tous les examens de comptabilité financière des premiers cycles tertiaires :

- Licences : Sciences de gestion, Économie et gestion, AES, LEA, Droit ou Sciences économiques ;
- DUT et BTS ;
- Écoles de commerce.

Les solutions proposées dans cet ouvrage d'application sont en cohérence avec le manuel de Comptabilité générale publié chez le même éditeur (*Comptabilité Générale et Gestion des entreprises*, 6e édition, J.-J. Friedrich, Hachette Supérieur).

Quelques recommandations avant d'aborder une épreuve de comptabilité

1. Ne jamais oublier d'emporter un plan comptable (celui autorisé aux examens) et une calculatrice.

2. Lire tout d'abord l'intégralité du sujet en évaluant le temps nécessaire pour traiter chacune des parties.

3. Lorsque les parties sont indépendantes, commencer à traiter celles qui paraissent les plus accessibles.

4. Indiquer les références de la question traitée en commençant chaque partie sur une page différente et en évitant de traiter une question à plusieurs endroits différents.

5. Expliquer toujours la méthode suivie pour permettre aux correcteurs de mieux apprécier le travail effectué et d'éviter de sanctionner trop sévèrement un travail dont les seules erreurs sont liées à des hypothèses mal précisées ou à des calculs inexacts.

6. Entre « Traiter parfaitement une question en manquant de temps pour en traiter une autre » et « Répartir le temps de travail sur deux parties quitte à ne les traiter que partiellement », choisir la deuxième solution.

7. Ne pas oublier que la comptabilité requiert des capacités de rigueur et de méthode qui s'apprécient également par une écriture lisible, une orthographe irréprochable et un style précis.

8. Ne pas oublier que la comptabilité s'apprend et se pratique. Il est donc indispensable de s'entraîner avant de se présenter à une épreuve, pour acquérir, en plus des connaissances indispensables, réflexes et rapidité d'exécution.

Sommaire

PARTIE 1

Principes et mécanismes de la comptabilité

[redacted]

Testez vos connaissances

☛ **Une seule réponse juste par question**

1 • En France, le Code de commerce stipule que les comptes annuels doivent :

A – Être réguliers, sincères et donner une image fidèle du patrimoine, de la situation financière et du résultat de l'entreprise.

B – Fournir au chef d'entreprise les informations lui permettant de gérer son entreprise.

C – Fournir à l'administration fiscale les informations lui permettant de contrôler la réalité du résultat imposable.

D – Informer les investisseurs pour leur permettre de prendre des décisions rationnelles.

2 • Le principe de la partie double signifie :

A – Que chaque opération doit être inscrite à l'actif et au passif.

B – Qu'il faut enregistrer pour chaque opération, à la fois son origine et sa destination.

C – Que le résultat de l'exercice apparaît à la fois au bilan et au compte de résultat.

D – Que tout commerçant doit présenter un bilan et un compte de résultat.

3 • L'un des éléments suivants ne constitue pas une ressource (au sens comptable du terme) :

A – Les dettes envers les fournisseurs.

B – Le bénéfice.

C – Les disponibilités bancaires.

D – Les capitaux propres.

4 • L'un des éléments suivants ne constitue pas un emploi :

A – Les brevets.

B – Les avances reçues des clients à la commande.

C – Les cautions versées à des tiers.

D – Les valeurs mobilières de placement.

5 • Les immobilisations sont :

A – Les capitaux affectés à des investissements.

B – Les actifs destinés à servir de façon durable à l'activité de l'entreprise.

C – Les sommes d'argent immobilisées dans l'entreprise.

D – Les actifs de forte valeur dont on répartit le coût sur plusieurs années.

6 • L'actif circulant d'une entreprise regroupe :

A – Les actifs qui font partie du cycle de production de l'entreprise.

B – Les actifs dont la liquidité est inférieure à un an.

C – Les actifs que l'on peut revendre facilement.

D – Les biens qui n'ont pas vocation à rester durablement dans l'entreprise.

7 • Où lit-on dans le bilan le montant de la Trésorerie de l'entreprise ?

A – Dans le poste *Disponibilités* du bilan.

B – En faisant la somme des *Disponibilités* et des *Valeurs mobilières de placement.*

C – En faisant la différence entre les *Disponibilités* et les *Concours bancaires courants.*

D – En faisant la différence entre l'actif circulant et les dettes à court terme.

8 • Les capitaux propres d'une entreprise représentent :

A – Les sommes d'argent non encore investies.

B – Les sommes d'argent laissées durablement à sa disposition.

C – La différence entre les actifs et les dettes.

D – L'argent disponible en banque et en caisse.

9 • Les réserves apparaissant au passif du bilan correspondent :

A – À des liquidités que les entreprises doivent conserver en réserves pour distribuer des dividendes en cas de pertes.

B – À des emprunts bancaires à durée illimitée.

C – Au bénéfice de l'exercice précédent en instance d'affectation.

D – Aux bénéfices des exercices précédents non distribués aux associés.

10 • Le résultat d'une entreprise est égal à la différence entre :

A – Les recettes et les dépenses.

B – Les produits et les charges.

C – Les encaissements et les décaissements.

D – Les actifs et les dettes.

11 • Le résultat courant correspond :

A – Au résultat d'exploitation.

B – Au résultat d'exploitation diminué des charges financières.

C – À la somme du résultat d'exploitation et des produits financiers.

D – À la somme du résultat d'exploitation et du résultat financier.

12 • Les éléments exceptionnels regroupent :

A – Les opérations qui ne surviennent qu'une fois par an.

B – Les opérations non caractéristiques de l'activité courante et que l'entreprise choisit d'isoler en charges ou produits exceptionnels.

C – Les opérations inhabituelles pour l'entreprise.

D – Les opérations de montants importants qui pourraient fausser le résultat d'exploitation.

13 • Les comptes annuels d'une entreprise comprennent :

A – Le bilan et le compte de résultat.

B – Le bilan, le compte de résultat et le rapport des commissaires aux comptes.

C – Le bilan, le compte de résultat et l'annexe.

D – L'ensemble des documents adressés chaque année aux services fiscaux.

14 • La comptabilité est rendue obligatoire par :

A – Le Code civil.

B – Le Code de commerce et le Code général des impôts.

C – Le Code de commerce uniquement.

D – L'Autorité des Normes Comptables.

15 • L'une de ces propositions ne constitue pas une source doctrinale du droit comptable.

A – Le PCG.

B – L'IASB.

C – L'autorité des marchés financiers (AMF).

D – L'Ordre des Experts-Comptables (OEC).

16 • L'IASB (*International Accounting Standards Board*) a pour objet :

A – D'élaborer et de publier des normes comptables internationales susceptibles d'influencer les réglementations nationales.

B – D'élaborer et de publier des normes comptables internationales dont l'application est obligatoire dans les entreprises des pays signataires.

C – D'élaborer le droit comptable mondial.

D – De consacrer la suprématie de la comptabilité anglo-saxonne.

17 • L'objectif de régularité assigné à la comptabilité signifie que :

A – La comptabilité doit être tenue régulièrement.

B – La comptabilité doit être contrôlée régulièrement.

C – La comptabilité doit être établie conformément aux règles en vigueur.

D – La comptabilité doit être sincère et établie avec honnêteté.

18 • Le principe de prudence signifie que l'entreprise doit :

A – Apprécier raisonnablement les faits pour éviter de reporter sur les exercices suivants des incertitudes qui pourraient peser sur ses résultats.

B – Éviter de prendre des décisions de nature à faire courir à ses actionnaires des risques financiers élevés.

C – Amortir ses actifs en respectant les directives fiscales.

D – Préférer surestimer ses provisions plutôt que de prendre le risque d'enregistrer des montants trop faibles.

19 • Le principe d'indépendance des exercices signifie que :

A – Les règles de présentation et d'évaluation des comptes ne peuvent être modifiées d'un exercice à l'autre.

B – Chaque charge et chaque produit doit être rattaché à l'exercice qui le concerne et à cet exercice seulement.

C – Les charges doivent être indépendantes des produits.

D – Les comptes annuels doivent être établis en présumant que l'entreprise poursuivra normalement son activité.

20 • Une seule des opérations suivantes entraîne (au moment de son enregistrement) une diminution du patrimoine de l'entreprise. Laquelle ?

A – Achat d'une nouvelle machine payée au comptant.

B – Remboursement du nominal d'un emprunt.

C – Règlement d'une dette à un fournisseur de marchandises.

D – Constatation des charges sociales sur les salaires du mois, à payer le 15 du trimestre suivant.

21 • Les normes IFRS sont élaborées par :

A – Le FASB (Financial Accounting Standards Board).

B – L'IASB (International Accounting Standards Board).

C – L'Autorité des Normes Comptables (ANC).

D – L'Ordre des experts-comptables.

22 • Les comptes annuels peuvent être établis selon trois systèmes de présentation :

A – Simplifié, de base et détaillé.

B – Agrégé, central et développé.

C – Abrégé, de base et développé.

D – Abrégé, de base et détaillé.

23 • L'IASB est un organisme international de normalisation comptable composé de :

A – 5 membres. B – 14 membres. C – 16 membres. D – 58 membres.

24 • Les membres de l'IASB sont nommés par :

A – la Commission européenne.

B – Un collège de Trustees.

C – Le FASB.

D – L'assemblée générale des organisations professionnelles membres.

25 • L'Autorité des normes comptables (ANC) est un organisme chargé :

A – D'élaborer les règles comptables françaises.

B – D'élaborer les règles fiscales françaises.

C – D'élaborer les règles comptables européennes.

D – D'élaborer les règles comptables mondiales.

26 • En France, les IFRS s'appliquent aujourd'hui obligatoirement :

A – Dans les comptes sociaux de toutes les entreprises.

B – Dans les comptes sociaux des entreprises cotées en bourse.

C – Dans les comptes consolidés de tous les groupes français.

D – Dans les comptes consolidés de tous les groupes français cotés en bourse.

27 • L'une des conventions comptables suivantes est traditionnellement considérée comme plus importante en comptabilité française qu'en normes IFRS :

A – Principe de l'importance relative.

B – Principe de permanence des méthodes.

C – Principe de non-compensation.

D – Principe de prudence.

28 • L'une des conventions comptables suivantes est traditionnellement considérée comme plus importante en normes IFRS qu'en comptabilité française :

A – Principe de la prééminence de la réalité sur l'apparence.

B – Principe d'indépendance des exercices.

C – Principe de non-compensation.

D – Principe de prudence.

29 • Le PCG français est sur un plan juridique :

A – Un décret.

B – Un arrêté ministériel.

C – Une ordonnance.

D – Une loi.

30 • Selon l'article 211-1 du PCG, un actif est :

A – Un élément positif du patrimoine.

B – Un élément positif du patrimoine générant une ressource que l'entité possède et dont elle attend des avantages économiques futurs.

C – Un élément positif du patrimoine générant une ressource que l'entité contrôle et dont elle attend des avantages économiques futurs.

D – Un accroissement d'avantages économiques apparus au cours de l'exercice.

■ Réponses au QCM n° 1

1 • A L'article L 123-14 du Code de commerce stipule que « les comptes annuels doivent être réguliers, sincères et donner une image fidèle du patrimoine, de la situation financière et du résultat de l'entreprise ».

2 • B Le principe de la partie double signifie que chaque opération fait l'objet d'au moins deux inscriptions en comptabilité. L'une indique la ressource (ou la diminution d'un emploi), l'autre indique l'emploi (ou la diminution d'une ressource).

3 • C Comptablement, les disponibilités correspondent à des affectations de ressources, c'est-à-dire à des emplois (ils sont inscrits à l'actif du bilan).

4 • B Les avances reçues des clients sont des sommes dont l'entreprise n'est pas encore propriétaire et dont elle bénéficie préalablement à la livraison. Ces sommes doivent être enregistrées au passif du bilan en tant que « dettes envers les clients ».

5 • B Les immobilisations sont des actifs destinés à servir de façon durable à l'activité de l'entreprise. Il faut que la durée d'utilisation d'une immobilisation soit supérieure à la durée d'un exercice comptable, soit 12 mois.

6 • D L'actif circulant s'oppose comptablement à l'actif immobilisé. Les autres réponses proposées ne sont que partielles.

7 • C La trésorerie d'une entreprise est composée de la trésorerie dite « active » (disponibilités) de laquelle il faut retrancher la trésorerie dite « passive » (concours bancaires courants). Les analystes financiers y ajoutent parfois les valeurs mobilières de placement lorsqu'elles sont facilement réalisables.

8 • C Les capitaux propres sont ceux qui appartiennent aux propriétaires de l'entreprise (associés ou actionnaires). Ils correspondent à la différence entre les actifs et les dettes. L'actionnaire est en quelque sorte le créancier ultime de l'entreprise.

9 • D Les réserves sont, en règle générale, des bénéfices affectés durablement à l'entreprise jusqu'à décision contraire des organes compétents (loi, statuts, assemblées générales).

10 • B Le compte de résultat enregistre des charges engagées (et non pas décaissées) et les produits acquis (et non pas encaissés). La comptabilité financière est une comptabilité d'engagement et non une comptabilité de trésorerie.

11 • D On peut remarquer que le droit comptable français, s'il reconnaît la nécessité de faire apparaître le résultat courant, ne donne aucune définition précise de celui-ci.

12 • B La réponse B est la plus juste, les réponses C et D étant trop partielles. Pour distinguer si un événement doit ou non entrer dans la détermination du résultat exceptionnel, on se réfère à :

– son lien avec l'activité courante ou non courante de l'entreprise ;
– mais aussi, indépendamment de ce critère, à son caractère inhabituel et à son importance ou son incidence sur les résultats.

13 • C Le bilan, le compte de résultat et l'annexe forment un tout indissociable.

14 • B Le droit fiscal étant autonome par rapport au droit commercial, l'obligation de tenir une comptabilité est expressément prévue, à la fois, par le Code de commerce et par le Code général des impôts.

15 • A Le PCG est une source réglementaire (un arrêté ministériel) et non une source doctrinale du droit comptable.

16 • A Les normes de l'IASB (appelées normes IFRS) n'engagent que les pays ayant fait entrer ces normes dans leur référentiel comptable. C'est, par exemple, le cas de l'Union européenne qui a rendu obligatoire les normes IFRS pour l'établissement des comptes consolidés des groupes européens cotés en bourse.

17 • C L'objectif de régularité est souvent associé à l'objectif de sincérité, ce dernier consistant à appliquer les règles et procédures en vigueur avec bonne foi.

18 • A Le principe de prudence justifie notamment l'enregistrement des dépréciations et des provisions.

19 • B Ce principe justifie de nombreuses règles comptables, notamment celles relatives aux charges et produits à rattacher à l'exercice ou à constater d'avance, à certains amortissements (frais d'établissement par exemple). La réponse A correspondait à la définition du principe de permanence des méthodes et la réponse D au principe de continuité de l'exploitation.

20 • D Les enregistrements comptables s'effectuent à la date d'engagement des dépenses et entraînent une diminution immédiate du patrimoine, même si le paiement effectif de ces dépenses n'intervient que plus tard. Une charge sociale ou un impôt entraînent donc une diminution du patrimoine au moment où la charge est juridiquement exigible (date d'exigibilité de l'impôt) alors même que son paiement n'interviendra que plus tard.

21 • B Les normes dites « IFRS » sont élaborées par *l'International Accounting Standards Board*, organisme indépendant international de droit privé, chargé d'élaborer un référentiel comptable et d'en promouvoir l'application à l'échelon mondial.

22 • C Trois systèmes de présentation sont prévus par le PCG français :
– le système de base comporte les dispositions minimales de la comptabilité et s'applique aux entreprises de moyenne ou de grande dimension ;
– le système abrégé s'applique aux petites entreprises dont la dimension ne justifie pas le recours au système de base ;

– le système développé, facultatif, propose un système de présentation facilitant l'analyse des données de base dans le but d'une meilleure utilisation des documents de synthèse en termes de gestion.

23 • C L'IASB comprend 16 membres. Le FASB (*Financial Accounting Standards Board*), qui est l'organisme de normalisationcomptable aux États-Unis, comprend 5 membres. L'ANC (Autorité des Normes Comptables) française compte 16 membres. Elle remplace le CNC (Conseil National de la Comptabilité) qui en comptait 58.

24 • B L'IFRS *Foundation* est gouvernée par 22 « Trustees » (Conseil de surveillance). Les Trustees sont chargés de la définition des orientations stratégiques, de la désignation des membres de l'IASB, d'adopter le budget et d'opérer d'éventuels changements constitutionnels. Le mandat des Trustees est de 3 ans renouvelable une fois.

25 • A L'Autorité des Normes Comptables (ANC) est l'organisme qui a remplacé le Conseil National de la Comptabilité (CNC) et le Comité de la Réglementation Comptable (CRC). Il est chargé :

– d'établir, sous forme de règlements, les prescriptions comptables générales et sectorielles que doivent respecter les entités soumises à l'obligation d'établir des comptes ;

– de donner son avis sur toute disposition législative ou réglementaire contenant des mesures de nature comptable ;

– d'émettre des avis et prises de positions dans le cadre de la procédure d'élaboration des normes comptables internationales ;

– de veiller à la coordination des travaux théoriques et méthodologiques en matière comptable, sous formes d'études et de recommandations.

26 • D Le règlement européen adopté le 19 juillet 2002 par le Parlement européen et le Conseil de l'Europe impose l'application des normes IFRS dans les comptes consolidés de toutes les sociétés européennes cotées, depuis les exercices ouverts à compter du 1er janvier 2005.

27 • D Le principe de prudence conduit les entreprises à comptabiliser les charges dès que leur réalisation est probable, mais à l'inverse, à n'enregistrer les produits que lorsque ceux-ci sont réalisés. Ce principe est néanmoins aujourd'hui en net recul en raison de la convergence du PCG français vers les normes IFRS.

28 • A Le principe de prééminence de la réalité économique sur l'apparence juridique est un principe dominant en normes IFRS ainsi qu'en comptabilité anglo-saxonne. Il conduit les entreprises à privilégier une traduction des opérations comptables qui privilégie la fidélité à la réalité économique, en particulier lorsque celle-ci est masquée par une réalité juridique différente. Ce principe conduit par exemple les normes IFRS à enregistrer le crédit-bail comme une opération de financement et non comme un contrat de location, suivi d'une option d'achat.

29 • B Le PCG est un arrêté ministériel. Ces dernières années, le PCG a connu des évolutions importantes, tant sur le fond que sur la forme. L'arrêté ministériel du 22 juin 1999 a abrogé le plan comptable général de 1982 et l'a remplacé par le règlement 99-03 du Comité de la Réglementation Comptable auquel est annexé le nouveau PCG.

30 • C Longtemps défini uniquement comme « un élément positif du patrimoine », la définition de la notion d'actif en comptabilité française s'est récemment rapprochée de la définition donnée par les normes IFRS. Sans pour autant renoncer à la conception patrimoniale du bilan, l'article 211-1 du PCG définit désormais un actif comme « un élément identifiable du patrimoine ayant une valeur économique positive pour l'entité, c'est-à-dire un élément générant une ressource que l'entité contrôle du fait d'événements passés et dont elle attend des avantages économiques futurs ».

Mécanisme de la partie double Formation du bilan et du compte de résultat

■ Énoncé

La SA Silem est une entreprise commerciale qui vend des consoles de jeux vidéo à une clientèle de particuliers. Les différents éléments de son patrimoine se présentent comme suit au 31-12-N–1 :

Frais d'établissement	60 000
Banque (solde positif)	21 000
Capital	300 000
Terrains	80 000
Constructions	190 000
Stocks de marchandises	179 000
Fonds commercial	40 000
Créances clients	260 000
Caisse	5 000
Dettes fournisseurs	180 000
Emprunts	500 000
Prêts	75 000
Dettes fiscales et sociales	30 000
Valeurs mobilières de placement	60 000
Titres de participation	100 000
Réserves	200 000
Matériel	230 000

Au cours de l'année N, les opérations suivantes ont été réalisées :

1. Paiement de la dette envers l'État et les organismes sociaux, par virement bancaire.

2. Encaissement des créances sur les clients de l'année N–1 par chèque.

3. Paiement des dettes envers les fournisseurs de l'année N–1 par chèque.

4. Achats de marchandises :
- au comptant par chèque .... 780 000 €
- à crédit .... 260 000 €

5. Campagne publicitaire : 58 000 €. Cette somme a été réglée à l'agence Havas au comptant par chèque pour la moitié, le reste à crédit.

6. Remboursement d'une annuité d'emprunt : 140 000 €, dont 40 000 € d'intérêts.
7. Les salaires versés au cours de l'année N s'élèvent à 290 000 €. Ils ont été payés à la fin de chaque mois.
8. Les charges sociales sur salaires s'élèvent à 130 000 € dont 20 000 € seront payés en N+1.
9. Facturation des frais de transports de marchandises : 67 000 € au comptant.
10. Honoraires de conseil : 46 000 € payés au comptant.
11. Primes d'assurances : 26 000 € payés au comptant.
12. Consommation de téléphone réglée par chèque au cours de l'exercice : 4 000 €.
13. Location du magasin : 16 000 €. Paiement au comptant par chèque.
14. Paiement au cours de l'exercice de diverses petites fournitures de bureau, en espèces : 3 000 €.
15. Impôts et taxes supportés au cours de l'année N : 145 000 €, dont 42 000 € restent à payer au 31-12-N.
16. Cession à la SARL Durand, au prix de 150 000 €, du terrain acquis 80 000 € à la création de la société. Règlement au comptant par chèque.
17. Électricité de France adresse la facture suivante :
    - caution sur installation d'une nouvelle ligne : 2 000 €.
    - consommation de l'année : 15 000 €.

    Paiement au comptant par virement bancaire.
18. Factures de l'entreprise Burotic :
    - Facture n° 256 : vente d'un ordinateur portable : 20 000 €.
    - Facture n° 257 : location de matériel vidéo : 8 000 €.

    Règlement à crédit.
19. Les actifs financiers ont rapporté à l'entreprise Silem les dividendes suivants :
    - Titres de participation : 15 000 €.
    - Valeurs mobilières de placement : 6 000 €.

    Ces sommes ont été versées sur le compte bancaire de l'entreprise.
20. La société Silem contracte un nouvel emprunt d'un montant de 250 000 €.
21. Acquisition d'un nouveau magasin de vente à Villeurbanne :
    - Prix du local : 110 000 €. Paiement au comptant par chèque.
    - Prix de l'emplacement : 120 000 €. Paiement au comptant par chèque.
    - Agencements, aménagements, installations du magasin : 95 000 €. Paiement à crédit.

22. Constatation de l'amortissement des immobilisations :
- Frais d'établissement : 20 000 €.
- Constructions : 10 000 €.
- Matériels : 46 000 €.

23. Ventes de marchandises : 2 000 000 € :
- 1 350 000 € au comptant par chèque ;
- 50 000 € en espèces ;
- 600 000 € à crédit.

24. Virement de 45 000 € de la caisse sur la banque.

REMARQUE

L'inventaire des stocks au 31-12-N fait ressortir un montant équivalent à celui du 01-01-N. Il n'y a donc eu, ni stockage, ni déstockage entre les deux exercices.

Mission

1. Rappelez en quelques lignes en quoi consiste le principe de la partie double. Pourquoi la comptabilité des stocks repose-t-elle sur la méthode de l'inventaire intermittent ?

2. Donnez une définition des quatre principaux éléments comptables : actifs, charges, passifs et produits.

3. Présentez le bilan au 31-12-N–1 de la société Silem. Retrouver le résultat de l'exercice N–1.

4. Analysez comptablement les opérations de l'exercice N et établir directement le bilan et le compte de résultat de la société Silem au 31-12-N, sans procéder aux enregistrements comptables dans le livre-journal ou le grand-livre.

Remarques :

– sauf précisions, les opérations au comptant sont réglées par chèque ou virement bancaire ;

– le bénéfice dégagé à la clôture de l'exercice N–1 a été affecté en réserves.

■ Solution

1 • Le principe de la partie double et la méthode de l'inventaire intermittent

■ Le mécanisme emplois/ressources et le principe de la partie double

Le principe de la partie double consiste à enregistrer simultanément et pour chaque opération comptable la ressource (ou l'origine de l'opération) et son emploi (ou sa destination).

Tout emploi nouveau se justifie, soit par une nouvelle ressource, soit par la réutilisation (diminution) d'un emploi précédent.

Inversement, toute ressource nouvelle a pour contrepartie, soit un emploi nouveau, soit la diminution d'une autre ressource.

Le total des ressources est toujours égal au total des emplois.

■ La méthode de l'inventaire intermittent

La méthode de l'inventaire permanent suppose que l'entreprise soit en mesure d'estimer le coût d'entrée de chaque sortie de stock au moment même où elle se produit, ce qui signifie qu'elle doit connaître, pour chaque opération de vente, le coût de revient du bien ou du service vendu.

Ce raisonnement, simple sur un plan théorique, s'avère néanmoins difficile à mettre en pratique car les entreprises effectuent des achats fréquents à des prix différents selon les fournisseurs, les quantités commandées ou les périodes. Il est donc relativement difficile de pouvoir calculer au fur et à mesure des opérations le coût d'entrée en stock de chaque produit vendu.

Les règles comptables contourne cet obstacle en autorisant une autre méthode, appelée **méthode de l'inventaire intermittent**, selon laquelle le stock est valorisé par période et non en temps réel, au minimum une fois tous les 12 mois (art. L 123-12 du Code de commerce).

La méthode de l'inventaire intermittent évite ainsi d'enregistrer les achats et les ventes de marchandises dans le poste *Stocks* du bilan en cours d'exercice, en créant des postes intermédiaires dans le compte de résultat, dont le regroupement en fin d'exercice permet le calcul du résultat. Selon cette méthode, le stock enregistré au bilan reste le même du premier au dernier jour de l'exercice comptable. Un inventaire physique des stocks est effectué à la clôture de l'exercice pour tenir compte des variations intervenues entre le stock initial et le stock final. Ces variations de stocks sont l'objet d'ajustements comptables à la clôture de chaque exercice (*voir Cas n°5*).

Dans le cas de l'entreprise Silem, cette substitution n'est pas nécessaire, puisque le montant du stock final (au 31-12-N) est égal à celui du stock initial (au 01-01-N).

2 • Définition des quatre principaux éléments comptables

On distingue deux catégories d'emplois, les **actifs** et les **charges**, et deux catégories de ressources, les **passifs** et les **produits**.

Actifs et passifs forment le Bilan de l'entreprise.

Charges et produits forment le Compte de résultat.

■ Les actifs

Les actifs ou « emplois provisoires » constituent selon le PCG (art. 211-1) des « éléments identifiables du patrimoine ayant une valeur économique positive pour l'entité, c'est-à-dire des éléments générant une ressource que l'entité contrôle du fait d'événements passés et dont elle attend des avantages économiques futurs ». Le caractère identifiable est constitué lorsque l'actif est séparable des activités de l'entreprise (du fait d'une vente, d'une location ou d'un échange par exemple) ou lorsqu'il résulte d'un droit légal ou contractuel (licence d'exploitation, brevets, concessions, etc.). Les avantages économiques traduisent un potentiel à engendrer des flux de trésorerie futurs.

Exemples : terrains, constructions, matériels, brevets, stocks, créances ou disponibilités,...

■ Les charges

Les charges, ou « emplois définitifs », regroupent les emplois qui diminuent la valeur du patrimoine. Elles correspondent principalement aux éléments du coût de revient des produits ou services destinés à être vendus. Ce sont donc des sommes versées ou à verser :

- en contrepartie de marchandises, approvisionnements, travaux et services consommés par l'entité ainsi que des avantages qui lui ont été consentis : *achats de biens et services, charges de personnel, etc.*
- en exécution d'une obligation légale : *impôts, charges sociales, etc.*
- exceptionnellement, sans contrepartie : *dons.*

■ Les passifs

Les passifs constituent selon le PCG (art. 212-1) les « éléments du patrimoine ayant une valeur économique négative pour l'entité, c'est-à-dire une obligation de l'entité à l'égard d'un tiers dont il est probable ou certain qu'elle provoquera une sortie des ressources au bénéfice de ce tiers, sans contrepartie au moins équivalente attendue de celui-ci ». Cette définition du PCG correspond en réalité au passif externe (*emprunts bancaires ou obligataires, dettes fournisseurs, fiscales ou sociales, etc.*). En France, le passif comprend également les capitaux propres (passif interne) qui appartiennent aux propriétaires de l'entreprise. Sur un plan économique, le passif est donc l'ensemble des ressources provenant à la fois des propriétaires (associés, actionnaires) et des créanciers (banques, obligataires, État, fournisseurs, organismes sociaux, etc.).

■ Les produits

Les produits regroupent les ressources qui augmentent la valeur du patrimoine. Ils correspondent aux ressources internes de l'entreprise, celles engendrées par son activité propre. Ils comprennent principalement les sommes reçues ou à recevoir :

• en contrepartie de la fourniture par l'entité de biens, travaux, services ainsi que des avantages qu'elle a consentis : *ventes de biens ou de services, produits annexes, produits financiers, etc.*

• en vertu d'une obligation légale existant à la charge d'un tiers ;

• exceptionnellement, sans contrepartie : *dons, subventions, etc.*

3 • Présentation du bilan au 31-12-N–1

ACTIF	BILAN SILEM au 31-12-N–1		PASSIF
ACTIF IMMOBILISE		**CAPITAUX PROPRES**	
Immobilisations incorporelles :		Capital social	300 000
Frais d'établissement	60 000	Réserves	200 000
Fonds commercial	40 000	Résultat de l'exercice	90 000
Immobilisations corporelles :		**Total I**	**590 000**
Terrains	80 000		
Constructions	190 000	**DETTES**	
Matériel	230 000	Emprunts	500 000
Immobilisations financières :		Dettes fournisseurs	180 000
Titres de participations	100 000	Dettes fiscales et sociales	30 000
Prêts	75 000	**Total II**	**710 000**
Total I	**775 000**		
ACTIF CIRCULANT			
Stocks de marchandises	179 000		
Créances clients	260 000		
Valeurs mobilières de placement	60 000		
Disponibilités	26 000		
Total II	**525 000**		
Total Actif	**1 300 000**	**Total Passif**	**1 300 000**

REMARQUE

– Le poste *Disponibilités* regroupe le solde positif du compte *Banque* (21 000 €) augmenté des avoirs en *Caisse* (5 000 €).

– Le résultat est obtenu par la différence entre le total des actifs (1 300 000 €) et le total des postes de passif (1 210 000 €), soit ici un bénéfice de 90 000 €.

– L'énoncé précise que le résultat de l'exercice N–1 est intégralement affecté en réserves. Le montant des réserves au 01-01-N est donc de : 200 000 + 90 000 = 290 000.

4 • Analyse comptable des opérations de l'année N et enregistrements directement sur un bilan et un compte de résultat

■ Explications portant sur quelques opérations

Opération 6

Le paiement d'une annuité de remboursement d'emprunt comprend :

– d'une part, une fraction du capital emprunté, enregistrée en diminution du poste *Emprunts* ;

– d'autre part, la rémunération du loyer de l'argent, appelée « intérêts », enregistrée en charges financières dans le compte de résultat.

Opération 16

La cession d'une immobilisation n'est pas considérée comme une vente. Elle affecte le résultat exceptionnel et non pas le résultat d'exploitation. Le prix de cession est un produit exceptionnel, alors que le prix d'acquisition acquitté lors de l'acquisition de l'immobilisation est une charge exceptionnelle. La différence entre ces deux montants traduit la plus-value (ou la moins-value) réalisée. En contrepartie, l'actif cédé doit être retiré à l'actif du bilan où il est inscrit à sa valeur d'acquisition.

Opération 18

Les factures de l'entreprise Burotic concernent :

– d'une part, une acquisition d'immobilisation (un ordinateur), enregistrée dans le poste Matériels à l'actif du bilan et dont la dette doit être inscrite dans un poste spécifique *Dettes sur immobilisations* au passif ;

– d'autre part, une opération de location qui est une *Charge externe* pour l'entreprise Silem et dont la contrepartie doit être inscrite en *Dettes fournisseurs*.

Opération 21

Le prix d'acquisition du nouveau magasin est ventilé de la façon suivante :

– les murs sont des immobilisations corporelles (*Constructions*) ;

– l'emplacement d'un commerce permet d'attirer une clientèle occasionnelle ou de passage, appelée achalandage. Il est une composante du *Fonds commercial*, car il influence directement le potentiel d'activité de l'entreprise ;
– les travaux d'agencements, d'aménagements et d'installations sont à rattacher à l'immobilisation corporelle correspondante, c'est-à-dire, ici, le local (*Constructions*).

Les documents ci-après présentent l'enregistrement des opérations directement dans un bilan et un compte de résultat, pour mettre en évidence le lien entre les opérations comptables et leur incidence sur les états de synthèse. Cette présentation pédagogique permet d'éviter l'utilisation de la technique comptable. Celle-ci sera largement utilisée dans les applications qui suivent.

ACTIF (en k)		BILAN	SILEM S.A. au 31-12-N				PASSIF (en k€)
	01-01-N	Opérations de l'exercice	31-12-N		01-01-N	Opérations de l'exercice	31-12-N
ACTIF IMMOBILISE				**CAPITAUX PROPRES**			
Immobilisations incorporelles				Capital social	300		300
Frais d'établissement	60	-20(22)	40	Réserves	290		290
Fonds commercial	40	+120(21)	160	Résultat de l'exercice			127
Immobilisations corporelles				**Total (I)**	**590**		**717**
Terrains	80	-80(16)					
Constructions	190	+95(21) +110(21) -10(22)	385	**DETTES**			
Matériels	230	+20(18) -46(22)	204	Emprunts bancaires	500	-100(6) +250(20)	650
Immobilisations financières				Dettes fournisseurs	180	-180(3) +260(4) +29(5) +8(18)	297
Participations	100		100				
Prêts	75		75	Dettes fiscales et sociales	30	-30(1) +20(8) +42(15)	62
Dépôts et cautionnement		+2(17)	2	Dettes sur immobilisations		+20(18) +95(21)	115
Total (I)	**775**		**966**	**Total (II)**	**710**		**1 124**
ACTIF CIRCULANT							
Stocks	179		179				
Créances clients	260	-260(2) +600(23)	600				
Valeurs mobilières de placement	60		60				
Banque	21	-30(1) +260(2) -180(3) -780(4) -29(5) -140(6) -290(7) -110(8) -67(9) -46(10) -26(11) -4(12) -16(13) -103(15) +150(16) -17(17) +21(19) +250(20) -110(21) -120(21) +1350(23) +45(24)	29				
Caisse	5	-3(14) +50(23) -40(24)	7				
Total (II)	**525**		**875**				
Total général	**1 300**		**1 841**	**Total général**	**1 300**		**1 841**

CHARGES (en k€)	COMPTE DE RÉSULTAT SILEM SA de l'exercice N		PRODUITS (en k€)		
CHARGES D'EXPLOITATION			**PRODUITS D'EXPLOITATION**		
Achats de marchandises	+1 040(4)	1 040	Ventes de marchandises	+2 000(23)	2 000
Autres achats et charges externes	+58(5) +67(9) +46(10) +26(11) +4(12) +16(13) +3(14) +15(17) +8(18)	243	**Total produits d'exploitation**		**2 000**
Impôts et taxes	+145 (15)	145			
Salaires et traitements	+290(7)	290			
Charges sociales	+130(8)	130			
Dotations aux amortissements	+76(22)	76			
Total charges d'exploitation		**1 924**			
CHARGES FINANCIÈRES	+40(6)	40	**PRODUITS FINANCIERS**	+21(19)	21
CHARGES EXCEPTIONNELLES	+80(16)	80	**PRODUITS EXCEPTIONNELS**	+150(16)	150
Total des charges		**2 044**	**Total des charges**		**2 171**
Bénéfice de l'exercice		**127**	**Perte de l'exercice**		
Total général		**2 171**	**Total général**		**2 171**

Enregistrements dans le livre-journal

■ Énoncé

Vous êtes chargé d'analyser comptablement les opérations du mois de janvier et février N de la SARL Frinks, spécialisée dans la distribution de matériel électrique.

03-01 L'entreprise Frinks acquiert un fonds de commerce pour un montant de 170 000 €. Ce fonds se compose des éléments suivants :
- la valeur de la clientèle évaluée à 144 000 € ;
- du mobilier de bureau estimé à 8 000 € ;
- divers matériels informatiques estimés à 18 000 €.

L'entreprise règle ce jour par chèque bancaire.

05-01 La SARL Frinks contracte un emprunt de 200 000 € à la BNP. La somme est virée immédiatement par la BNP sur le compte bancaire de la société Frinks.

08-01 Réception d'une facture de marchandises n°2589 du fournisseur Dutral pour un montant de 28 540 €. Règlement à crédit.

10-01 Achat d'un bureau de direction au fournisseur Burotic pour les besoins du gérant. Facture n° 5943. Montant : 2 350 €. Le règlement a été effectué au comptant en espèces.

12-01 Retour au fournisseur Dutral d'un lot de marchandises non conforme à la commande. Le fournisseur Dutral nous remet ce jour une facture d'avoir n°A864 d'un montant de 9 500 € se rapportant à la facture n°2589 du 8 janvier N.

15/01 Envoi d'une facture de ventes de marchandises au client Pierre (Facture n°V5469). Montant : 23 860 €. Règlement à 30 jours fin de mois.

17-01 Envoi de la facture n°V5470 au client Gérard correspondant à une prestation de services. Montant : 4 560 €. Règlement immédiat par virement bancaire.

23-01 Réception de la quittance d'assurance des AGF n°8345 pour un montant de 1 890 €. Règlement immédiat par chèque.

25-01 Facture Translease n°9423 relative à une redevance de crédit-bail mobilier du mois de janvier N. Montant : 2 185 €. Règlement immédiat par virement bancaire.

28-01 Facture n°V5471 de ventes de marchandises au client Lafex pour un montant de 34 280 €. Règlement de 50 % au comptant par chèque, le solde à 90 jours.

30-01 Réception d'une notification du Trésor public relative à une amende fiscale de 1 350 €. Règlement ce jour par chèque bancaire.

31-01 Constatation des salaires du mois de janvier : 230 000 €. Règlement ce jour.

31-01 Constatation des charges sociales sur les salaires du mois de janvier : 104 000 €. Règlement prévu le 15 février N.

01-02 La société Frinks loue un local commercial. Elle verse une caution de 6 600 € ainsi que le loyer du mois de février de 2 600 € ce jour par chèque bancaire.

02-02 Achat d'un véhicule de tourisme CITROËN C5 pour un montant de 26 000 € (facture n° 47803). Règlement à 30 jours.

05-02 Reçu la note d'honoraires n°745 de l'expert-comptable Dambo. Montant : 3 600 €. Règlement au comptant.

07-02 Réception de la facture n°67545 de la société Prodicar qui assure la maintenance du matériel informatique. Montant : 2 560 €. Règlement à crédit.

10-02 Retrait à un distributeur automatique la somme de 3 000 € en espèces.

12-02 Remboursement en espèces de divers frais de déplacement aux chauffeurs : 1 200 €.

14-02 Paiement par virement bancaire du solde de la facture n°2589 du 8 janvier N du fournisseur Dutral.

15-02 Paiement par virement bancaire des charges sociales sur les salaires du mois de janvier N.

17-02 Il est réglé en espèces ce jour :
- du carburant pour un véhicule utilitaire 80 € ;
- la réparation d'un véhicule utilitaire : 450 € ;
- divers fournitures administratives : 120 € ;
- des pourboires versés à des livreurs : 230 €.

Pièce de caisse n°1745.

19-02 La société Frinks acquiert 30 % du capital de la société Leppard. Montant de l'opération 265 000 €. Règlement immédiat.

20-02 Acquisition d'un ordinateur « Asus » auprès de la société Informatix. Montant : 2 450 €. Règlement à 30 jours.

22-02 Réception d'une notification d'attribution n°A499 d'une subvention du département du Rhône concernant une aide à l'emploi de chômeurs de longue de durée. Montant : 6 300 €. Versement prévu dans 2 mois.

25-02 Remboursement d'une mensualité d'emprunt d'un montant de 8 450 € comprenant :

– remboursement du capital emprunté: 5 000 € ;
– intérêts : 3 450 €.

27-02 Facture « Electricité de France » n°346 correspondant à la consommation électrique du mois de janvier N. Montant : 1 740 €. Règlement à 30 jours.

28-02 Le client Pierre nous adresse un chèque bancaire en règlement de la facture n°V5469 du 15 janvier N. Le chèque est remis ce jour à la banque.

Mission

1. Livre-journal et Grand-livre sont deux registres comptables obligatoires. Donnez une description de ces deux registres.
2. Enregistrez les opérations comptables des mois de janvier et février N dans le livre-journal de la société Frinks.

■ Solution

1 • Les registres comptables obligatoires

■ Le Livre-journal

Le livre-journal est un registre obligatoire dans lequel sont enregistrées, de manière chronologique, toutes les informations au jour le jour et opération par opération. Le Code de Commerce prévoit toutefois que « les opérations de même nature, réalisées en un même lieu et au cours d'une même journée, peuvent être récapitulées sur une pièce justificative unique », et enregistrées globalement dans le livre-journal.

Enregistrer au jour le jour ne signifie pas enregistrer tous les jours. Les textes ne précisent pas de délai entre la date de l'opération et celle de son enregistrement. Dans la pratique, la fréquence des enregistrements dépend surtout du nombre des enregistrements à traiter et, donc, de la taille de l'entreprise.

Tout enregistrement dans le livre-journal doit comporter les informations suivantes :

– la date de l'opération (date de facture, date de remise du chèque ou de sa signature, etc.) ;
– l'intitulé du (ou des) compte(s) débité(s) ainsi que le numéro de code ;
– l'intitulé du (ou des) compte(s) crédité(s) ainsi que le numéro de code ;
– un libellé de l'opération, c'est-à-dire une instruction permettant de retrouver la pièce justificative (N° de facture, N° du chèque, etc.).

L'enregistrement de l'ensemble des informations concernant une opération est généralement appelé une **écriture comptable**.

Une écriture comptable est généralement représentée comme suit :

Schéma d'écriture dans le livre-journal

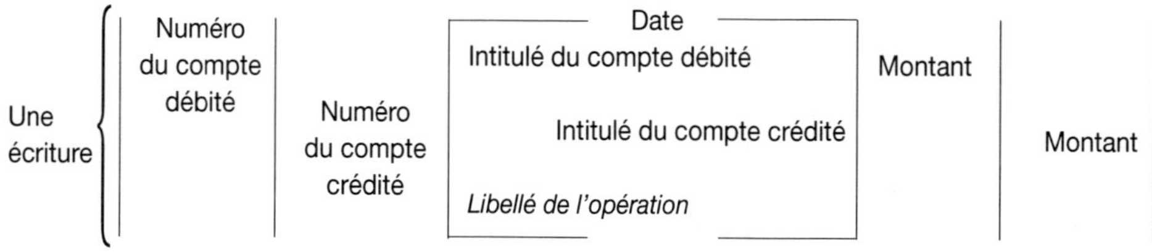

La forme du livre-journal n'est pas déterminée précisément par les textes. Il peut s'agir d'un registre papier cousu et collé ou à feuillets mobiles. Dans la pratique, le livre-journal est le plus souvent un document informatique imprimé (listing informatique).

■ **Le Grand-Livre**

Les écritures comptables enregistrées dans le livre-journal sont ensuite reportées dans des comptes.

Le compte est un tableau, souvent présenté sous la forme d'un « T » majuscule sur lequel sont enregistrées les augmentations et les diminutions qui surviennent aux postes du bilan et du compte de résultat à la suite des diverses opérations de l'exercice.

La partie gauche d'un compte est appelée « **Débit** ». On y inscrit les créations ou augmentations d'actif ou de charges ainsi que les diminutions ou annulations de passif ou de produits.

La partie droite d'un compte est appelée « **Crédit** ». On y inscrit les créations ou augmentations de passif ou de produits ainsi que les diminutions ou annulations d'actif ou de charges.

La différence entre le Total Débit et le Total Crédit est le solde du compte.

Les comptes sont classées dans l'ordre du plan de comptes de l'entreprise et regroupés dans un registre appelé le **grand-livre**. Ce terme remonte à une époque où le grand-livre était un registre tenu à la main et où chaque compte était porté sur une ou plusieurs pages. Aujourd'hui, si le terme est toujours employé pour désigner l'ensemble des comptes ouverts par une entreprise, les supports de ces comptes sont le plus souvent informatisés.

La tenue du grand-livre a été rendue obligatoire par le décret du 29 novembre 1983.

Tableau de rapprochement entre la logique arithmétique (+/-) et la logique comptable (Débit/Crédit) du compte

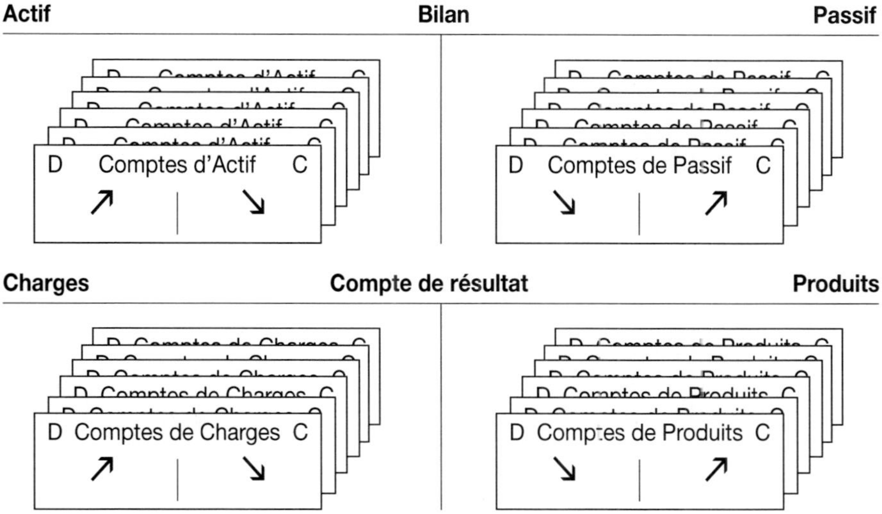

2 • Enregistrements des écritures dans le livre-journal

	03-01-N		
207	Fonds commercial	144 000	
2183	Matériel de bureau et matériel informatique	18 000	
2184	Mobilier	8 000	
512	Banque		170 000
	Acquisition fonds de commerce		
	05-01-N		
512	Banque	200 000	
164	Emprunts auprès des éts. de crédit		200 000
	Emprunt BNP n°...		
	08-01-N		
607	Achats de marchandises	28 540	
401	Fournisseur Dutral		28 540
	Facture n°2589 – Fournisseur Dutral		
	10-01-N		
2184	Mobilier	2 350	
531	Caisse		2 350
	Facture n°5943 – Fournisseur Burotic		
	12-01-N		
401	Fournisseurs	9 500	
607	Achats de marchandises		9 500
	Avoir n°A864 – Fournisseur Dutral		

	15-01-N		
411	Clients	23 860	
707	Ventes de marchandises		23 860
	Facture n°V5469 – Client Pierre		
	17-01-N		
512	Banque	4 560	
706	Prestations de services		4 560
	Facture n°V5470 – Client Gérard		
	23-01-N		
616	Primes d'assurance	1 890	
512	Banque		1 890
	Facture n°8345 – AGF		
	25-01-N		
6122	Redevances de crédit-bail mobilier	2 185	
512	Banque		2 185
	Facture n°9423 – Translease		
	28-01-N		
411	Clients	17 140	
512	Banque	17 140	
707	Ventes de marchandises		34 280
	Facture n°V5471 – Client Lafex		
	30-01-N		
6712	Pénalités, amendes fiscales et pénales	1 350	
512	Banque		1 350
	Amende fiscale notification n°... – Trésor public		
	31-01-N		
641	Rémunérations du personnel	230 000	
512	Banque		230 000
	Salaires mois de janvier N		
	31-01-N		
645	Charges de sécurité sociale et de prévoyance	104 000	
43	Sécurité sociale et autres organismes sociaux		104 000
	Charges sociales sur salaires mois de janvier N		
	01-02-N		
275	Dépôts et cautionnements versés	6 600	
613	Locations	2 600	
512	Banque		9 200
	Caution + Loyer janvier N		
	02-02-N		
2182	Matériel de transport	26 000	
404	Fournisseurs d'immobilisations		26 000
	Facture n°47803		
	05-02-N		
622	Rémunérations d'intermédiaires et honoraires	3 600	
512	Banque		3 600
	Note d'honoraires n°745 – Dambo		

	07-02-N		
615	Entretien et réparations	2 560	
401	Fournisseurs		2 560
	Facture n°67545 – Prodicar		
	10-02-N		
531	Caisse	3 000	
512	Banque		3 000
	Retrait DAB		
	12-02-N		
625	Déplacements, missions et réceptions	1 200	
531	Caisse		1 200
	Remboursement frais de déplacements		
	14-02-N		
401	Fournisseurs	19 040	
512	Banque		19 040
	Règlement solde facture n°2589 – Fournisseur Dutral : (28 540 – 9 500) = 19 040		
	15-02-N		
43	Sécurité sociale et autres organismes sociaux	104 000	
512	Banque		104 000
	Paiement charges sociales sur salaires du mois de janvier		
	17-02-N		
6061	Fournitures non stockables	80	
6064	Fournitures administratives	120	
615	Entretien et réparations	450	
6238	Divers (pourboires, dons courants,…)	230	
531	Caisse		880
	Divers règlements en espèces – Pièce de caisse n°1745		
	19-02-N		
261	Titres de participation	265 000	
512	Banque		265 000
	Prise de participation à 30 % – Société Leppard		
	20-02-N		
2183	Matériel de bureau et matériel informatique	2 450	
404	Fournisseurs d'immobilisations		2 450
	Facture n°… – Informatix		
	22-02-N		
441	État – Subvention à recevoir	6 300	
74	Subventions d'exploitation		6 300
	Notification n°A499 – Département du Rhône		
	25-02-N		
164	Emprunts auprès des établissements de crédit	5 000	
661	Charges d'intérêts	3 450	
512	Banque		8 450
	Mensualités de remboursement – Emprunt n°…		

	27-02-N		
6061	Fournitures non stockables (eau, énergie…)	1 740	
512	Banque		1 740
	Facture EDF n°346		
	28-02-N		
512	Banque	23 860	
411	Clients		23 860
	Encaissement facture n°V5469 – Client Pierre		

Établissement de la balance Présentation du bilan et du compte de résultat

■ Énoncé

On vous remet dans le désordre la liste des comptes de gestion et de bilan de l'entreprise Sanotec au 31-12-N :

Installations techniques, matériel et outillage industriels	128 200
Publicité	6 800
Emprunts auprès des éts. de crédit	95 000
Transports de biens	13 750
Achats de marchandises	8 615
Réserves	391 000
Achats de matières premières	102 425
Terrains	110 000
Banque (solde positif)	14 560
Clients - Avances reçues sur commandes	1 500
Caisse	28 752
Fonds commercial	70 000
Capital	200 000
Constructions	136 500
Clients	87 820
Stocks de matières premières	14 800
Stocks de produits finis	30 000
Stocks de marchandises	5 200
Titres de participation	150 000
Subventions d'exploitation	7 700
Primes d'assurances	650
Rémunérations du personnel	85 000
Charges de sécurité sociale et de prévoyance	33 000
Fournisseurs	59 530
Dotations aux amortissements	42 000
Fournitures de bureau (non stockées)	1 520
Impôts et taxes	25 000
Prêts	12 000

Fournisseurs d'immobilisations	10 500
Frais d'établissement	4 500
Charges d'intérêts	1 320
Fournisseurs – Avances versées sur commandes	2 000
Impôts sur les bénéfices	15 000
Locations	6 000
État – TVA déductible	6 268
État – TVA collectée	9 850
Produits financiers	10 200
Ventes de produits finis	342 600
Ventes de marchandises	10 800
Prêts	12 000
Sécurité sociale et autres organismes sociaux	3 000

Mission

1. Qu'est-ce qu'une « balance » en comptabilité ? Quelles sont des différentes utilisations de la balance ?

2. En reprenant le plan des comptes du PCG, établissez la balance au 31-12-N de la société Sanotec en présentant uniquement les soldes débiteurs et créditeurs.

3. À partir de cette balance, vous présenterez le compte de résultat (présentation en compte) et le bilan au 31-12-N.

■ Solution

1 • Définition et utilités de la balance

■ Définition de la balance

La balance des comptes est un document qui reprend, à un moment donné, tous les comptes ouverts par une entreprise, dans l'ordre du plan comptable et qui mentionne pour chacun d'eux les informations suivantes :

– la somme des mouvements débités ainsi que la somme des mouvements crédités ;

– le solde débiteur ou créditeur correspondant.

La balance peut être présentée à n'importe quel moment. Elle constitue un document de situation et de stockage de l'information comptable, alors que le livre-journal et le grand-livre sont des instruments d'enregistrement.

■ Utilités de la balance

La balance est un instrument de contrôle et d'analyse qui permet d'établir le bilan et le compte de résultat.

• **Instrument de contrôle**

La balance permet de déceler certaines erreurs d'enregistrement en effectuant les contrôles suivants :

1. Vérifier l'égalité entre les sommes débitées et les sommes créditées.
2. Vérifier l'égalité entre les soldes débiteurs et les soldes créditeurs.
3. Vérifier l'égalité entre le total des mouvements du livre-journal (débit et crédit) et le total des mouvements de la balance.

Ces vérifications permettent de déceler des erreurs matérielles de saisie ou d'enregistrement des opérations (omission d'une somme au débit ou au crédit, erreur dans le calcul d'un solde, omission d'un report d'écritures dans les comptes ou d'un report de compte dans la balance). Cependant, la balance ne décèle pas les erreurs d'imputation ou d'identification des comptes. Ainsi, par exemple, la comptabilisation par erreur d'une charge au débit d'un compte d'actif ne modifiera pas les égalités précédentes.

• **Instrument d'analyse des comptes**

La balance permet, notamment lorsqu'elle est informatisée, de suivre fréquemment la situation des comptes de l'entreprise. Ainsi :

– Le solde débiteur du compte *Banque* révèle le montant des avoirs en banque. Symétriquement, un solde créditeur dévoile le montant d'un découvert bancaire à la date de cette situation. De même, le solde débiteur du compte *Caisse* indique le montant des espèces détenues par l'entreprise.

– Le solde débiteur du compte *Client* révèle le montant des créances sur les clients de l'entreprise. De même, le solde créditeur du compte *Fournisseurs* indique le montant de la dette de l'entreprise envers ses fournisseurs de biens et services.

– Le solde débiteur du compte *Achats de marchandises* exprime le montant total des achats de l'entreprise depuis le début de l'exercice comptable jusqu'à la date d'édition de la balance. De même, le solde créditeur du compte *Ventes de marchandises* indique le montant total du chiffre d'affaires de la période.

• **Instrument d'établissement du bilan et au compte de résultat**

Lorsqu'une entreprise souhaite présenter ses documents de synthèse (bilan et compte de résultat), elle reprend :

– les soldes débiteurs de la balance qui constituent les postes d'actif du bilan et les charges du compte de résultat ;

– les soldes créditeurs de la balance qui constituent les postes de passif du bilan et les produits du compte de résultat.

2 • Établissement de la balance de la société Sanotec

Ici, on ne peut présenter que les colonnes *soldes* de la balance dans la mesure où l'énoncé ne donnait que les soldes des comptes de l'entreprise.

BALANCE DES COMPTES au 31-12-N – Société SANOTEC

N°	Libellés des comptes	Soldes	
		Débit	Crédit
1201	Capital		200 000
106	Réserves		391 000
164	Emprunts auprès des établissements de crédit		95 000
201	Frais d'établissement	4 500	
207	Fonds commercial	70 000	
211	Terrains	110 000	
213	Constructions	136 500	
215	Installations techniques, matériel et outillage industriels	128 200	
261	Titres de participation	150 000	
274	Prêts	12 000	
31	Stocks de matières premières	14 800	
355	Stocks de produits finis	30 000	
37	Stocks de marchandises	5 200	
401	Fournisseurs		59 530
404	Fournisseurs d'immobilisations		10 500
4091	Fournisseurs – Avances versées sur commandes	2 000	
411	Clients	87 820	
4191	Clients – Avances reçues sur commandes		1 500
43	Sécurité sociale et autres organismes sociaux		3 000
4456	État – TVA déductible	6 268	
4457	État – TVA collectée		9 850
512	Banque	14 560	
53	Caisse	28 752	
601	Achats de matières premières	102 425	
607	Achats de marchandises	8 615	
606	Achats non stockés de matières et fournitures	1 520	
613	Locations	6 000	
616	Primes d'assurances	650	
623	Publicité	6 800	
624	Transports de biens	13 750	
63	Impôts et taxes	25 000	
641	Rémunérations du personnel	85 000	
645	Charges de sécurité sociale et de prévoyance	33 000	
681	Dotations aux amortissements	42 000	
661	Charges d'intérêts	1 320	
695	Impôts sur les bénéfices	15 000	
701	Ventes de produits finis		342 600
707	Ventes de marchandises		10 800
74	Subventions d'exploitation		7 700
76	Produits financiers		10 200
	Total	**1 141 680**	**1 141 680**

3 • Présentation du bilan et du compte de résultat

Ce sont les soldes des comptes de la balance qui permettent d'établir le compte de résultat et le bilan.

L'établissement du bilan et du compte de résultat consiste à regrouper, selon un modèle-type, tous les comptes de la balance. La nomenclature des comptes du PCG facilite cette opération.

Les comptes à soldes débiteurs de classe 1, 2, 3, 4 ou 5 constituent les **Actifs** du **Bilan**.

Les comptes à soldes créditeurs de classe 1, 2, 3, 4 ou 5 constituent les **Passifs** du **Bilan**.

Les comptes à soldes débiteurs de classe 6 ou 7 constituent les **Charges** du **Compte de résultat**.

Les comptes à soldes créditeurs de classe 6 ou 7 constituent les **Produits** du **Compte de résultat**.

■ Présentation du Compte de résultat

CHARGES	COMPTE DE RÉSULTAT SANOTEC de l'exercice N		PRODUITS
CHARGES D'EXPLOITATION		PRODUITS D'EXPLOITATION	
Achats de marchandises	8 615	Ventes de marchandises	10 800
Achats de matières premières	102 425	Production vendue	342 600
Autres achats et charges externes	28 720	Montant net du chiffre d'affaires	353 400
Impôts et taxes	25 000	Production stockée	
Salaires et traitements	85 000	Production immobilisée	
Charges sociales	33 000	Subventions d'exploitation	7 700
Dotations aux amortissements et dépréc.	42 000	Autres produits	
Dotations aux provisions		Total I	361 100
Autres charges		PRODUITS FINANCIERS	
Total I	324 760	De participations	10 200
CHARGES FINANCIÈRES		D'autres valeurs mobilières	
Intérêts et charges assimilées	1 320	Autres intérêts et produits assimilés	
Total II	1 320	Total II	10 200
CHARGES EXCEPTIONNELLES		PRODUITS EXCEPTIONNELS	
Impôt sur les bénéfices	15 000		
Total des charges	341 080	Total des produits	371 300
Résultat de l'exercice (bénéfice)	30 220	Résultat de l'exercice (perte)	
TOTAL GÉNÉRAL	371 300	TOTAL GÉNÉRAL	371 300

Détail du poste *Autres achats et charges externes* :

→ comptes 606 à 62, soit : 1 520 + 6 000 + 650 + 6 800 + 13 750 = 28 720 €.

■ **Présentation du Bilan**

ACTIF	BILAN SANOTEC au 31-12-N		PASSIF
ACTIF IMMOBILISÉ		**CAPITAUX PROPRES**	
Immobilisations incorporelles :		Capital	200 000
Frais d'établissement	4 500	Réserves	391 000
Fonds commercial	70 000	Report à nouveau	
Brevets		Résultat de l'exercice	30 220
		Total I	**621 220**
Immobilisations corporelles :			
Terrains	110 000	**DETTES**	
Constructions	136 500	Emprunts obligataires	
Installations techniques...	128 200	Emprunts auprès des éts. de crédit	95 000
Autres		Emprunts et dettes financ. divers	
Immobilisations financières :		Avances reçues sur commandes	1 500
Participations	150 000	Dettes Fournisseurs	59 530
Prêts	12 000	Dettes fiscales et sociales	12 850
Autres		Dettes sur immobilisations	10 500
Total I	**611 200**	Autres dettes	
ACTIF CIRCULANT		**Total II**	**179 380**
Stocks :			
Matières premières	14 800		
Produits finis	30 000		
Marchandises	5 200		
Avances versées sur commandes	2 000		
Créances :			
Créances Clients	87 820		
Autres	6 268		
Valeurs mobilières de placement			
Disponibilités	43 312		
Total II	**189 400**		
TOTAL GÉNÉRAL	**800 600**	**TOTAL GÉNÉRAL**	**800 600**

Quelques explications :

– Le poste *Disponibilités* du bilan regroupent les comptes 512. *Banque* et 531. *Caisse.*

– La TVA déductible est une créance sur l'État. Elle est inscrite dans le poste *Autres créances* à l'actif du bilan.

– La TVA collectée est une dette envers l'État inscrite dans le poste *Dettes fiscales et sociales* du bilan.

– Le solde du compte 43. *Sécurité sociale et autres organismes sociaux* comprend les dettes de l'entreprise envers les divers organismes sociaux (caisses de sécurité sociale, d'assurance chômage et de retraite). Il est donc inscrit dans le poste *Dettes fiscales et sociales* du bilan.

Enregistrements dans le livre-journal et le grand-livre Établissement de la balance Présentation du bilan et du compte de résultat

■ Énoncé

Au 01-01-N, le bilan d'ouverture de la société Tétanic, spécialisée dans la transformation de matières plastiques, se présente comme suit :

ACTIF	BILAN TÉTANIC au 01-01-N		PASSIF
ACTIF IMMOBILISÉ		**CAPITAUX PROPRES**	
Terrains	46 000	Capital social	200 000
Constructions	112 000	Réserves	43 000
Installations techniques, matériels et outillages industriels	57 000	Total I	243 000
Autres immobilisations corporelles	30 000	**DETTES**	
Total I	245 000	Emprunts	77 000
		Dettes fournisseurs	65 000
		Dettes fiscales	15 000
ACTIF CIRCULANT		Total II	117 000
Stocks	41 000		
Créances clients	75 000		
Banque	32 500		
Caisse	6 500		
Total II	155 000		
TOTAL GÉNÉRAL	400 000	TOTAL GÉNÉRAL	400 000

Au cours du mois de janvier N, les opérations suivantes ont été réalisées dans l'ordre chronologique :

03-01 Facture d'achats de matières premières n°3456 du fournisseur Lampin :
Règlement :
– au comptant par chèque 100 000 € ;
– à crédit 130 000 €.

05-01 Les dettes fiscales restant à payer au 31-12-N-1 sont réglées par chèque.

07-01 Les clients de l'année N règlent par chèque.

09-01 Facture de l'agence de publicité Pubix n°5821 relatif à une campagne publicitaire. Montant : 48 000 €. Règlement au comptant par chèque pour la moitié, le reste dans un mois.

10-01 Annuité de remboursement de l'emprunt n°1244 prélevée ce jour par la banque Cortal : 24 760 €, dont 4 760 € d'intérêts.

12-01 Note d'honoraires n°0953 de l'expert-comptable Duprat : 5 000 €, payée au comptant par chèque.

15-01 ERDF adresse la facture suivante :
- caution sur installation d'une nouvelle ligne électrique : 300 € ;
- consommation électrique du mois : 1 250 €.

Règlement ce jour par chèque.

16-01 Divers frais postaux payés en espèces : 120 €.

17-01 Acquisition d'une machine ATX : 20 000 €. Règlement à crédit.

18-01 Acquisition d'une voiture de fonction : 28 000 €. Règlement à crédit.

20-01 Les fournisseurs de l'année N-1 sont réglés par chèque.

22-01 Retrait de la banque pour alimenter la caisse : 2 500 €.

23-01 Constatation et paiement de divers impôts : 6 500 €.

25-01 Ventes de produits finis : 540 000 €, la moitié au comptant par chèque, l'autre moitié à crédit.

31-01 Constatation et paiement des salaires du mois : 125 000 €. Paiement par virement bancaire.

31-01 Les charges sociales sur les salaires du mois s'élèvent à 50 000 €. Elles seront réglées le 15 du mois suivant.

Remarque

Le stock final au 31-01-N est identique à celui du 01-01-N.

Mission

1. Enregistrez les opérations du mois de janvier N dans le livre-journal.

2. Reportez les enregistrements dans le grand-livre.

3. Établissez la balance au 31-01-N.

4. Présentez le compte de résultat (présentation en liste) et le bilan au 31-01-N.

■ Solution

1 • Enregistrements des écritures dans le livre-journal

À l'ouverture d'un nouvel exercice, le solde de chaque compte du bilan d'ouverture doit être repris dans le livre-journal avant d'enregistrer les opérations de l'année en cours.

	01-01-N		
211	Terrains	46 000	
213	Constructions	112 000	
215	Installations techniques, matériels et outillages industriels	57 000	
218	Autres immobilisations corporelles	30 000	
3	Stocks	41 000	
411	Clients	75 000	
512	Banque	32 500	
531	Caisse	6 500	
101	Capital social		200 000
106	Réserves		43 000
164	Emprunts auprès des éts. de crédit		77 000
401	Fournisseurs		65 000
44	État		15 000
	Réouverture des comptes conformément à leurs soldes au bilan d'ouverture		

Enregistrements des opérations du mois de janvier N :

	03-01		
601	Achats de matières premières	230 000	
512	Banque		100 000
401	Fournisseurs	130 000	
	Facture n°3456 – Lampin		
	05-01		
44	État	15 000	
512	Banque		15 000
	Règlement solde dettes fiscales N–1		
	07-01		
512	Banque	75 000	
411	Clients		75 000
	Encaissements solde créances clients N–1		
	09-01		
623	Publicité	48 000	
512	Banque		24 000
401	Fournisseurs		24 000
	Facture n°5821 Agence Pubix		
	10-01		
164	Emprunts auprès des éts. de crédit	20 000	
661	Charges d'intérêts	4 760	
512	Banque		24 760
	Remboursement de l'emprunt n°1244		
	12-01		
623	Honoraires	5 000	
512	Banque		5 000
	Notes d'honoraires n°0953 Duprat		

	15-01		
275	Dépôts et cautionnement versés	300	
606	Achats non stockés de matières et fournitures	1 250	
512	Banque		1 550
	Facture EDF + caution		
	16-01		
626	Frais postaux	120	
531	Caisse		120
	Frais postaux divers		
	17-01		
215	Installations techniques, matériels et outillages industriels	20 000	
404	Fournisseurs d'immobilisations		20 000
	Facture n°... Machine ATX		
	18-01		
218	Autres immobilisations corporelles	28 000	
404	Fournisseurs d'immobilisations		28 000
	Facture n°... Voiture de fonction		
	20-01		
401	Fournisseurs	65 000	
512	Banque		65 000
	Règlement solde Dettes fournisseurs N–1		
	22-01		
531	Caisse	2 500	
512	Banque		2 500
	Retrait espèces à la banque		
	23-01		
63	Impôts et taxes	6 500	
512	Banque		6 500
	Paiement Impôts divers		
	25-01		
512	Banque	270 000	
411	Clients	27 000	
701	Ventes de produits finis		540 000
	Ventes produits finis		
	31-01		
641	Rémunérations du personnel	125 000	
512	Banque		125 000
	Salaires du mois de janvier		
645	Charges de sécurité sociale et de prévoyance	50 000	
43	Sécurité sociale et autres organismes sociaux		50 000
	Charges sociales sur salaires du mois de janvier		
	TOTAL	**1 636 430**	**1 636 430**

2 • Report des enregistrements dans le grand-livre

S'agissant d'une entreprise déjà créée, certains comptes ont déjà été ouverts. Leurs soldes au 31/12/N-1 ont permis d'établir le bilan. Ils doivent être repris comme soldes initiaux à partir du 1er janvier N.

Les comptes du grand-livre sont présentés dans l'ordre du plan comptable.

101. Capital social

D	C
	200 000 (01-01)

106. Réserves

D	C
	43 000 (01-01)

164. Emprunts auprès des établissements de crédit

D	C
20 000 (10-01)	70 000 (01-01)

211. Terrains

D	C
46 000 (01-01)	

213. Constructions

D	C
112 000 (01-01)	

215. Installations techniques, matériels et outillages industriels

D	C
57 000 (01-01)	
20 000 (17-01)	
-------------------	-------------------
77 000	

218. Autres immob. corporelles

D	C
30 000 (01-01)	
28 000 (18-01)	
-------------------	
58 000	

275. Dépôts et cautionnements

D	C
300 (15-01)	

3. Stocks

D	C
41 000 (B)	

401. Fournisseurs

D	C
65 000 (20-01)	65 000 (01-01)
	130 000 (03-01)
	24 000 (09-01)
-------------------	-------------------
65 000	**219 000**

404. Fournisseurs d'immobilisations

D	C
	20 000 (17-01)
	28 000 (18-01)
	-------------------
	48 000

411. Clients

D	C
75 000 (01-01)	75 000 (07-01)
270 000 (25-01)	
-------------------	-------------------
345 000	**75 000**

43. Sécurité sociale et autres organismes sociaux

D	C
	50 000 (31-01)

D	44. État	C
15 000 (05-01)		15 000 (01-01)

D	512. Banque	C
32 500 (01-01)		100 000 (03-01)
75 000 (07-01)		15 000 (05-01)
270 000 (25-01)		24 000 (09-01)
		24 760 (10-01)
		5 000 (12-01)
		1 550 (15-01)
		65 000 (20-01)
		2 500 (22-01)
		6 500 (23-01)
		125 000 (31-01)
--------------------		--------------------
377 500		**369 310**

D	531. Caisse	C
6 500 (B)		120 (10)
2 500 (14)		
------------------		------------------
9 000		**120**

D	601. Achats de mat. premières	C
230 000 (03-01)		

D	606. Achats non stockés	C
1 250 (15-01)		

D	622. Honoraires	C
5 000 (12-01)		

D	623. Publicité	C
48 000 (09-01)		

D	626. Frais postaux	C
120 (16-01)		

D	63. Impôts et taxes	C
6 500 (23-01)		

D	641. Rémunérations du personnel	C
125 000 (31-01)		

D	645. Charges de sécurité sociale et de prévoyance	C
50 000 (31-01)		

D	661. Charges d'intérêts	C
4 760 (10-01)		

D	701. Ventes de produits finis	C
		540 000 (25-01)

3 • Établissement de la balance

BALANCE TÉTANIC au 31-01-N

N°	Intitulés des comptes	Sommes		Soldes	
		Débit	Crédit	Débit	Crédit
101	Capital		200 000		200 000
106	Réserves		43 000		43 000
164	Emprunts auprès des éts. de crédit	20 000	77 000		57 000
211	Terrains	46 000		46 000	
213	Constructions	112 000		112 000	
215	Installations techniques, matériels et outillages industriels	77 000		77 000	
218	Autres immobilisations corporelles	58 000		58 000	
275	Dépôts et cautionnements	300		300	
3	Stocks	41 000		41 000	
401	Fournisseurs	65 000	219 000		154 000

404	Fournisseurs d'immobilisations		48 000		48 000
411	Clients	345 000	75 000	270 000	
43	Sécurité sociale et autres organismes sociaux		50 000		50 000
44	État	15 000	15 000		
512	Banque	377 500	369 310	8 190	
531	Caisse	9 000	120	8 880	
601	Achats de matières premières	230 000		230 000	
606	Achats non stockés	1 250		1 250	
622	Honoraires	5 000		5 000	
623	Publicité	48 000		48 000	
626	Frais postaux	120		120	
63	Impôts et taxes	6 500		6 500	
641	Rémunérations du personnel	125 000		125 000	
645	Charges de sécurité sociale	50 000		50 000	
661	Charges d'intérêts	4 760		4 760	
701	Ventes de produits finis		540 000		540 000
	Total	**1 636 430**	**1 636 430**	**1 092 000**	**1 092 000**

REMARQUE

Les trois égalités sont vérifiées :

1. Total des sommes au débit = Total des sommes au crédit (de la balance).
2. Total des soldes au débit = Total des soldes au crédit (de la balance).
3. Total des mouvements du livre-journal = Total des sommes de la balance.

4 • Présentation du bilan et du compte de résultat

■ Présentation du Bilan de la société Tétanic au 31-01-N :

ACTIF		**BILAN TÉTANIC au 31-01-N**	**PASSIF**
ACTIF IMMOBILISÉ		**CAPITAUX PROPRES**	
Terrains	46 000	Capital social	200 000
Constructions	112 000	Réserves	43 000
Installations techniques, matériels et outillages industriels	77 000	**Résultat de l'exercice**	**69 370**
Autres immobilisations corporelles	58 000	**Total I**	**312 370**
Dépôts et cautionnements	300		
Total I	**293 300**		
ACTIF CIRCULANT		**DETTES**	
Stocks	41 000	Emprunts	57 000
Créances clients	270 000	Dettes fournisseurs	154 000
Banque	8 190	Dettes fiscales et sociales	50 000
Caisse	8 880	Dettes sur immobilisations	48 000
Total II	**328 070**	**Total II**	**309 000**
TOTAL GÉNÉRAL	**621 370**	**TOTAL GÉNÉRAL**	**621 370**

■ Présentation du Compte de résultat de la société Tétanic du mois de janvier N (présentation en liste) :

COMPTE DE RÉSULTAT TÉTANIC au 31-01-N	
PRODUITS D'EXPLOITATION	
Production vendue	540 000
Total Produits d'exploitation (A)	540 000
CHARGES D'EXPLOITATION	
Achats de matières premières	230 000
Autres achats et charges externes	54 370
Impôts et taxes	6 500
Salaires et traitements	125 000
Charges sociales	50 000
Total Charges d'exploitation (B)	465 870
1. Résultat d'exploitation (A – B)	**74 130**
PRODUITS FINANCIERS (C)	0
CHARGES FINANCIÈRES (D)	4 760
2. Résultat financier (C – D)	**(4 760)**
3. Résultat courant (1 + 2)	**69 370**
PRODUITS EXCEPTIONNELS (E)	0
CHARGES EXCEPTIONNELLES (F)	0
4. Résultat exceptionnel (E – F)	**0**
5. Résultat de l'exercice (3 + 4)	**69 370**

Détail du poste « *Autres achats et charges externes* » :

→ comptes 606 à 626, soit : 1 250 + 5 000 + 48 000 + 120 = 54 370 €.

[redacted]

Enregistrements dans le livre-journal et le grand-livre Variation des stocks Établissement de la balance Présentation du bilan et du compte de résultat

■ Énoncé

La société anonyme Rolanski est spécialisée dans la fabrication de caméra 35 mm pour des studios de cinéma et de télévision.

Les éléments de son patrimoine au 31/12/N–1 sont les suivants :

– un terrain acquis 160 000 € ;

– un bâtiment industriel acquis 250 000 € ;

– du matériel et outillage acquis 300 000 € ;

– du matériel informatique acquis 90 000 € ;

– 3 véhicules utilitaires d'une valeur totale de 150 000 € ;

– le stock comprend : • des matières premières : 90 000 € ;
  • des produits finis : 70 caméras à 2 000 € pièce ;

– les clients doivent 245 000 € ;

– les espèces en caisse s'élèvent à 33 000 € et l'entreprise dispose de 142 000 € sur son compte bancaire ;

– les dettes envers les fournisseurs s'élèvent à 300 000 € ;

– les dettes envers l'Etat s'élèvent à 50 000 € ;

– l'entreprise a contracté un emprunt de 250 000 € à sa banque.

Durant le mois de janvier N, l'entreprise Rolanski réalise les opérations suivantes :

02-01 Une machine inscrite à l'actif pour 70 000 € prend feu et est complètement détruite (cette perte doit être considérée comme exceptionnelle).

04-01 La société Rolanski achète une nouvelle machine en remplacement de la précédente à un prix de 100 000 €. Le règlement s'effectue moitié au comptant, moitié à crédit.

07-01 Un client règle une facture d'un montant de 100 000 €, par chèque.

09-01 Vente aux studios de la Victorine de 10 caméras. Prix total : 30 000 €. Règlement au comptant par virement bancaire.

10-01 Achats de matières premières à crédit pour un montant de 120 000 €.

13-01 L'entreprise paie sa dette envers l'État : 50 000 € par chèque.

16-01 Un client règle par chèque une facture de 90 000 €.

17-01 Remboursement d'une annuité d'emprunt : 15 000 € dont 1 000 € d'intérêts.

20-01 L'entreprise dépose en banque 10 000 € d'espèces.

22-01 Vente aux studios Cineccita d'un lot de 50 caméras Super MK2 pour un montant total de 300 000 €. La moitié de la somme est payée par chèque, l'autre moitié dans 30 jours.

25-01 Règlement par chèque de la facture d'un fournisseur de matières premières pour 180 000 €.

26-01 L'entreprise Rolanski reçoit d'un de ses clients une avance de 20 000 € par chèque sur une commande de caméras d'un montant total de 100 000 € à livrer le 02-02-N.

27-01 Salaire mensuel du personnel :
- 40 ouvriers : 1 500 €/personne ;
- 1 directeur technique : 5 000 € ;
- 1 chef comptable : 4 000 € ;
- Monsieur Rolanski : 16 000 €.

Les salaires sont payés par chèque (il ne sera pas tenu compte des charges sociales).

30-01 Constatation et règlement de diverses charges :
- 20 000 € pour une campagne publicitaire, par chèque ;
- 1 500 € de fournitures de bureau, en espèces ;
- 5 000 € de facture d'électricité, par chèque ;
- 1 200 € de frais de réparation de matériel, par chèque ;
- 2 000 € de notes d'honoraires de conseils, par chèque ;
- 1 000 € de frais de déplacements du personnel d'encadrement, en espèces.

31-01 L'inventaire physique des stocks fait ressortir les montants suivants :
- matières premières : 60 000 € ;
- produits finis : 60 caméras à 2 500 €.

Mission

1. Présentez le bilan de la société Rolanski d'après les informations ci-dessus au 31-12-N–1.

2. Enregistrez les opérations du mois de janvier N dans le livre-journal.

3. Reportez les enregistrements du livre-journal dans le grand-livre.

4. Établissez la balance au 31-01-N.

5. Présentez le bilan et le compte de résultat au 31-01-N.

■ Solution

1 • Établissement du bilan au 31-12-N–1

ACTIF	BILAN ROLANSKI au 31-12-N–1		PASSIF
ACTIF IMMOBILISÉ		**CAPITAUX PROPRES**	
Terrains	160 000	Capital social	1 000 000
Constructions	250 000	**Total I**	**1 000 000**
Installations techniques	300 000		
Autres immobilisations corporelles	240 000	**DETTES**	
Total I	**950 000**	Emprunts auprès des éts. de crédit	250 000
ACTIF CIRCULANT		Dettes fournisseurs	300 000
Stocks de matières premières	90 000	Dettes fiscales et sociales	50 000
Stocks produits finis	140 000	**Total II**	**600 000**
Créance clients	245 000		
Banque	142 000		
Caisse	33 000		
Total II	**650 000**		
TOTAL GÉNÉRAL	**1 600 000**	**TOTAL GÉNÉRAL**	**1 600 000**

REMARQUE

Le montant du capital social est obtenu par différence entre le total de l'actif (1 600 000 €) et le total des dettes (600 000 €).

2 • Enregistrements des opérations du mois de janvier N dans le livre-journal

• À l'ouverture d'un nouvel exercice, le solde de chaque compte du bilan d'ouverture doit être repris dans le livre-journal avant d'enregistrer les opérations de l'année en cours.

	01-01-N		
211	Terrains	160 000	
213	Constructions	250 000	
215	Installations techniques, matériels et outillages industriels	300 000	
218	Autres immobilisations corporelles	240 000	
31	Stocks de matières premières	90 000	
355	Stocks de produits finis	140 000	
411	Clients	245 000	
512	Banque	142 500	
53	Caisse	33 000	
101	Capital social		1 000 000
164	Emprunts auprès des éts. de crédit		250 000
401	Fournisseurs		300 000
44	Etat		50 000
	Réouverture des comptes conformément à leurs soldes au bilan d'ouverture		

• Enregistrements des opérations du mois de janvier N :

	02-01		
67	Charges exceptionnelles	70 000	
215	Installations techniques...		70 000
	04-01		
215	Installations techniques,...	100 000	
512	Banque		50 000
404	Fournisseurs d'immobilisations		50 000
	07-01		
512	Banque	100 000	
411	Clients		100 000
	09-01		
512	Banque	30 000	
701	Ventes de produits finis		30 000
	10-01		
601	Achats de matières premières	120 000	
401	Fournisseurs		120 000
	13-01		
44	État	50 000	
512	Banque		50 000
	16-01		
512	Banque	90 000	
411	Clients		90 000
	17-01		
164	Emprunts auprès des éts. de crédit	14 000	
661	Charges d'intérêts	1 000	
512	Banque		15 000
	20-01		
512	Banque	10 000	
531	Caisse		10 000
	22-01		
411	Clients	150 000	
512	Banque	150 000	
701	Ventes de produits finis		300 000
	25-01		
401	Fournisseurs	180 000	
512	Banque		180 000
	26-01		
512	Banque	20 000	
4191	Clients – Avances et acomptes reçus		20 000
	27-01		
641	Rémunérations du personnel	85 000	
512	Banque		85 000
	30-01		
606	Achats non stockés *(1 500 + 5 000)*	6 500	
615	Entretien et réparations	1 200	
622	Honoraires	2 000	
623	Publicité	20 000	
625	Déplacements, missions et réceptions	1 000	
512	Banque		28 200
531	Caisse		2 500

	31-01		
6031	Variation des stocks de matières premières	90 000	
71355	Variation des stocks de produits	140 000	
31	Stocks de matières premières		90 000
355	Stocks de produits		140 000
	Annulation des stocks initiaux		
	d°		
31	Stocks de matières premières	60 000	
355	Stocks de produits finis	150 000	
6031	Variation des stocks de matières premières		60 000
71355	Variation des stocks de produits finis		150 000
	Constatation des stocks finaux		
		3 240 700	**3 240 700**

■ Rappel de cours sur la comptabilisation des stocks :

En comptabilité financière, les stocks sont comptabilisés selon la méthode de l'inventaire intermittent. Cette méthode consiste à ne pas enregistrer au cours de l'exercice les entrées (achats et autres charges) et les sorties (ventes et autres produits) dans les postes « *Stocks* » du bilan, mais à utiliser des postes intermédiaires qui forment le compte de résultat. Seul le solde de ce compte, à savoir le résultat (bénéfice ou perte), est reporté dans le bilan.

La valorisation du stock ne s'effectue par conséquent que par période, au minimum une fois tous les 12 mois selon l'article 123-12 du Code de commerce. Le stock comptabilisé à l'actif du bilan reste donc inchangé entre deux exercices comptables.

Pour faire coïncider le stock comptable avec le stock réel, un inventaire physique des stocks doit être effectué à la clôture, pour remplacer au bilan le stock initial par le stock final et pour corriger les charges et les produits du compte de résultat des variations de stocks qui en résultent.

Les écritures de variations de stocks qui précèdent s'enregistrent en deux temps :

– d'abord, il faut annuler le stock initial du bilan (ici, celui du 1er janvier N) et le transférer dans les charges (ou produits) du compte de résultat (en débitant un compte de *Variation de stocks*) ;

– ensuite, il convient de retirer le stock final des charges (ou produits) du compte de résultat (ici, celui du 31 janvier N) et de le transférer à l'actif du bilan (en créditant le même compte de *Variation de stocks*).

Le solde des comptes de *Variation de stocks* sera donc égal à la différence entre le stock initial et le stock final.

La variation des stocks de matières premières (et marchandises) est toujours inscrite dans les charges du compte de résultat :

- avec le signe (+), lorsque le stock initial est supérieur au stock final. Cela signifie que l'entreprise a consommé davantage de matières premières qu'elle n'en a achetées ;
- avec le signe (-), lorsque le stock final est supérieur au stock initial. Cela signifie que l'entreprise n'a pas consommé la totalité des matières premières qu'elle a achetées.

La variation des stocks de produits finis et des en-cours est toujours inscrite dans les produits du compte de résultat dans un poste appelé « *Production stockée* » :

- avec le signe (+), lorsque le stock final est supérieur au stock initial. Cela signifie que l'entreprise a produit, non seulement pour vendre, mais également pour se constituer, volontairement ou non, un stock de produits finis. Elle a stocké des produits pendant l'exercice, d'où le terme « *Production stockée* » retenu par le PCG ;
- avec le signe (-), lorsque le stock final est inférieur au stock initial. Dans ce cas, l'entreprise n'a pas produit suffisamment pour couvrir les ventes de la période. Elle y a donc déstockage.

3 • Report des enregistrements du livre-journal dans le grand-livre

S'agissant d'une entreprise déjà créée, certains comptes ont déjà été ouverts. Leurs soldes au 31/12/N–1 ont permis d'établir le bilan. Ils doivent être repris comme soldes initiaux à partir du 1er janvier N.

Les comptes du grand-livre sont présentés dans l'ordre du plan comptable.

D — 101. Capital social	C
	1 000 000 (01-01)

D — 164. Emprunts auprès des établissements de crédit	C
14 000 (17-01)	250 000 (01-01)

D — 211. Terrains	C
160 000 (01-01)	

D — 213. Constructions	C
250 000 (01-01)	

D — 215. Installations techniques, matériels et outillages industriels	C
300 000 (01-01)	70 000 (02-01)
100 000 (04-01)	
---------------	---------------
400 000	**70 000**

D — 218. Autres immob. Corporelles	C
240 000 (01-01)	

D	31. Stocks de matières premières	C
90 000 (01-01)		90 000 (31-01)
60 000 (31-01)		
150 000		90 000

D	355. Stocks de produits finis	C
140 000 (01-01)		140 000 (31-01)
150 000 (31-01)		
290 000		140 000

D	401. Fournisseurs	C
180 000 (25-01)		300 000 (01-01)
		120 000 (10-01)
180 000		420 000

D	404. Fournisseurs d'immobilisations	C
		50 000 (04-01)

D	411. Clients	C
245 000 (01-01)		100 000 (07-01)
150 000 (22-01)		90 000 (16-01)
395 000		190 000

D	4191. Clients-Avances et acomptes reçus s/commandes	C
		20 000 (26-01)

D	44. État	C
50 000 (13-01)		50 000 (01-01)

D	512. Banque	C
142 000 (01-01)		50 000 (04-01)
100 000 (07-01)		50 000 (13-01)
30 000 (09-01)		15 000 (17-01)
90 000 (16-01)		180 000 (25-01)
10 000 (20-01)		85 000 (27-01)
150 000 (22-01)		28 200 (30-01)
20 000 (26-01)		
542 000		408 200

D	531. Caisse	C
33 000 (01-01)		10 000 (20-01)
		2 500 (30-01)
33 000		12 500

D	601. Achats de mat. premières	C
120 000 (10-01)		

D	6031. Variation de stocks de MP	C
90 000 (31-01)		60 000 (31-01)

D	606. Achats non stockés	C
6 500 (30-01)		

D	615. Entretien et réparations	C
1 200 (30-01)		

D	622. Honoraires	C
2 000 (30-01)		

D	623. Publicité	C
20 000 (30-01)		

D	625. Déplacements, missions	C
1 000 (30-01)		

D	641. Rémunérations du personnel	C
85 000 (27-01)		

D	661. Charges d'intérêts	C
1 000 (17-01)		

D	67. Charges exceptionnelles	C
70 000 (02-01)		

D	701. Ventes de produits finis	C
		30 000 (09-01)
		300 000 (22-01)
		330 000

D	71355. Variation de stocks de produits finis	C
140 000 (31-01)		150 000 (31-01)

4 • Établissement de la balance au 31-01-N

N°	Intitulés des comptes	Sommes		Soldes	
		Débit	Crédit	Débit	Crédit
101	Capital social		1 000 000		1 000 000
16	Emprunts	14 000	250 000		236 000
211	Terrains	160 000		160 000	
213	Constructions	250 000		250 000	
215	Installations techniques...	400 000	70 000	330 000	
218	Autres immob. corporelles	240 000		240 000	
31	Stocks de matières premières	150 000	90 000	60 000	
35	Stocks de produits finis	290 000	140 000	150 000	
401	Fournisseurs	180 000	420 000		240 000
404	Fournisseurs d'immobilisations		50 000		50 000
411	Clients	395 000	190 000	205 000	
4191	Clients – Av. et Ac. reçus sur cdes		20 000		20 000
44	État	50 000	50 000		
512	Banque	542 000	408 200	133 800	
531	Caisse	33 000	12 500	20 500	
601	Achats de matières premières	120 000		120 000	
6131	Variation de stocks de mat. prem.	90 000	60 000	30 000	
606	Achats non stockés	6 500		6 500	
615	Entretien et réparations	1 200		1 200	
622	Honoraires	2 000		2 000	
623	Publicité	20 000		20 000	
625	Déplacements	1 000		1 000	
64	Charges de personnel	85 000		85 000	
661	Charges d'intérêts	1 000		1 000	
67	Charges exceptionnelles	70 000		70 000	
701	Ventes de produits		330 000		330 000
71355	Variation de stocks de produits finis	140 000	150 000		10 000
	TOTAL	**3 240 700**	**3 240 700**	**1 886 000**	**1 886 000**

Remarque

Les trois égalités sont vérifiées :

1. Total des sommes au débit = Total des sommes au crédit (de la balance).
2. Total des soldes au débit = Total des soldes au crédit (de la balance).
3. Total des mouvements du livre-journal = Total des sommes de la balance.

5 • Présentation du bilan et du compte de résultat au 31-01-N

■ Présentation du Bilan de la société Rolanski au 31 janvier N :

ACTIF	BILAN ROLANSKI au 31-01-N		PASSIF
ACTIF IMMOBILISÉ		**CAPITAUX PROPRES**	
Terrains	160 000	Capital social	1 000 000
Constructions	250 000	Résultat de l'exercice	3 300
Installations techniques	330 000	Total I	**1 003 300**
Autres immobilisations corporelles	240 000	**DETTES**	
Total I	**980 000**	Emprunts auprès des éts. de crédit	236 000
ACTIF CIRCULANT		Avances reçues sur commandes	20 000
Stocks de matières premières	60 000	Dettes fournisseurs	240 000
Stocks produits finis	150 000	Dettes sur immobilisations	50 000
Créance clients	205 000	Total II	**546 000**
Banque	133 800		
Caisse	20 500		
Total II	**569 300**		
TOTAL GÉNÉRAL	**1 549 300**	TOTAL GÉNÉRAL	**1 549 300**

■ Présentation du Compte de résultat de la société Rolanski du mois de janvier N (présentation en compte) :

CHARGES	COMPTE DE RÉSULTAT ROLANSKI de l'exercice N		PRODUITS
CHARGES D'EXPLOITATION		**PRODUITS D'EXPLOITATION**	
Achats de matières premières	120 000	Production vendue	330 000
Variation de stocks	30 000	Production stockée	10 000
Autres achats et charges externes	30 700		
Charges de personnel	85 000		
CHARGES FINANCIÈRES			
Charges d'intérêts	1 000		
CHARGES EXCEPTIONNELLES	70 000		
Total des charges	336 700	Total des produits	340 000
Résultat de l'exercice	3 300		
TOTAL GÉNÉRAL	340 000	TOTAL GÉNÉRAL	340 000

Détail du poste *Autres achats et charges externes* :

→ comptes 606 à 626, soit : 6 500 + 1 200 + 2 000 + 20 000 + 1 000 = 30 700 €.

[redacted]

Rôle de la comptabilité
Normalisation et réglementation comptables

■ Énoncé

Répondez à chacune des quinze questions suivantes en une dizaine de lignes en consacrant environ quinze minutes à chaque question.

1. À quoi sert la normalisation comptable ?

2. Comment la normalisation comptable française a-t-elle évoluée ces dernières années ?

3. Quels sont les objectifs assignés à la comptabilité française ?

4. Qu'est-ce que l'IASB ? Quel est son rôle et son influence dans le monde ?

5. Quelle est la mission de l'expert-comptable ?

6. Quelle est la mission du commissaire aux comptes ?

7. Sous quelles conditions une entreprise peut-elle changer ses méthodes d'évaluation ou de présentation comptable ?

8. Quelles sont les limites du bilan en tant que représentation du patrimoine de l'entreprise ?

9. La compensation comptable entre une créance et une dette sur un même tiers est-elle possible ?

10. À quoi servent les comptes de la classe 8 « *Comptes spéciaux* » de la nomenclature comptable ?

11. Quels sont les livres comptables obligatoires ?

12. Quelles sont les principales différences entre la comptabilité générale et la comptabilité de gestion ?

13. Qu'est-ce que le contrôle de gestion ?

14. Qu'est-ce que le contrôle interne ? En quoi permet-il d'atteindre les objectifs de la comptabilité ?

15. Qu'est-ce que le contrôle externe (ou l'audit) ?

■ Solution

1 • À quoi sert la normalisation comptable ?

La normalisation comptable se justifie par la volonté de publier des informations homogènes sur l'activité, le patrimoine et les résultats d'une entreprise.

Les avantages de la normalisation sont multiples. Elle facilite notamment :

– le contrôle de l'application des règles fiscales ;

– la mission de surveillance exercée par l'expert-comptable et de contrôle par le commissaire aux comptes ;

– l'analyse des comptes annuels par les tiers (fournisseurs, banquiers, actionnaires, salariés, etc.) ;

– l'agrégation des informations comptables en vue de l'établissement des statistiques nationales ;

– la comparaison des informations comptables dans le temps et dans l'espace (comparaison interentreprises).

En revanche, on lui reproche parfois :

– de ne pas satisfaire les besoins spécifiques de chaque catégorie d'utilisateurs ;

– de ne pas s'adapter suffisamment vite à l'évolution économique et donc d'offrir une image insuffisamment fidèle à la réalité.

2 • Comment la normalisation comptable française a-t-elle évoluée ces dernières années ?

La naissance du Plan Comptable Général (PCG) au lendemain de la Seconde Guerre mondiale marque le début de la normalisation comptable française.

Sous l'impulsion de la Quatrième Directive Européenne visant à harmoniser les règles comptables dans les pays de l'Union, le PCG de 1982, élaboré à partir des travaux du Conseil National de la Comptabilité (CNC), introduit un troisième document de synthèse, l'annexe, dont la vocation est de compléter et commenter l'information contenue dans le bilan et le compte de résultat. Ces trois documents forment un tout indissociable, les comptes annuels, obligatoirement établis par toute personne physique ou morale ayant la qualité de commerçant.

L'évolution récente de la comptabilité est marquée, d'une part, par l'émergence d'un droit comptable, c'est-à-dire d'un ensemble hiérarchisé de normes régissant les pratiques comptables et, d'autre part, par l'harmonisation des référentiels comptables au niveau européen et mondial.

La refonte à droit constant (c'est-à-dire sans modifier le fond) du PCG de 1982 par l'arrêté ministériel du 22 juin 1999 marque la volonté de la France de se doter d'un véritable code comptable, régulièrement mis à jour par les règlements du Comité de la Réglementation Comptable (CRC), élaborés à partir des avis du

Conseil National de la Comptabilité (CNC). Mais c'est un organisme international de doctrine qui exerce aujourd'hui la plus grande influence sur l'évolution des normes comptables européennes, ces dernières étant actuellement en cours d'harmonisation avec le référentiel de l'International Accounting Standards Board (IASB).

Plus récemment, l'Ordonnance du 22 janvier 2009 modernise le système français de normalisation en créant l'Autorité des Normes Comptables (ANC) qui remplace à la fois le CNC et le CRC. Cet organisme est désormais habilité à élaborer directement des règlements que devront respecter les entités soumises à l'obligation d'établir des comptes.

3 • Quels sont les objectifs assignés à la comptabilité française ?

Selon l'article L 123-13 du Code de commerce, « les comptes annuels doivent être réguliers, sincères et donner une image fidèle du patrimoine, de la situation financière et du résultat de l'entreprise ».

Selon l'article 120-1 du PCG, « la comptabilité est un système d'organisation de l'information financière permettant de saisir, classer, enregistrer des données de base chiffrées et présenter des états reflétant une image fidèle du patrimoine, de la situation financière et du résultat de l'entité à la date de clôture ».

La **régularité** est la conformité aux règles et procédures en vigueur.

La **sincérité** est « l'application de bonne foi des règles et procédures, en fonction de la connaissance que les responsables des comptes doivent normalement avoir de la réalité et de l'importance des opérations, événements et situations ». Il faut entendre par sincérité, la volonté de ceux qui arrêtent les comptes de les présenter en ayant le souci de la vérité.

La notion d'**image fidèle** reprend une disposition de la quatrième directive européenne et correspond à la notion anglo-saxonne de « true and fair view ». Celle-ci doit conduire les entreprises à établir des états financiers traduisant le plus exactement possible la réalité économique.

4 • Qu'est-ce que l'IASB ? Quel est son rôle et son influence dans le monde ?

L'IASB est la clé de voûte de la doctrine comptable internationale. Cet organisme est issu de l'IASC – *International Accounting Standards Committee* – auquel il a succédé en 2001.

L'IASC était un organisme international de droit privé créé en 1973 à Londres à l'initiative des organisations comptables professionnelles de 10 pays : Allemagne, Australie, Canada, USA, France, Irlande, Japon, Mexique, Pays-Bas, Royaume-Uni. D'autres membres ont ensuite rejoint les membres fondateurs jusqu'à donner à cet organisme une stature mondiale : plus de 140 organisations professionnelles représentant 104 pays adhéraient à l'IASC à la fin de l'an 2000.

Le rôle de l'IASC, qui est aujourd'hui celui de l'IASB, est de formuler et publier des normes comptables et de promouvoir leur acceptation à l'échelon mondial.

41 normes, numérotées IAS 1 à 41, ont été publiées de 1973 à 2000.

À la fin des années 1990, l'IASC constate que, malgré la qualité des normes IAS, celles-ci sont peu suivies en pratique car, en dehors de pays anglo-saxons, les membres de l'IASC n'ont pas en charge l'élaboration des normes comptables nationales. L'IASC décide alors de s'affranchir de la tutelle des organisations professionnelles et de se rapprocher des normalisateurs nationaux.

Le 24 mai 2000 à Édimbourg, la nouvelle constitution de l'IASC est approuvée à l'unanimité par l'Assemblée des membres de l'IASC. Celle-ci consacre l'IASB (*International Accounting Standards Board*) comme organe autonome d'élaboration des futures normes.

L'IASB est composé de 16 membres. Ses missions sont multiples :

- définir le programme de l'organisation ;
- constituer les groupes de travail (*steering committees*) chargés de l'élaboration des textes ;
- suivre l'avancement des travaux ;
- commenter les projets qui lui sont soumis ;
- se prononcer sur l'adoption des normes et des projets d'interprétation.

Les normes élaborées par l'IASB s'appellent désormais IFRS (*International Financial Reporting Standards*), numérotées IFRS 1, 2, 3…

Le terme IFRS regroupe donc aujourd'hui l'ensemble des 41 normes publiées par l'IASC (numérotées IAS 1, 2, 3,…, 41) et les nouvelles normes publiées par l'IASB (numérotées IFRS 1, 2, 3…).

Les normes IFRS exercent aujourd'hui une grande influence dans le monde, à défaut d'être un organisme direct de normalisation, puisque aucune norme ne peut être applicable dans un pays sans que le normalisateur de celui-ci ne la rende obligatoire.

La Commission européenne a publié le règlement « IFRS 2005 » adopté le 19 juillet 2002 par le Parlement européen et le Conseil de l'Europe, qui rend obligatoires les normes IFRS depuis 2005 pour l'établissement des comptes consolidés de tous les groupes européens cotés en bourse.

5 • Quelle est la mission de l'expert-comptable ?

De l'établissement des comptes annuels au conseil en matière de gestion, de droit des affaires, de droit fiscal, de droit social, l'expert-comptable est le conseiller permanent et privilégié du chef d'entreprise.

Les missions de l'expert-comptable sont variées. La mission première confiée à l'expert-comptable est d'établir des comptes annuels, selon des normes précises garantissant la qualité de ses travaux.

Il révise la comptabilité, c'est-à-dire qu'il supervise les travaux des personnes chargées de tenir les livres comptables. Dans ce cadre et selon le contenu de la mission qui lui a été confiée, il procède à des interviews, des vérifications ou des sondages. Il intervient particulièrement lors des travaux d'inventaire dont le contenu nécessite une qualification plus élevée. Dans certains cas, lorsque l'entreprise ne dispose d'aucune personne qualifiée, l'ensemble des travaux comptables peut lui être confié.

L'expert-comptable joue également un rôle de conseil et d'assistance qui tend aujourd'hui à se développer. Sa connaissance de l'entreprise en fait un conseiller privilégié dans les domaines liés à la comptabilité :

- conseils financiers : gestion budgétaire, comptabilité de gestion, choix des investissements, placements financiers, etc. ;
- conseils juridiques : droit des sociétés, droit social et droit fiscal ;
- conseils en organisation du système d'information, assistance dans la conception d'outils de gestion informatisés, etc.

Précisons que, contrairement à une opinion souvent répandue, les entreprises ne sont pas légalement tenues d'utiliser les services d'un expert-comptable. Elles peuvent assurer elles-mêmes la tenue et l'établissement des comptes.

6 • Quelle est la mission du commissaire aux comptes ?

Le public confond souvent le rôle de l'expert-comptable avec celui du commissaire aux comptes. Il est vrai que les mêmes personnes exercent souvent les deux professions, mais jamais dans la même société.

Le commissaire aux comptes est investi d'une mission légale de certification de la régularité et de la sincérité des comptes établis par le dirigeant de l'entreprise et ses comptables. Il assure l'intégrité des comptes qui vont être soumis à l'approbation de l'assemblée générale des actionnaires. Dans ce cadre, il peut être amené à s'appuyer sur les travaux de l'expert-comptable.

Lorsqu'il constate des irrégularités, il doit les signaler aux actionnaires. De même, il doit informer les associés des faits susceptibles d'altérer les comptes, comme les modifications des règles de présentation ou d'évaluation ou les conventions conclues entre la société et ses dirigeants.

Le commissaire aux comptes doit également assurer une mission d'intérêt général, celle de révéler au Procureur de la République les faits délictueux dont il a eu connaissance dans l'exercice de sa mission (escroqueries, abus de biens sociaux, publication de bilans ne reflétant pas l'image fidèle, infractions fiscales, etc.).

Enfin, la loi du 1er mars 1984 lui fait jouer un rôle important en matière de prévention des entreprises en difficultés.

Son rôle de protecteur des actionnaires, et des tiers en général, lui interdit naturellement de s'immiscer dans la gestion de l'entreprise ou d'avoir un rôle de conseiller, sous peine de sanctions pénales et disciplinaires.

À la différence de la mission contractuelle de l'expert-comptable, la mission légale du commissaire aux comptes est prévue par le droit des sociétés. Les sociétés soumises obligatoirement au contrôle d'un commissaire aux comptes sont les sociétés anonymes et les sociétés en commandite par actions. Les autres sociétés peuvent également y être soumises lorsqu'elles dépassent certains critères de taille (total du bilan, chiffre d'affaires, effectif).

7 • Sous quelles conditions une entreprise peut-elle changer ses méthodes d'évaluation ou de présentation comptable ?

Le principe de permanence des méthodes garantit la cohérence des informations comptables d'un exercice à l'autre, en interdisant les modifications de méthodes d'évaluation et de présentation des comptes annuels.

Toutefois, les textes précisent que des changements de méthodes peuvent être décidés par l'entreprise sous deux conditions :

- un changement exceptionnel dans la situation de l'entreprise, c'est-à-dire dans les conditions de son exploitation ;
- l'obtention d'une meilleure image fidèle, c'est-à-dire d'une meilleure information.

Les changements intervenus d'un exercice à l'autre doivent être décrits et justifiés dans l'annexe. En outre, l'annexe doit indiquer les circonstances qui empêchent de comparer, d'un exercice à l'autre, certains postes du bilan et du compte de résultat et, le cas échéant, les moyens qui permettent d'en assurer la comparaison.

■ **Exemples de changement de méthodes autorisés :**

– révision d'un plan d'amortissement justifiée par des modifications intervenues dans l'exploitation de l'entreprise ;

– changement de méthode de valorisation des stocks (méthodes FIFO ou Coût moyen pondéré) justifié par de nouvelles conditions d'exploitation.

■ **Exemples de changement de méthodes non autorisés :**

– changement de méthode d'amortissement, motivé par la recherche d'un résultat plus élevé ;

– changement de méthode de valorisation des stocks motivé par la volonté de réduire le bénéfice imposable.

8 • Quelles sont les limites du bilan en tant que représentation du patrimoine de l'entreprise ?

S'il est courant d'entendre que le bilan est une représentation du patrimoine de l'entreprise, il ne faut jamais oublier que son élaboration répond à de nombreuses règles, dont certaines conduisent à s'écarter de la réalité économique. Voici quelques-unes des limites du bilan dont il faut être conscient lorsqu'on analyse une entreprise.

La comptabilité ne prend pas en compte l'inflation.

L'application de la règle des coûts historiques ainsi que de la règle de prudence conduit le plus souvent à sous-évaluer la valeur comptable des actifs par rapport à la valeur réelle.

Le bilan ne prend pas en compte les actifs utilisés durablement par l'entreprise sans qu'elle en soit propriétaire : biens acquis en crédit-bail, locations de longue durée, etc. ;

La comptabilité enregistre le plus souvent les investissements immatériels en charges. Ceux-ci constituent pourtant des actifs stratégiques qui tendent à se développer : marques, réseaux commerciaux, investissements en formation professionnelle, en communication, en recherche et développement.

Certaines règles juridiques et surtout fiscales conduisent la comptabilité à s'écarter de la réalité économique : provisions réglementées, amortissements dégressifs ou exceptionnels, etc.

9 • La compensation comptable entre une créance et une dette sur un même tiers est-elle possible ?

Non ! Les éléments d'actif et de passif doivent être évalués séparément et aucune compensation ne peut être opérée, ni entre les postes d'actif et de passif du bilan, ni entre les postes de charges et de produits du compte de résultat.

Le plan de comptes a été conçu pour traduire ce principe. Dans les comptes à trois chiffres (au moins), le chiffre 9 en troisième position permet d'identifier les opérations de sens contraire à celles normalement couvertes par le compte de niveau immédiatement supérieur. Ainsi, le plan comptable a prévu, par exemple, les comptes 419. *Clients créditeurs* et 409. *Fournisseurs débiteurs* pour enregistrer les dettes envers des clients (compte 41) ou les créances envers des fournisseurs (compte 40).

Le principe de non-compensation s'applique également aux comptes de trésorerie. Les comptes financiers de la classe 5 présentant un solde débiteur (avoirs en banque par exemple) s'inscrivent à l'actif et ceux présentant un solde créditeur, au passif, dans les dettes financières (concours bancaires courants et soldes créditeurs de banque, pour l'essentiel).

10 • À quoi servent les comptes de la classe 8 « Comptes spéciaux » de la nomenclature comptable ?

Ces comptes sont prévus par le PCG pour l'enregistrement des engagements de l'entreprise. Ces engagements, dits « hors bilan », regroupent tous les droits et obligations de l'entreprise dont les effets sur le montant ou la composition du patrimoine sont subordonnés à la réalisation de conditions (cautions, gages,etc.) ou d'opérations ultérieures (commandes par exemple).

Ces engagements n'apparaissent pas dans le bilan. Le PCG a prévu les comptes de la classe 8. *Comptes spéciaux* pour permettre aux entreprises de satisfaire à certaines obligations d'information, notamment pour l'établissement de l'annexe.

Cette comptabilisation, qui fonctionne de façon totalement autonome, n'est toutefois pas obligatoire, les entreprises pouvant se contenter de regrouper leurs engagements dans l'annexe. Il convient de dire que la plupart des entreprises optant généralement pour cette solution, les comptes de la classe 8 sont en pratique rarement utilisés.

11 • Quels sont les livres comptables obligatoires ?

Le décret du 29 novembre 1983 oblige tout commerçant à tenir :

- un **livre-journal**, qui enregistre chronologiquement, c'est-à-dire « au jour le jour », toutes les opérations comptables ;
- un **grand-livre**, qui regroupe les mêmes opérations et où les comptes sont classés dans l'ordre du plan comptable ;
- un **livre d'inventaire**, qui est un relevé de tous les éléments d'actif et de passif, établi selon leur nature et leur mode d'évaluation et suffisamment détaillé pour justifier le contenu de chaque poste du bilan ;
- un **livre décrivant les procédures et l'organisation comptable**, obligatoire lorsqu'il est nécessaire à la compréhension du système de traitement et à la réalisation des contrôles.

Les livres obligatoires et, de façon générale, tous les documents comptables doivent être conservés pendant dix ans.

12 • Quelles sont les principales différences entre la comptabilité générale et la comptabilité de gestion ?

La **comptabilité générale** (également appelée comptabilité financière) est un système de traitement de l'information :

- obligatoire : en vertu de l'article L 123-12 du Code de commerce ;
- normalisé : par le droit comptable (textes législatifs et réglementaires, plan comptable général, jurisprudence, doctrine) ;

– publié : les documents de synthèse font l'objet d'une publication au greffe du Tribunal de commerce ;

– à vocation essentiellement externe : investisseurs, banquiers, créanciers, salariés, administration fiscale, statisticiens.

Son objectif est de restituer une image fidèle du patrimoine, de la situation financière et du résultat de l'entreprise dans le respect des règles et procédures en vigueur.

À l'inverse, la **comptabilité de gestion** (également appelée comptabilité analytique) est un système de traitement de l'information :

– facultatif : il est élaboré sur décision des dirigeants et non de l'État ;

– non normalisé : sauf par l'entreprise elle-même ;

– non publié : il produit souvent des informations confidentielles dont seuls les dirigeants et responsables de l'entreprise sont les destinataires.

L'objectif de la comptabilité de gestion est de déterminer les coûts des différentes fonctions de l'entreprise et d'expliquer les résultats, en calculant les coûts de revient des produits (biens et services) pour les comparer aux prix de vente correspondants.

Les deux systèmes ne sont pas pour autant indépendants. Au contraire, il est préférable qu'ils communiquent car :

– la comptabilité de gestion permet de valoriser certains actifs du bilan (stocks, produits et travaux en-cours, etc.) ;

– la sécurité des calculs repose sur la concordance entre les différents résultats de la comptabilité de gestion et le résultat final de la comptabilité générale ;

– l'utilisation des mêmes renseignements permet d'éviter de saisir deux fois les informations de base, notamment par un système de double codification.

13 • Qu'est-ce que le contrôle de gestion ?

Le contrôle de gestion est l'ensemble des dispositions prises par une entreprise pour fournir aux dirigeants et aux principaux responsables des informations chiffrées périodiques et caractéristiques de son activité, dont la comparaison avec des données passées est susceptible d'inciter les décideurs à prendre les mesures correctives appropriées.

Le contrôle de gestion doit permettre :

– de contrôler les activités courantes ;

– de planifier les stratégies, les tactiques et les actions à venir ;

– d'utiliser les ressources (techniques, humaines, financières, etc.) de l'entreprise de façon optimale ;

– de mesurer et d'évaluer les résultats (par fonction, par département, par centre de responsabilité, par produit, etc.) ;

– d'améliorer la communication interne et externe ;

– en définitive, de réduire la subjectivité dans la prise de décision.

Les techniques utilisées, issues de la comptabilité de gestion et de la gestion budgétaire, aboutissent à l'établissement de tableaux de bord qui permettent le suivi régulier d'indicateurs caractéristiques de la santé financière de l'entreprise.

14 • Qu'est-ce que le contrôle interne ? En quoi permet-il d'atteindre les objectifs de la comptabilité ?

La notion de contrôle interne est souvent confondue avec le contrôle de gestion. Les objectifs assignés à ces deux disciplines de gestion sont pourtant bien différents. Selon l'Ordre des experts-comptables, le contrôle interne est « l'ensemble des sécurités contribuant à la maîtrise de l'entreprise ».

Il doit permettre :

– d'assurer l'application des décisions prises par la direction ;

– de favoriser l'amélioration des performances ;

– de s'assurer que les opérations sont enregistrées de telle façon que les comptes annuels respectent les objectifs et les principes assignés à la comptabilité ;

– de protéger et de sauvegarder le patrimoine de l'entreprise, notamment par la séparation des tâches et le contrôle physique des actifs.

Le contrôle interne est donc l'une des conditions essentielles de la régularité et de la sincérité des comptes. Il accentue la valeur probante de la comptabilité.

15 • Qu'est-ce que le contrôle externe (ou l'audit externe) ?

Le contrôle externe, dans son acception comptable, est synonyme de révision des comptes ou d'audit financier. Il correspond à l'examen critique de l'ensemble des opérations comptables et s'appuie sur des normes et des techniques recommandées par un organisme professionnel.

L'audit peut être d'origine légale ou contractuelle.

L'audit légal est clairement défini et fait explicitement référence à la mission des commissaires aux comptes qui est de certifier la régularité et la sincérité des comptes annuels.

L'audit contractuel recouvre généralement les missions suivantes :

– attestation d'éléments de comptabilité de gestion ;

– visas de notes d'information ;

– contrôle de l'information financière publiée à l'occasion d'une introduction en bourse ;

- acquisition, restructuration ou cession d'entreprises ;
- évaluation préalable à une privatisation ;
- contrôle de la cohérence de projections financières ;
- évaluation du contrôle interne.

Il faut cependant souligner que le terme « *Audit* » a été fortement banalisé. Il fait désormais plus référence à une logique du contrôle de l'ensemble des actes de gestion d'une entreprise et ne se limite plus au seul audit des comptes. Ainsi, parle-t-on d'audit social, juridique, organisationnel, stratégique, de production, etc.

PARTIE 2

Analyse comptable des opérations courantes

Testez vos connaissances

☛ **Une seule réponse juste par question**

1 • L'**enregistrement en comptabilité** d'une prestation de services commandée à un fournisseur est effectué :

A – À la date de la commande.

B – À la date d'exécution de la prestation de service.

C – À la date de facturation.

D – À la date de règlement.

2 • De quel fait économique dépend le **rattachement** d'un achat de marchandises à l'**exercice comptable** ?

A – La commande. B – La livraison. C – La facturation. D – Le règlement.

3 • La **marge commerciale** est égale à la différence entre :

A – Le chiffre d'affaires et les achats des marchandises.

B – Les ventes de marchandises et le coût d'achat des marchandises vendues.

C – Les produits d'exploitation et les charges variables.

D – La production de l'exercice et la consommation des matières premières.

4 • Chez le fournisseur, les **réductions commerciales** apparaissant sur les factures d'origine :

A – Sont enregistrées au débit du compte 609. *R.R.R. obtenus sur achats.*

B – Sont enregistrées au débit du compte 709. *R.R.R. accordés par l'entreprise.*

C – Sont enregistrées au crédit du compte 709. *R.R.R. accordés par l'entreprise.*

D – Ne sont pas enregistrées dans un compte spécial.

5 • Les **avances et acomptes** versés à la commande sont considérés chez celui qui les paie (le client) comme :

A – Une créance sur le fournisseur.

B – Une dette envers le fournisseur.

C – Une charge.

D – Une caution.

6 • L'**escompte de règlement** obtenu sur fa cture est pour le client :

A – Une réduction qui n'apparaît pas en comptabilité dans un compte spécifique.

B – Une réduction de prix déduite du prix d'achat.

C – Un produit d'exploitation.

D – Un produit financier.

7 • Les **emballages commerciaux** consignés chez un client sont, pour le fournisseur et pendant la période de consignation :

A – Une charge d'exploitation.

B – Une créance sur le client.

C – Une dette envers le client.

D – Un produit annexe.

8 • Lorsque des **emballages commerciaux** ne sont pas restitués par le client dans les délais prévus, ils sont, chez le fournisseur :

A – Enregistrés en charges exceptionnelles.

B – Enregistrés dans un compte transitoire d'attente.

C – Loués au client jusqu'à leur restitution.

D – Présumés av oir été vendus au client.

9 • La **TVA** est pour l'entreprise :

A – Un impôt supporté par elle.

B – Une dette envers le Trésor public.

C – À la fois une créance sur le Trésor public et une dette envers lui.

D – Une charge.

10 • La **TVA** est une charge pour l'entreprise lorsque :

A – Elle concerne des biens ou services enregistrés dans des comptes de la classe « 6 ».

B – Elle concerne des immobilisations.

C – L'activité de l'entreprise n'est pas assujettie à la TVA.

D – L'activité de l'entreprise est soumise à la TVA au taux réduit.

11 • Le **droit à déduction** de la TVA ayant grevé les achats de matières premières est exercé :

A – Le mois au cours duquel la TVA déductible a été payée au fournisseur.

B – Le mois suivant celui au cours duquel les matières premières ont été livrées.

C – Le mois précédent celui au cours duquel les matières premières ont été livrées.

D – Le mois au cours duquel la TVA est devenue exigible chez le fournisseur.

12 • La **Taxe sur les salaires** est :

A – Une cotisation sociale.

B – Un impôt supporté par les entreprises assujetties à la TVA.

C – Un impôt supporté par les entreprises totalement exonérées de TVA.

D – Un impôt supporté par les entreprises non assujetties à la TVA, totalement ou partiellement.

13 • La **Contribution Économique Territoriale** (CET) est assise sur :

A – La valeur locative des immobilisations passibles de la taxe foncière utilisées par le redevable.

B – La valeur ajoutée.

C – La valeur locative des immobilisations passibles de la taxe foncière utilisées par le redevable ainsi que la valeur ajoutée.

D – Les rémunérations brutes versées au personnel.

14 • Remettre une **lettre de change à l'escompte** entraîne dans la comptabilité du tireur-bénéficiaire :

A – L'inscription d'une créance cambiaire à l'actif et d'une dette au passif.

B – L'inscription de disponibilités à l'actif et d'une dette au passif.

C – L'inscription de disponibilités et l'annulation de la créance cambiaire, à l'actif.

D – L'annulation de la créance cambiaire et l'inscription d'une créance ordinaire.

15 • **Endosser** une lettre de change signifie :

A – Nommer le nouveau bénéficiaire d'une lettre de change.

B – Céder une créance cambiaire à une autre personne.

C – Annuler une créance ordinaire et une dette cambiaire.

D – Remettre la lettre de change à son banquier pour qu'il procède à son encaissement.

16 • Parmi les dépenses d'investissement suivantes, une seule est une **immobilisation**. Laquelle ?

A – Un investissement en communication permettant d'accroître la notoriété de l'entreprise.

B – L'échange standard d'un moteur de camion.

C – Le ravalement de la façade du siège social de l'entreprise.

D – L'achat d'un emplacement commercial, place Bellecour à Lyon.

17 • Selon le PCG, les **frais d'acquisition d'immobilisations** (droits de mutation, honoraires ou commissions et frais d'actes) :

A – Sont enregistrés obligatoirement en charges.

B – Sont enregistrés obligatoirement dans le coût d'acquisition de l'immobilisation à laquelle ils se rapportent.

C – Sont enregistrés en *Charges à répartir sur plusieurs exercices.*

D – Peuvent être enregistrés, soit en charges, soit dans le coût d'acquisition de l'immobilisation à laquelle ils se rapportent.

18 • Les **frais de recherche et développement** peuvent être inscrits en immobilisations incorporelles, lorsque les projets en cause :

A – Aboutiront à la création d'une immobilisation corporelle.

B – Correspondent à des dépenses de recherche appliquée.

C – Sont nettement individualisés et ont de sérieuses chances de réussite technique et de rentabilité commerciale.

D – Sont validés techniquement et ont déjà permis d'engranger des bénéfices.

19 • Les **titres de participation** sont des titres :

A – Qui permettent d'exercer un contrôle durable sur une autre société.

B – Acquis durablement et qui permettent d'exercer une influence sur une autre société.

C – Détenus dans des sociétés dites « en participation ».

D – Qui permettent de participer au conseil d'administration d'une autre société.

20 • Les **valeurs mobilières de placement** sont :

A – Des titres acquis en petite quantité.

B – Des titres acquis dans le but de réaliser un gain à court terme.

C – Des SICAV ou des Fonds communs de placement.

D – Des placements sur des livrets d'épargne.

21 • Les **cotisations sociales** versées mensuellement (ou trimestriellement) par les entreprises aux divers organismes sociaux correspondent :

A – Aux cotisations sociales patronales.

B – Aux cotisations sociales salariales prélevées sur les salaires.

C – À la somme des cotisations sociales, patronales et salariales.

D – À la taxe sur les salaires.

22 • La société Kad adresse à son client Besson une facture de ventes de produits finis. Montant brut : 55 000 € HT. Escompte de 4 %. TVA au taux normal (20 %). Règlement au comptant. Il convient dans la comptabilité de la société Kad de :

A – Débiter le compte 411. *Client Besson* de 66 000 €.

B – Débiter le compte 411. *Client Besson* de 63 360 €.

C – Créditer le compte 701. *Ventes de produits finis* de 63 360 €.

D – Créditer le compte 701. *Ventes de produits finis* de 55 000 €.

23 • La base d'imposition à la TVA d'une facture de vente de marchandises est égale :

A – Au prix de vente brut hors taxes.

B – Au prix de vente brut hors taxes, augmenté des frais accessoires.

C – Au prix de vente hors taxes, net de réductions commerciales, augmenté des frais accessoires.

D – Au prix de vente hors taxes, net de toutes réductions commerciales et financières, augmenté des frais accessoires.

24 • Lorsque le solde du compte 512. *Banque* est débiteur de 420 000 €, cela signifie que :

A – L'entreprise doit rembourser à sa banque la somme de 420 000 €.

B – L'entreprise dispose d'une somme de 420 000 € à la banque.

C – La banque a prêté 420 000 € à l'entreprise.

D – La banque a emprunté 420 000 € à l'entreprise.

25 • L'entreprise Stephanson fait l'acquisition d'une machine à cercler les emballages. Montant brut : 9 400 € HT. Frais de port : 450 € HT. TVA au taux normal (20 %). Paiement à 60 jours. Il conviendra dans la comptabilité de l'entreprise Stephanson de débiter le compte 215. *Installations techniques, matériel et outillage industriels de* :

A – 9 400,00 €. **B** – 9 850,00 €. **C** – 11 280,00 €. **D** – 11 820,00 €.

26 • L'entreprise Jacquet exporte un lot de marchandises à son client Chang situé en Chine. Montant de la facture : 23 000 € HT. Règlement à 90 jours. Il conviendra dans sa comptabilité de :

A – Débiter le compte 411. *Client Chang* de 27 600 €

B – Créditer le compte 707. *Ventes de marchandises* de 27 600 €

C – Débiter le compte 411. *Client Chang* de 23 000 €

D – Créditer le compte 4457. *TVA collectée* de 4 600 €

27 • Selon les règles de droit commun, l'**exigibilité** en matière de TVA est constituée par :

A – L'exécution d'une prestation de services.

B – L'encaissement d'une livraison de biens.

C – L'encaissement d'une prestation de services.

D – Aucune de ces trois propositions n'est juste.

28 • Chez le client, les avances et acomptes versés à la commande sont enregistrés :

A – Au débit du compte 4191. *Clients - Avances et acomptes reçus sur commandes.*

B – Au débit du compte 4091. *Fournisseurs - Avances et acomptes versés sur commandes.*

C – Au crédit du compte 4091. *Fournisseurs - Avances et acomptes versés sur commandes.*

D – Aucune réponse ne convient.

29 • Achat en Bourse de 500 actions Essilor au prix unitaire de 34 €, dans la perspective d'un placement financier à moyen terme. Il convient de débiter le compte :

A – 261. *Titres de participation.*

B – 271. *Titres immobilisés (Droit de propriété).*

C – 503. *Valeurs mobilières de placement - Actions.*

D – 506. *Valeurs mobilières de placement - Obligations.*

30 • On vous fournit les informations suivantes pour le mois d'octobre N :

Acquisitions d'immobilisations TTC .... 67 200 €
Achats de matières premières HT .... 42 000 €
Services extérieurs TTC .... 30 000 €
Ventes de produits finis HT .... 95 000 €
Ventes de marchandises HT .... 230 000 €

Quel sera le montant de la TVA à payer au titre du mois d'octobre N sachant que toutes les opérations sont assujetties au taux normal (20 %) ?

A – 40 400 €. **B** – 37 160 €. **C** – 63 700 €. **D** – Aucune réponse ne convient.

■ Réponses au QCM n° 1

1 • C Les enregistrements comptables, qu'ils concernent des prestations de services ou des livraisons de biens, sont effectués à partir des factures et à date de facturation.

2 • B Si l'enregistrement comptable des charges s'effectue à la date de facturation, leur rattachement à l'exercice est fonction de la livraison pour les biens (matières, marchandises ou produits) et de l'achèvement de la prestation pour les services (en vertu du principe d'indépendance des exercices).

3 • B La marge commerciale est égale à la différence entre les ventes de marchandises et le coût d'achat des marchandises vendues. À noter que le coût d'achat des marchandises vendues inclut les frais accessoires sur achats.

4 • D Seules les réductions accordées (ou obtenues) postérieurement à la facturation initiale, c'est-à-dire sur des factures d'avoir, sont enregistrées dans des comptes spécifiques. Quel que soit leur traitement comptable initial, les réductions commerciales n'apparaissent jamais distinctement dans le compte de résultat, mais viennent en déduction des achats ou des ventes correspondants.

5 • A Cette créance est enregistrée au débit du compte 4091. *Fournisseurs - Avances et acomptes versés sur commandes.*

6 • D Les escomptes de règlement, qu'ils soient déduits sur la facture d'origine ou inscrits séparément sur une facture d'avoir, sont toujours comptabilisés en charges ou en produits financiers selon qu'ils sont accordés sur des ventes ou obtenus sur des achats :

– chez le fournisseur, l'escompte est une charge financière enregistrée au débit du compte 665. *Escomptes accordés* ;

– chez le client, l'escompte est un produit financier enregistré au crédit du compte 765. *Escomptes obtenus.*

7 • C Cette dette est enregistrée au crédit du compte 4196. *Clients - Dettes pour emballages consignés.*

8 • D Dans ce cas, ils sont généralement facturés au prix de consignation.

9 • C La TVA déductible est une créance sur le Trésor public, la TVA collectée une dette envers lui. C'est la différence entre la TVA collectée sur les ventes et la TVA déductible qui est reversée au Trésor public.

10 • C La TVA que l'entreprise acquitte sur ses acquisitions d'immobilisations et ses achats de biens et de services n'est déductible que si l'entreprise est elle-même assujettie à la TVA sur ses ventes. En d'autres termes, si l'entreprise n'a pas de devoir de collecte, elle est considérée comme consommateur final du bien ou du service et perd par conséquent son droit à déduction. Dans ce cas, les achats, les services extérieurs et les acquisitions d'immobilisations sont enregistrés pour leurs montants TTC en comptabilité, ce qui fait supporter à l'entreprise la charge de la TVA.

11 • D C'est la date d'exigibilité du fournisseur qui détermine le mois au titre duquel la TVA est déductible chez son client. En effet, le législateur ne souhaite pas que la TVA puisse être déductible chez le client avant qu'elle n'ait été collectée chez le fournisseur.

12 • D La taxe sur les salaires est un impôt dû par les employeurs non assujettis à la TVA ou assujettis sur moins de 90 % de leur chiffre d'affaires.

13 • C La Contribution Économique Territoriale (CET), qui remplace depuis le 1er janvier 2010 la taxe professionnelle, est la somme de deux cotisations :

– la Cotisation Foncière des Entreprises (CFE), assise sur la valeur locative des immobilisations passibles de la taxe foncière utilisées par le redevable ;

– la Cotisation sur la Valeur Ajoutée des Entreprises (CVAE), égale à 1,5 % de la valeur ajoutée produite par l'entreprise, assortie d'un mécanisme de plafonnement.

14 • C La comptabilité ne traduit pas ici la réalité économique, car elle fait disparaître la créance cambiaire de l'actif du bilan alors qu'elle devrait plutôt inscrire une dette financière (concours bancaires courants) au passif, l'escompte étant une opération de crédit. Notons que le retraitement des effets escomptés non échus est souvent effectué par les analystes financiers pour restituer plus fidèlement la réalité économique.

15 • A L'endossement consiste à inscrire le nom d'un nouveau bénéficiaire (appelé endossataire) au dos de la traite. Il s'agit généralement du cas où le bénéficiaire d'une traite a une dette envers un créancier. Au lieu de percevoir du tiré le montant de l'effet, il endosse la traite à l'ordre de son créancier qui en devient le nouveau bénéficiaire. Ainsi, le tiré paiera directement le créancier du bénéficiaire initial, ce qui revient pour ce dernier à annuler simultanément une créance cambiaire sur son client et une dette ordinaire envers son créancier. Des endossements successifs peuvent être effectués, le dernier endossataire étant le porteur légitime de l'effet.

16 • D On parle généralement en droit de « droit au bail » qui est le montant versé au locataire précédent en contrepartie du transfert à l'acheteur des droits résultant de la législation sur la propriété commerciale (le droit au renouvellement du bail notamment). L'acquisition d'un emplacement commercial est un élément du fonds commercial de l'entreprise, enregistré à l'actif du bilan en immobilisations incorporelles.

17 • D Le PCG (art. 321-10) prévoit un traitement comptable spécifique pour les frais d'acquisition d'immobilisations, c'est-à-dire les droits de mutation, honoraires ou commissions et frais d'actes, liés à l'acquisition de l'immobilisation. Par dérogation à la règle générale qui prévoit d'incorporer les frais accessoires dans le coût d'acquisition, ces frais peuvent :

– soit être comptabilisés en charges (selon leur nature) ;

– soit être compris dans le coût d'acquisition de l'immobilisation.

18 • C Les coûts de développement peuvent être inscrits à l'actif s'ils se rapportent à des projets nettement individualisés, ayant de sérieuses chances de réussite technique et de rentabilité commerciale (PCG, art. 311-3.2).

19 • B Par « durablement », il faut comprendre sur une durée qui dépasse le cadre d'un exercice comptable, soit 12 mois. Quant à l'influence, elle est présumée lorsqu'une entreprise détient plus de 10 % du capital d'une autre.

20 • B Les valeurs mobilières de placement s'opposent aux titres immobilisés, ces derniers étant acquis en vue d'une possession durable.

21 • C Les employeurs versent aux organismes sociaux, en même temps, les cotisations patronales qu'ils supportent et les cotisations salariales précomptées sur les salaires des employés.

22 • D Les escomptes de règlement accordés aux clients sont comptabilisés en charges financières (compte 665. *Escomptes accordés*). Ils ne sont donc pas déduits des ventes correspondantes comme on le ferait pour l'enregistrement des réductions à caractère commercial (rabais, remises ou ristournes).

23 • C La base d'assujettissement à la TVA sur une facture de ventes est égale au montant hors taxes, après réductions commerciales (remises, rabais et ristournes), avant réductions financières (escomptes de règlement), majoré des frais accessoires (frais de transport par exemple).

24 • B Le compte *Banque* est un compte d'actif. On y enregistre au débit les encaissements et au crédit les décaissements. Un solde débiteur signifie que l'entreprise dispose d'un avoir en banque. À l'inverse, un solde créditeur signifie que l'entreprise est à découvert.

25 • B Les immobilisations acquises à titre onéreux sont inscrites à l'actif du bilan à leur coût d'acquisition, lequel comprend :

– le prix d'achat hors taxes récupérables, diminué des rabais, remises, ristournes et escomptes de règlement obtenus ;

– les frais accessoires liés à l'acquisition, c'est-à-dire les charges directement attribuables à l'acquisition ou à la mise en place du bien : frais de transit, de transport et d'assurances-transport, droits de douane à l'importation, frais d'installation et de montage nécessaires à la mise en état d'utilisation des immobilisations, etc. Dans le cas présent, la machine à cercler les emballages doit être inscrite en immobilisations corporelles pour : (9 400 + 450) = 9 850 €.

26 • C Il s'agit ici d'une exportation qui n'est donc pas assujettie à la TVA française. La facture est établie par le fournisseur Jacquet pour son montant HT. Le compte 411. *Clients* doit par conséquent être débité pour son montant HT, et non pas TTC comme pour une opération de vente effectuée en France.

27 • C L'exigibilité est le droit que le Trésor public fait valoir, à un moment donné, pour obtenir le paiement d'un impôt. En matière de TVA, cette notion est importante car elle détermine à la fois :

– le mois au titre duquel le montant des opérations imposables doit faire l'objet d'une déclaration chez le fournisseur ;

– la date de naissance du droit à déduction correspondant de ses clients.

Pour les livraisons de biens, l'exigibilité de la TVA est constituée par la délivrance du bien.

Pour les prestations de services et les travaux immobiliers, l'exigibilité de la TVA est constituée lors de l'encaissement, c'est-à-dire au moment du versement des avances, acomptes et règlements du solde de la facture. Les prestataires de services ont toutefois la possibilité d'opter pour le système d'exigibilité selon les débits, qui consiste à collecter la TVA au moment de l'achèvement de la prestation de services.

28 • B Les arrhes, avances ou acomptes versés sont enregistrés :

– au crédit du compte 4191. *Clients - Avances et acomptes reçus sur commandes*, chez le fournisseur ;

– au débit du compte 4091. *Fournisseurs - Avances et acomptes versés sur commandes*, chez le client.

29 • B Comptablement, on distingue trois catégories de titres :

Les *titres de participation* : ce sont les actions ou des parts sociales dont la possession durable est estimée utile à l'activité de l'entreprise, notamment parce qu'elle permet d'exercer une influence sur la société émettrice des titres ou, *a fortiori*, d'en assurer le contrôle. Sauf preuve contraire, sont présumés être des titres de participation, les titres représentant au moins 10 % du capital d'une entreprise.

Les *titres immobilisés* : ce sont des titres (autres que des titres de participation) que l'entreprise a l'intention ou l'obligation de conserver durablement. Ils peuvent être représentatifs de titre de propriété (actions ou parts sociales) ou de titres de créances (obligations).

Les *valeurs mobilières de placement* : ce sont des titres acquis en vue de réaliser un gain à brève échéance et qui permettent généralement aux entreprises de placer des excédents temporaires de trésorerie.

Exemples : SICAV, Fonds communs de placement, actions, obligations.

30 • A

– TVA collectée : *(230 000 + 95 000) x 20 %*	65 000
– TVA déductible sur acquisitions d'immobilisations : *(67 200 / 1,20) x 20 %*	11 200
– TVA déductible sur achats de matières premières : *42 000 x 20 %*	8 400
– TVA déductible sur services extérieurs : *(30 000 / 1,20) x 20 %*	5 000

TVA à payer au titre du mois d'octobre N	40 400

Achats et ventes

■ Énoncé

La société Santashop est spécialisée dans la vente en gros de produits parapharmaceutiques. Ses fournisseurs sont des laboratoires auprès desquels elle obtient des conditions d'achat intéressantes grâce aux volumes d'achats réalisés.

Il vous est demandé d'analyser et d'enregistrer les opérations d'achats et de ventes suivantes.

13-01 Reçu facture n°453 des Laboratoires Bérieux :
- 1 000 lots de savons hypoallergéniques
- Montant brut HT 156 000
- Remises .... 10 % et 5 %
- Escompte .... 2 %
- Frais de port HT 2 000
- Règlement sous huitaine.

18-01 Adressé facture n°120 au client Caspié :
- 6 000 tubes de crème amincissante à 40 € HT pièce
- Brut HT 240 000
- Remise .... 10 %
- Port .... 5 % du net commercial
- Règlement à 30 jours fin de mois.

19-01 Règlement par chèque de la facture n°453 au fournisseur Bérieux.

20-01 Reçu la facture n°71 du transporteur Prost concernant la livraison au client Caspié. Montant brut HT : 5 000 €. Règlement à crédit.

23-01 Reçu du fournisseur Bézu une facture d'achat d'emballages frigorifiants servant au conditionnement de certains produits sensibles. Ces emballages sont récupérables et non identifiables :
- 1000 emballages à 40 € HT pièce. Règlement à crédit.

25-01 Adressé au client Bondix la facture n°121 :
- 600 kg de gélules autobronzantes.
- Montant brut HT 60 000
- Remise .... 15 %
- Port forfaitaire 2 000
- 200 emballages frigorifiques consignés 50 € pièce.
- Règlement à 60 jours fin de mois.

30-01 Adressé au client Caspié la facture d'avoir n°A/122 concernant :
- le retour de 1 000 tubes de crème amincissante (sur facture n°120 du 18-01) en raison d'un vice de fabrication ;

– un rabais de 15 % accordé sur le solde de la facture (hors frais de transport).

05-02 Adressé au client Bondix la facture d'avoir n°A/123 pour retour de 150 emballages frigorifiques. Ceux-ci, en mauvais état, sont repris à 80 % du prix de consignation.

10-02 Adressé au client Toumatch la facture n°124 pour une prestation de conseil en diététique. Montant : 6 700 € HT.

13-02 Reçu chèque n°98663 du client Bioform à titre d'avance sur une commande de 500 kg de substituts alimentaires. Montant : 15 000 €.

25-02 Adressé au client Bondix la facture n°125 pour non-restitution dans les délais de 50 emballages consignés. Ces emballages sont facturés au prix de consignation.

28-02 Reçu du client Caspié le chèque n°56332 en règlement du solde de sa dette. Ce chèque est remis à l'encaissement le 01-03-N.

10-03 Livraison au client Bioform de sa commande du 13-02-N.
Adressé la facture n°126 :
– Montant brut HT 74 000
– Remise .... 15 %
– Frais de port refacturé HT 2 600

02-04 Reçu des Laboratoires Bérieux la facture d'avoir n°A/563 relative à une ristourne. Ce fournisseur accorde une ristourne de 3 %, calculée sur le montant des achats hors taxes effectués au cours de chaque trimestre. Le montant des achats du 1er trimestre N s'élève à 300 000 € HT.

Mission

Après avoir présenté schématiquement les factures d'achats et de ventes, vous effectuerez les enregistrements au livre-journal de la société Santashop.

Remarques :

– toutes les opérations sont soumises à la TVA au taux normal (20 %) ;
– le prix de consignation des emballages s'entend TTC.

■ Solution

13-01 : Facture d'achats de marchandises n°453 du fournisseur Bérieux

Les réductions de nature commerciale (rabais, remises, ristournes) ne sont pas enregistrées dans un compte spécial lorsqu'elles apparaissent sur la facture d'origine. Seules les réductions commerciales, obtenues (ou accordées) séparément de la facturation d'origine par un avoir, sont inscrites dans un compte spécifique (comptes 609. R.R.R. *obtenus sur achats* et 709. R.R.R. *accordés par l'entreprise*).

Lorsqu'un fournisseur consent deux remises (une remise habituelle plus une remise exceptionnelle, par exemple), celles-ci doivent être calculées en cascade, c'est-à-dire l'une après l'autre. Il ne faut donc jamais additionner les deux taux. L'ordre de déduction des deux remises est en revanche indifférent.

Les escomptes de règlement sont des réductions financières qui s'apparentent à des opérations de crédit. Ils doivent donc être inscrits dans des comptes de charges financières (665. *Escomptes accordés*) ou produits financiers (765. *Escomptes obtenus*), qu'ils apparaissent directement sur les factures d'origine ou séparément sur une facture d'avoir.

Laboratoires BÉRIEUX **Facture n° 453 du 13-01-N**	**DOIT : Santashop**
1 000 lots de savons hypoallergéniques	
Montant brut HT	156 000,00
Remise 10 %	15 600,00
1er net commercial	140 400,00
Remise 5 %	7 020,00
2e net commercial	133 380,00
Escompte de règlement 2 %	2 667,60
Net financier	130 712,40
Port	2 000,00
Montant net HT	132 712,40
TVA à 20%	26 542,48
Net à payer TTC	159 254,88
Paiement sous huitaine	

	13-01		
607	Achats de marchandises	133 380,00	
6241	Transports sur achats	2 000,00	
44566	État, TVA déductible sur ABS	26 542,48	
765	Escomptes obtenus		2 667,60
401	Fournisseur Bérieux		159 254,88
	Facture fournisseur n°453		

Les frais de transport constituent des frais accessoires au même titre que tous les frais payés à des tiers ayant un lien direct avec l'opération d'achat. Ils sont enregistrés dans les comptes de charges par nature correspondants. Rappelons qu'il est également possible, lorsqu'on souhaite déterminer le coût d'acquisition des approvisionnements, de les enregistrer :

– directement dans les comptes d'achats, lorsque les frais peuvent être affectés de façon certaine à une catégorie d'achats ; ici 607. *Achats de marchandises* ;

– dans une subdivision du compte 608 ; ici 6087. *Frais accessoires d'achats de marchandises.*

18-01 : Facture de ventes de marchandises n°120 au client Caspié

Cette facture comporte une refacturation des frais de port. Comptablement, les frais répercutés sur les clients constituent des produits annexes enregistrés dans le compte 7085. *Ports et frais accessoires facturés*. Ils sont soumis à la TVA, même lorsque la refacturation s'effectue à prix coûtant.

Société SANTASHOP **Facture n° 120 du 18-01-N**	**DOIT : Caspié**
6 000 tubes de crème amincissante à 40 €	
Montant brut HT	240 000,00
Remise 10 %	24 000,00
Net commercial	216 000,00
Port : 5 % du net commercial	10 800,00
Montant net HT	226 800,00
TVA à 20 %	45 360,00
Net à payer TTC	272 160,00
Paiement à 30 jours fin de mois	

	18-01		
411	Client Caspié	272 160,00	
707	Ventes de marchandises		216 000,00
7085	Ports et frais accessoires facturés		10 800,00
4457	État, TVA collectée		45 360,00
	Notre facture n°120		

19-01 : Règlement par chèque de la facture n°453 au fournisseur Bérieux

Les chèques émis par une entreprise sont inscrits au crédit du compte *Banque* dès leur émission.

	19-01		
401	Fournisseur Bérieux	159 254,88	
512	Banque		159 254,88
	Règlement de la fact. n°453 par chèque n°...		

20-01 : Transports sur ventes de marchandises

	20-01		
6242	Transports sur ventes	5 000,00	
44566	État, TVA déductible sur ABS	1 000,00	
401	Fournisseur Prost		6 000,00
	Facture fournisseur n°71		

23-01 : Achats d'emballages au fournisseur Bézu

Les emballages récupérables, c'est-à-dire ceux que l'on peut utiliser plusieurs fois, sont enregistrés :

– en immobilisations (2186. *Emballages récupérables*), s'ils sont identifiables, c'est-à-dire lorsqu'on peut les différencier individuellement, soit selon leur date d'acquisition ou de fabrication, soit par un numéro de série ;

– en achats d'emballages (60265. *Emballages récupérables non identifiables*), lorsqu'ils ne sont pas identifiables, sauf option pour l'enregistrement en immobilisations.

	23-01		
60265	Achats d'emballages récupérables non identifiables *(1 000 x 40 €)*	40 000,00	
44566	État, TVA déductible sur ABS	8 000,00	
401	Fournisseur Bézu		48 000,00
	Facture fournisseur d'emballages		

25-01 : Facture de ventes de marchandises n°121 adressée au client Bondix

Société SANTASHOP **Facture n° 121 du 25-01-N**	**DOIT : Bondix**
600 kg de gélules autobronzantes	
Montant brut HT	60 000
Remise 15 %	9 000
Net commercial	51 000
Port forfaitaire	2 000
Montant net HT	53 000
TVA à 20 %	10 600
	63 600
200 emballages consignés à 50 €	10 000
Net à payer TTC	73 600
Paiement à 60 jours fin de mois	

	25-01		
411	Client Bondix	73 600,00	
707	Ventes de marchandises		51 000,00
7085	Ports et frais accessoires facturés		2 000,00
4457	État, TVA collectée		10 600,00
4196	Clients – Dettes pour emballages consignés		10 000,00
	Notre facture n°121		

La consignation des emballages n'est pas soumise à la TVA. Le fournisseur, prêteur d'emballages, reçoit en dépôt des fonds (le prix de consignation) qui constituent une dette envers son client, remboursable lors de la restitution des emballages.

30-01 : Facture d'avoir sur ventes de marchandises n°A/122 adressée au client Caspié

Cette facture d'avoir comprend deux éléments :

– d'une part, un retour de marchandises qui vient en déduction (au débit) du compte de ventes ;

– d'autre part, un rabais accordé postérieurement à la facture d'origine (Fact. n°120 du 18-01), qui est enregistré au débit du compte 709. *R.R.R. accordés par l'entreprise.*

Société SANTASHOP **Facture d'avoir n° A/122 du 30-01-N**	**AVOIR : Caspié**
Retour de 1 000 tubes de crème : 1 000 x 40 €	40 000
Rabais de 15 % sur solde de la facture n°120 : (5 000 x 40 €) x 15 %	30 000
Avoir brut HT	70 000
Remise 10 %	7 000
	63 000
TVA à 20 %	12 600
Net à recevoir TTC	75 600

	30-01		
707	Ventes de marchandises *(40 000 x 90 %)*	36 000,00	
709	R.R.R. accordés par l'entreprise *(30 000 x 90 %)*	27 000,00	
4457	État, TVA collectée	12 600,00	
411	Client Caspié		75 600,00
	Notre facture d'avoir n°A/122		

05-02 : Facture d'avoir n°A/123 sur retour d'emballages adressée au client Bondix

Comptablement, la différence entre le prix de consignation et le prix de reprise constitue, chez l'entreprise Santashop, des produits d'activités annexes correspondant à la valeur du service rendu au client, enregistrés au crédit du compte 7086. *Bonis sur reprises d'emballages consignés.* Chez le client Bondix, cette même opération se traduit par une charge traduisant la location des emballages, enregistrée au débit du compte 6136. *Malis sur emballages.* Fiscalement, cette opération est assujettie à la TVA au taux normal. Le prix de consignation facturé au client a été ici convenu TTC.

Société SANTASHOP Facture d'avoir n° A/123 du 05-02-N	AVOIR : Bondix
Restitution de 150 emballages consignés à 50 €	
Prix de consignation TTC : 150 x 50 € Malis sur reprise TTC : 150 x 10 € – soit HT : 1 500 / 1,20 = 1 250 – soit TVA : 1 250 x 20 % = 250	7 500 (1 500)
Net à recevoir	6 000

	05-02		
4196	Clients - Dettes pour emballages consignés	7 500,00	
7086	Bonis sur reprises d'emballages		1 250,00
4457	État, TVA collectée		250,00
411	Client Bondix		6 000,00
	Notre facture d'avoir n°A/123		

10-02 : Facture de prestations de services n°124 adressée au client Toumatch

	10-02		
411	Client Toumatch	8 013,20	
706	Prestations de services		6 700,00
4457	État, TVA collectée		1 340,00
	Notre facture n°124		

13-02 : Encaissement d'une avance à la commande du client Bioform

Les avances et acomptes versés ou reçus à la commande sont enregistrés :

– au débit du compte 4091. *Fournisseurs - Avances et acomptes versés sur commandes*, chez le client ;

– au crédit du compte 4191. *Clients - Avances et acomptes reçus sur commandes*, chez le fournisseur.

Dans le cas le plus fréquent où elle est exigible à la livraison, la TVA est enregistrée au moment de la facturation et non au moment du versement de ces sommes.

	13-02		
512	Banque	15 000,00	
4191	Clients – Avances et acomptes reçus sur commandes		15 000,00
	Encaissement chèque n°98663		

25-02 : Facture n°125 adressée au client Bondix pour non-restitution d'emballages.

Les emballages non restitués par le client Bondix dans les délais prévus contractuellement (ou en usage dans la profession) lui sont facturés au prix de consignation. Ici, le prix de consignation est TTC, ce qui présente l'avantage pour le fournisseur de ne pas avoir à réclamer à son client la TVA sur la vente des emballages, puisque celle-ci a déjà été versée à la consignation.

Société SANTASHOP **Facture n° 125 du 25-02-N**	**DOIT : Bondix**
Facturation, au prix de consignation, de 50 emballages non restitués sur facture n°121 du 25-01-N.	
Montant HT : (50 X 50 €) / 1,20	2 083,33
TVA à 20 %	416,67
Net à payer TTC	2 500,00

	25-02		
4196	Clients - Dettes pour emballages consignés	2 500,00	
7088	Autres produits annexes		2 083,33
4457	État, TVA collectée		416,67
	Notre facture d'emballages n°125		

28-02-N : Réception et encaissement de chèque du client Caspié

Les chèques réceptionnés par une entreprise sont considérés comme encaissés lors de leur remise à la banque. Le solde restant à encaisser ici correspond à la différence entre le montant de la facture de ventes n°120 et celui de la facture d'avoir n°A/122.

Facture n°120 du 18-01 au client Caspié	272 160,00
– Facture d'avoir n°A/122 du 30-01	75 600,00
= Net à encaisser	195 560,00

	01-03		
512	Banque	195 560,00	
411	Client Caspié		195 560,00
	Encaissement chèque n°56332		

10-03 : Facture n°126 adressée au client Bioform

Société SANTASHOP Facture n° 126 du 10-03-N	DOIT : Bioform
500 kg de substituts alimentaires	
Montant brut HT	74 000
Remise 15 %	11 100
Net commercial	62 900
Port refacturé	2 600
Montant net HT	65 500
TVA à 20 %	13 100
Montant net TTC	78 600
Avance du 13-02-N	15 000
Net à payer TTC	63 600

	10-03		
4191	Clients - Avances et acomptes reçus sur commandes	15 000,00	
411	Client Bioform	63 600,00	
707	Ventes de marchandises		62 900,00
7085	Ports et frais accessoires facturés		2 600,00
4457	État, TVA collectée		13 100,00
	Notre facture n°126		

02-04 : Ristourne obtenue du fournisseur Bérieux

Il s'agit d'une réduction commerciale obtenue postérieurement à la facture d'origine. Elle est par conséquent inscrite au crédit du compte 609. *R.R.R. obtenus sur achats.*

Laboratoires BÉRIEUX Facture d'avoir n° A/563 du 02-04-N	AVOIR : Santashop
Ristourne sur achats du 1er trimestre N	
Montant HT : 300 000 x 3 %	9 000
TVA à 20 %	1 800
Net à recevoir	10 800

	02-04		
401	Fournisseur Bérieux	10 800	
609	R.R.R. obtenus sur achats		9 000
44566	État, TVA déductible sur ABS		1 800
	Facture d'avoir n°A/563		

[redacted]

Taxe sur la valeur ajoutée (TVA)

■ Énoncé

L'entreprise Purchoc est une fabrique de chocolat qui commercialise deux catégories de produits :

– du chocolat de ménage vendu en tablettes : assujetti au taux réduit de 5 % ;

– des chocolats pâtissiers vendus en ballotins : assujettis au taux normal de 20 %.

Le comptable de la société, en congé depuis un mois, n'a pas enregistré les opérations relatives à la TVA des mois de novembre et décembre. Les acquisitions d'immobilisations, les achats, les services et les ventes ont été comptabilisés par la secrétaire de direction. Celle-ci vous remet un tableau extrait de la balance et vous demande d'enregistrer toutes les opérations relatives à la TVA des deux derniers mois de l'année.

Extrait de la balance

N°	Intitulés des comptes	Soldes au 31-10-N		Mouvements Novembre N		Mouvements Décembre N	
		Débit	Crédit	Débit	Crédit	Débit	Crédit
211	Terrains	200 000					
213	Constructions	315 000					
215	Installations techniques, etc.	456 000		80 000		54 000	
218	Autres immobilisations corporelles	234 000		72 000		223 000	
4455	État, TVA à décaisser		15 560	?	?	?	?
601	Achats de mat. premières	389 000		45 000		62 000	
61	Services extérieurs	128 000		25 000		28 000	
62	Autres services extérieurs	234 000		75 000		82 000	
7011	Ventes de produits à 5 %		760 000		86 000		95 000
7012	Ventes de produits 20 %		996 000		154 000		226 000

Annexes :

– Les matières premières supportent la TVA au taux réduit.

– Les charges externes ne supportent la TVA que sur 60 % de leurs montants (TVA à 20 %).

– Les immobilisations supportent toutes la TVA au taux normal.

– Au mois de décembre, il a été fait l'acquisition de quatre voitures de fonction de marque BMW, inscrites en immobilisations pour un montant de 210 000 €.

– La TVA doit être versée à l'administration fiscale au plus tard le 20 du mois suivant le mois d'exigibilité.

Mission

1. Enregistrez au livre-journal le paiement de la TVA à l'échéance du 20 novembre.

2. Après avoir calculé la TVA due au titre des mois de novembre et décembre, effectuez les enregistrements de centralisation de la TVA.

3. Remplissez la déclaration fiscale CA3 du mois de décembre.

4. Question de réflexion : La TVA est-elle un impôt neutre pour les entreprises ?

■ Solution

Rappelons tout d'abord que la détermination de la TVA due au titre de chaque mois est obtenue par l'application du calcul suivant :

TVA sur les ventes du mois (m)
– TVA sur les immobilisations acquises au cours du mois (m)
– TVA sur les autres biens et services du mois (m)

= TVA à reverser au titre du mois (m), effectivement versée au Trésor public entre le 15 et le 24 du mois (m + 1)

1 • Paiement de la TVA due au titre du mois d'octobre N

À la fin du mois d'octobre, le comptable de l'entreprise Purchoc a effectué la centralisation de la TVA, qui consiste à compenser comptablement de la TVA collectée du mois (solde créditeur du compte 4457. *État, TVA collectée*) avec la TVA déductible du même mois (solde débiteur du compte 4456. *État, TVA déductible*), pour faire apparaître uniquement la dette envers l'État dans le compte 4455. *État, TVA à décaisser*.

La somme inscrite au crédit du compte 4455. *État, TVA à décaisser* doit ensuite être débitée au moment du règlement effectif de la TVA au Trésor public.

	20-11-N		
4455	État, TVA à décaisser	15 560	
411	Banque		15 560
	Paiement de la TVA du mois d'octobre		

2 • Centralisation et comptabilisation de la TVA due au titre des mois de novembre et décembre N

2.1. Détermination de la TVA due au titre du mois de novembre N

■ **Calcul de la TVA :**

TVA sur ventes à 5 % : 86 000 x 5 % 4 300
TVA sur ventes à 20 % : 154 000 x 20 % 30 800
TVA sur acquisitions d'immobilisations : (80 000 + 72 000) x 20 % ... 30 400
TVA sur achats de matières premières : 45 000 x 5 % 2 250
TVA sur charges externes : (25 000 + 75 000) x 60 % x 20 % 12 000

■ **Détermination de la TVA due au titre du mois de novembre N**

TVA collectée sur les ventes à 5 % du mois		4 300
+ TVA collectée sur les ventes à 20 % du mois		30 800
– TVA déductible		(44 650)
• sur immobilisations du mois	30 400	
• sur autres biens et services du mois	14 250	
= TVA due au titre du mois de novembre		**(9 550)**

Le montant de la TVA déductible est supérieur à celui de la TVA collectée en raison de la réalisation d'investissements. Il apparaît donc un **crédit de TVA** que l'entreprise peut reporter sur les déclarations suivantes. Comptablement, ce crédit est enregistré au débit du compte 44567. *État, crédit de TVA à reporter.* Les entreprises ont toutefois la possibilité de demander sa restitution au Trésor public, lorsque le montant du crédit de TVA est au moins égal à 760 €. Nous supposerons ici que l'entreprise Purchoc reporte son crédit de TVA sur la déclaration suivante.

	30-11-N		
44571	État, TVA collectée à 5 %	4 300	
44572	État, TVA collectée à 20 %	30 800	
44567	État, crédit de TVA à reporter	9 550	
44562	État, TVA déductible sur immobilisations		30 400
44566	État, TVA déductible sur ABS		14 250
	Centralisation de la TVA du mois de novembre		

2.2. Détermination de la TVA due au titre du mois de décembre N

■ **Calcul de TVA :**

TVA sur ventes à 5 % : 95 000 x 5 % 4 750
TVA sur ventes à 20 % : 226 000 x 20 %........ 45 200

TVA sur acquisitions d'immobilisations :

(54 000 + 223 000 – 210 000) x 20 % 13 400

TVA sur achats de matières premières : 62 000 x 5 % 3 100

TVA sur charges externes : (28 000 + 82 000) x 60 % x 20 % 13 200

REMARQUE

Le CGI interdisant la déduction de la TVA sur les voitures particulières, c'est le coût d'acquisition TTC (210 000 €) qui a été enregistré au débit du compte 218. *Autres immobilisations corporelles.* Ce montant doit être retranché de la base de calcul de la TVA déductible sur immobilisations du mois de décembre.

■ **Détermination de la TVA due au titre du mois de décembre N**

TVA collectée sur les ventes à 5 % du mois		4 750
+ TVA collectée sur les ventes à 20 % du mois		45 200
– TVA déductible		(29 700)
• sur immobilisations du mois	13 400	
• sur autres biens et services du mois	16 300	
= TVA due au titre du mois de décembre		**20 250**

La TVA à décaisser du mois de décembre N est égal à la TVA due au titre de ce mois, diminuée du crédit de TVA du mois de novembre. Elle sera réglée au Trésor public le 20-01-N+1 au plus tard.

	31-12-N		
44571	État, TVA collectée à 5 %	4 750	
44572	État, TVA collectée à 20 %	45 200	
44562	État, TVA déductible sur immobilisations		13 400
44566	État, TVA déductible sur ABS		16 300
44567	État, crédit de TVA à reporter		9 550
4455	État, TVA à décaisser		10 700
	Centralisation de la TVA du mois de décembre		
	20-01-N+1		
4455	État, TVA à décaisser	10 700	
512	Banque		10 700
	Paiement de la TVA du mois de décembre		

Après la centralisation de la TVA, tous les comptes de TVA sont soldés, sauf le compte 4455. *État, TVA à décaisser*, dont le solde s'inscrira au passif du bilan dans le poste *Dettes fiscales et sociales.*

3. Déclaration de la TVA du mois de décembre sur le modèle CA3

La déclaration et le paiement de la TVA s'effectuent en même temps, sur la base des formulaires CA3 ou CA4.

– Les entreprises soumises au **régime normal d'imposition** effectuent leurs déclarations de TVA tous les mois sur la base du formulaire **CA3** et acquittent le même jour le montant de la taxe due. Les entreprises dont le chiffre d'affaires est supérieur à 763 000 € doivent déclarer et payer leur TVA par voie électronique.

– Les entreprises dont le chiffre d'affaires ne dépasse pas certaines limites bénéficient d'un **régime simplifié d'imposition**. Elles peuvent se contenter de verser des acomptes trimestriels, calculés à partir de la TVA due au titre l'année précédente, complétés par une déclaration annuelle (formulaire **CA12**) faisant apparaître le solde à payer.

Le document ci-contre présente la déclaration CA3 de l'entreprise Purchoc pour le mois de décembre N.

4. Question de réflexion : La TVA est-elle neutre pour les entreprises ?

Le traitement comptable de la TVA fait apparaître très clairement que celle-ci n'affecte ni les comptes de produits, ni les comptes de charges, mais uniquement des comptes de tiers. En première analyse, elle semble donc sans aucune influence sur le résultat de l'entreprise. Cette neutralité apparente doit toutefois être nuancée.

D'abord, l'entreprise effectue un travail de perception de la TVA pour le compte de l'État qui lui fait subir ainsi une charge administrative non négligeable. Cette charge est un coût, non apparent pour l'entreprise, mais bien réel : enregistrements comptables alourdis, déclarations mensuelles, utilisation de logiciels de gestion de TVA, etc.

Ensuite, lorsque le droit à déduction de la TVA n'est pas autorisé par le Code général des impôts, la TVA est une charge pour l'entreprise, enregistrée comme telle.

Exemples : véhicules de fonction (acquisitions, location, entretien et réparations), dépenses de logement, de transport du personnel en mission, cadeaux à la clientèle, etc.

Enfin, il existe un décalage dans le temps entre, d'une part, l'encaissement des créances (et donc de la TVA) et, d'autre part, le reversement de la TVA au Trésor public :

– Lorsque ce décalage est positif, c'est-à-dire quand l'encaissement des créances est antérieur au paiement de la TVA correspondante, il exerce une influence favorable sur la trésorerie des entreprises et, par voie de conséquence, sur leurs résultats en raison des produits financiers retirés du placement de cette trésorerie temporairement disponible.

– À l'inverse, lorsque ce décalage est négatif, c'est-à-dire quand l'encaissement des créances est postérieur au reversement de la TVA correspondante, l'incidence sur la trésorerie joue défavorablement et se répercute sur le résultat par des frais financiers supplémentaires (ou une diminution des produits financiers).

Si vous n'avez à remplir aucune ligne de ce formulaire (déclaration « néant »), veuillez cocher cette case ☐

A MONTANT DES OPÉRATIONS RÉALISÉES

OPÉRATIONS IMPOSABLES (H.T.)			OPÉRATIONS NON IMPOSABLES		
01 Ventes, prestations de services		321 000	04 Exportations hors CE	0032	
02 Autres opérations imposables			05 Autres opérations non imposables	0033	
03 Acquisitions intracommunautaires (dont ventes à distance et/ou opérations de montage :)	0031		06 Livraisons intracommunautaires	0034	
			07 Achats en franchise	0037	

B DÉCOMPTE DE LA TVA À PAYER

TVA BRUTE		Base hors taxe	Taxe due
Opérations réalisées en France métropolitaine			
08 Taux normal 20 %	0206	226 000	45 200
09 Taux réduit 5,5 %	0105	95 000	4 750
9B			
Opérations réalisées dans les DOM			
10 Taux normal 8,5 %	0201		
11 Taux réduit 2,1 %	0100		
12			
Opérations imposables à un autre taux (France métropolitaine ou DOM)			
13 Ancien taux	0900		
14 Opérations imposables à un taux particulier (décompte effectué sur annexe 3310 A)	0950		
15 TVA antérieurement déduite à reverser		0600	
16 **Total de la TVA brute due (lignes 08 à 15)**			49 950
17 Dont TVA sur acquisitions intracommunautaires		0035	
18 Dont TVA sur opérations à destination de Monaco		0038	

La ligne 11 ne concerne que les DOM. Les autres opérations relevant du taux de 2,1 % continuent d'être déclarées sur l'annexe 3310 A.

TVA DÉDUCTIBLE		
19 Biens constituant des immobilisations	0703	13 400
20 Autres biens et services	0702	16 300
21 Autre TVA à déduire	0059	
22 Report du crédit apparaissant ligne 27 de la précédente déclaration ***(À convertir en euros si ce crédit est en francs)***	8001	9 550
23 *Indiquer ici le pourcentage de déduction applicable pour la période s'il est différent de 100 %* ..... %		
24 **Total TVA déductible (lignes 19 à 22)**		39 250

CRÉDIT			TAXE À PAYER		
25 Crédit de TVA (ligne 24 – ligne 16)	0705		28 TVA nette due (ligne 16 – ligne 24)		10 700
26 Remboursement demandé sur formulaire n° 3519 joint	8002		29 Taxes assimilées calculées sur annexe n° 3310 A	9979	
27 Crédit à reporter (ligne 25 – ligne 26) *(Cette somme est à reporter ligne 22 de la prochaine déclaration)*	8003		30 Sommes à imputer, exprimées en euros, y compris acompte congés	9989	
			31 Sommes à ajouter, exprimées en euros, y compris acompte congés	9999	
Attention! Une situation de TVA créditrice (ligne 25 servie) ne dispense pas du paiement des taxes assimilées déclarées ligne 29.			32 **Total à payer (lignes 28 + 29 – 30 + 31)** *(N'oubliez pas de joindre le règlement correspondant)*		10 700

Les dispositions des articles 34, 35 et 36 de la loi n° 78-17 du 6 janvier 1978 modifiée relative à l'informatique, aux fichiers et aux libertés s'appliquent : elles garantissent, pour les données vous concernant, auprès du centre des impôts, un droit d'accès et un droit de rectification.
Si vous réalisez des opérations intracommunautaires, pensez à la déclaration d'échanges de biens à souscrire auprès de la Direction Générale des Douanes et des Droits indirects (cf. notice de la déclaration CA3).

PARTIE 2

D'une façon générale :
– la TVA profite au secteur de la distribution (supermarchés, hypermarchés, grands magasins, etc.), car les créances y sont réglées au comptant (pour leurs montants TTC) alors que le reversement de la TVA correspondante au Trésor public n'est effectué que le mois suivant ;
– la TVA pénalise les industriels, car ceux-ci reversent généralement la TVA au Trésor public avant d'avoir encaissé les créances correspondantes, en raison des délais de règlement qu'ils consentent à leurs clients.

[redacted]

Charges et produits

■ Énoncé

Monsieur Miller est un grossiste, exploitant individuel, qui exploite plusieurs commerces de prêt-à-porter dans le Beaujolais. Il vous remet le dossier des frais généraux du mois de novembre N.

01-11 Loyer mensuel des nouveaux locaux professionnels : 3 500 € HT, auquel s'ajoute 5 000 € versés à titre de garantie. Paiement au comptant par chèque.

02-11 La banque prélève une somme de 34 230 € relative à une annuité de remboursement d'emprunt, dont 4 230 € correspondent à des intérêts.

03-11 Reçu de l'entreprise Silicate la facture n°563 concernant le nettoyage des locaux du mois : 6 750 € HT.

04-11 Remboursé en espèces les frais de déplacement du directeur commercial : 1 850 €, comprenant cinq nuits d'hôtel (600 €), dix repas (370 €), un billet d'avion (880 €).

05-11 Prélèvement automatique de la facture de téléphone : 1 104 € TTC.

08-11 Achat au comptant contre espèces de timbres postaux : 280 €, et de timbres fiscaux : 450 €.

09-11 Reçu la note d'honoraires de l'expert-comptable concernant ces prestations du mois : 5 000 € HT.

10-11 Reçu de la banque un avis de crédit relatif à l'encaissement de dividendes sur 600 actions Locabail possédées depuis plusieurs années : 12 € par titre.

11-11 Prélevé par Monsieur Miller dans la caisse de l'entreprise la somme de 4 000 € pour ses besoins personnels.

12-11 Reçu un avis d'imposition à la taxe foncière de l'année N dont l'échéance est fixée au 15 décembre N. Montant : 12 453 €.

15-11 Reçu de l'entreprise Silicate une facture d'avoir de 1 500 € HT sur la facture n°563 du 03-11, suite à une réclamation pour travaux négligés.

16-11 Payé par chèque bancaire un abonnement à une revue professionnelle : 643,23 € TTC (TVA à 2,1 %).

17-11 Achat de 10 téléviseurs LCD destinés à être offerts aux meilleurs clients pour un montant total de 13 000 € HT.

18-11 Prélèvement par la banque de 504 € TTC de commission de location de coffre-fort et 456 € d'intérêts de découverts bancaires.

19-11 L'administration fiscale notifie un redressement fiscal de 3 326 € pour un retard de paiement relatif à la TVA.

21-11 Payé avec la carte Visa professionnelle de l'entreprise un abonnement à l'Opéra de Lyon. Montant : 1 240 €.

23-11 Reçu la facture n°421 de l'entreprise Comareg concernant une insertion publicitaire dans un journal d'annonce gratuit. Montant : 2 740 € HT.

25-11 Reçu la facture n°465 d'un transitaire pour une opération de dédouanement de marchandises importées de Corée du Sud : 1 420 € HT.

28-11 Achat de produits d'entretien payés par chèque : 850 € HT.

30-11 Reçu une notification d'attribution d'une subvention de 25 000 € versée par le Conseil régional, relative à plusieurs formations en apprentissage. Cette somme qui sera versée dans 3 mois est assujettie à la TVA.

Mission

Enregistrez ces opérations dans le livre-journal de l'entreprise Miller. (Sauf précision, les opérations sont effectuées à crédit avec un taux de TVA au taux normal de 20 %).

■ Solution

01-11 : Locations

Le montant des loyers constitue une charge de l'exercice enregistrée au débit du compte 613. *Locations*. Les loyers versés d'avance à titre de garantie doivent être inscrits au compte 275. *Dépôts et cautionnements versés*, à l'actif du bilan.

	01-11		
275	Dépôts et cautionnements versés	5 000,00	
6132	Locations immobilières	3 500,00	
44566	État, TVA déductible sur ABS *(3 500 x 20 %)*	700,00	
512	Banque		9 200,00

02-11 : Annuités d'emprunts

L'annuité d'emprunt comprend, d'une part, le remboursement d'une fraction du capital emprunté qui vient en soustraction (au débit) du compte 16. *Emprunts* et, d'autre part, des intérêts rémunérant le service de la dette, enregistrés dans les charges financières du compte de résultat.

	02-11		
164	Emprunts auprès des établissements de crédit	30 000,00	
661	Charges d'intérêts	4 230,00	
512	Banque		34 230,00

03-11 : Nettoyage des locaux

Il s'agit de dépenses d'entretien qui doivent être inscrites au débit du compte 615. *Entretien et réparations.*

	03-11		
615	Entretien et réparations	6 750,00	
44566	État, TVA déductible sur ABS	1 350,00	
401	Fournisseurs		8 100,00

04-11 : Frais de déplacement

Le compte 6251. *Voyages et déplacements* enregistre les frais de transport, lorsque le déplacement du personnel ne comporte pas d'autres frais. Le compte 6256. *Missions* regroupe l'ensemble des frais occasionnés par les missions du personnel : transport, nourriture, logement, etc. La déduction de la TVA ayant grevé les frais de transport, de restauration et de logement n'étant pas autorisée par le CGI, ces dépenses sont inscrites en charges pour leurs montants TTC.

	04-11		
6256	Missions	1 850,00	
53	Caisse		1 850,00

05-11 et 08-11 : Frais de téléphone et de timbres

Le compte 626. *Frais postaux et frais de télécommunications* comprend les frais tels que timbres postaux, télex, téléphone, télécopie, etc. L'achat des timbres fiscaux correspond à l'acquittement d'un impôt et doit être enregistré au compte 6354. *Droits d'enregistrement et de timbre*. Les timbres, qu'ils soient postaux ou fiscaux, ne sont donc pas soumis à la TVA.

	05-11		
626	Frais postaux et frais de télécommunications		
	(1 104 / 1,20)	920,00	
44566	État, TVA déductible sur ABS	184,00	
512	Banque		1 104,00
	08-11		
626	Frais postaux et frais de télécommunications	280,00	
6354	Droits d'enregistrement et de timbre	450,00	
53	Caisse		730,00

09-11 : Note d'honoraires de l'expert-comptable

Les honoraires de conseils (comptables, juridiques, fiscaux, en organisation, en gestion, en audit) sont comptabilisés en charges, dans le compte 6226. *Honoraires.* Dans certains cas, les honoraires sont des frais accessoires attribuables à l'acquisition d'une immobilisation (honoraires d'architecte relatif à la construction d'un bâtiment par exemple). Ils sont alors intégrés au coût d'acquisition de l'immobilisation. Quant aux honoraires, commissions et frais d'actes relatifs à l'acquisition d'immobilisations (honoraires d'un notaire pour un acte immobilier par exemple), ils peuvent être enregistrés, selon l'option exercée par l'entreprise, soit dans le coût d'acquisition de l'immobilisation, soit dans les comptes de charges par nature correspondants.

	09-11		
6226	Honoraires	5 000,00	
44566	État, TVA déductible sur ABS	1 000,00	
401	Fournisseurs		6 000,00

10-11 : Dividendes sur les actions Locabail

Les dividendes perçus sur les titres constituent des produits financiers, classés selon leur nature. Les titres Locabail, détenus depuis plusieurs années, sont des titres immobilisés.

	10-11		
512	Banque	7 200,00	
7621	Revenus des titres immobilisés *(600 x 12 €)*		7 200,00

11-11 : Prélèvement personnel

Les prélèvements effectués par un exploitant individuel sur son entreprise et destinés à satisfaire des besoins privés doivent être enregistrés au débit du compte 108. *Compte de l'exploitant*.

	11-11		
108	Compte de l'exploitant	4 000,00	
53	Caisse		4 000,00

12-11 : Avis d'imposition à la taxe foncière

Les taxes foncières sur les propriétés bâties et non bâties sont enregistrées dans les charges de l'exercice au titre duquel elles sont exigibles.

	12-11		
63512	Taxes foncières	12 453,00	
447	Autres impôts et taxes		12 453,00

15-11 : Facture d'avoir sur des prestations de services exécutées par un tiers

Il s'agit d'un rabais obtenu par l'entreprise Miller sur une prestation de services (entretien des locaux). Postérieur à la facturation initiale, il doit s'enregistrer au crédit du compte 619. *R.R.R. obtenus sur services extérieurs.*

	15-11		
401	Fournisseur Silicate	1 800,00	
619	R.R.R. obtenus sur services extérieurs		1 500,00
44566	État, TVA déductible sur ABS		300,00

16-11 : Abonnement à une revue professionnelle

	16-11		
6183	Documentation technique *(643,23 / 1,021)*	630,00	
44566	État, TVA déductible sur ABS	13,23	
512	Banque		643,23

17-11 : Cadeaux d'affaires

Les cadeaux offerts à des tiers dans un but commercial constituent des charges enregistrées au débit du compte 6234. *Cadeaux à la clientèle,* même lorsqu'ils sont offerts à d'autres bénéficiaires. Fiscalement, la TVA n'est déductible que lorsque la valeur unitaire des cadeaux ne dépasse pas annuellement 65 € TTC par bénéficiaire. Ici, cette limite étant largement dépassée, l'enregistrement en charges doit s'effectuer pour le montant TTC.

	17-11		
6234	Cadeaux à la clientèle *(13 000 x 1,20)*	15 600,00	
401	Fournisseurs		15 600,00

18-11 : Frais bancaires

Une distinction doit être faite entre :

– d'une part, les frais correspondant au loyer de l'argent et dont la contrepartie est généralement une opération de crédit; ils sont enregistrés en charges financières au débit du compte 661. *Charges d'intérêts* et ne supportent pas de TVA ;

– d'autre part, les frais correspondant à la rémunération d'un service ; ils sont enregistrés en charges d'exploitation au débit du compte 627. *Services bancaires* et supportent la TVA au taux normal.

	18-11		
6276	Locations de coffres *(504 / 1,20)*	420,00	
44566	État, TVA déductible sur ABS	84,00	
6611	Intérêts des emprunts et dettes	456,00	
512	Banque		960,00

19-11 : Notification d'un redressement fiscal

En principe, les redressements fiscaux, sociaux ou relatifs à d'autres réglementations sont enregistrés en charges exceptionnelles, au débit du compte 6712. *Pénalités et amendes fiscales et pénales.*

	19-11		
6712	Pénalités et amendes fiscales et pénales	3 326,00	
44	État		3 326,00

21-11 : Abonnement à l'opéra

L'abonnement à l'opéra est très vraisemblablement une dépense d'ordre privé, sans rapport avec l'exploitation de l'entreprise. Il doit donc être enregistré au débit du compte 108. *Compte de l'exploitant.* Il en serait différemment si cet abonnement était souscrit dans le but d'inviter des clients à l'opéra, car la dépense aurait alors un caractère professionnel et serait considérée comme un cadeau à la clientèle.

	21-11		
108	Compte de l'exploitant	1 240,00	
512	Banque		1 240,00

23-11 : Insertion publicitaire

Les annonces et insertions constituent des dépenses publicitaires qu'il convient d'enregistrer en charges d'exploitation, au débit du compte 6231. *Annonces et insertions.*

	23-11		
6231	Annonces et insertions	2 740,00	
44566	État, TVA déductible sur ABS	548,00	
401	Fournisseur Comareg		3 288,00

25-11 : Dédouanement effectué par un transitaire

Les sommes versées à des transitaires à l'occasion des opérations d'importation constituent des frais accessoires d'achats. S'agissant de prestations de services, elles s'enregistrent, en principe, dans les comptes de charges par nature (comptes 61 ou 62) ou, sur option, directement dans les comptes d'achats, ou encore dans le compte spécifique 608. *Frais accessoires d'achats.* En l'absence de précisions, nous considérons ici que la rémunération du transitaire est enregistrée dans le compte de charge par nature 622. *Rémunérations d'intermédiaires et honoraires.*

	25-11		
6224	Rémunérations des transitaires	1 420,00	
44566	État, TVA déductible sur ABS	284,00	
401	Fournisseurs		1 704,00

28-11 : Achats de produits d'entretien

Les produits d'entretien sont des achats consommés pour les besoins de l'exploitation, mais non incorporés dans le coût des produits fabriqués. Ce sont donc des fournitures dites « consommables » qui sont enregistrées :

– soit au débit du compte 6022. *Fournitures consommables*, lorsqu'elles font l'objet d'un stockage (au sens comptable, c'est-à-dire lorsqu'un inventaire est effectué à la clôture de l'exercice et que le stock final est inscrit dans les comptes de stocks à l'actif du bilan) ;

– soit, au débit du compte 6063. *Fournitures d'entretien et de petit équipement*, dans le cas inverse, lorsqu'il s'agit « d'achats non stockés ».

Le deuxième cas est en pratique le plus fréquent, ces approvisionnements étant généralement consommés dans l'exercice. C'est donc celui-ci qui a été retenu.

	28-11		
6063	Fournitures d'entretien et de petit équipement	850,00	
44566	État, TVA déductible sur ABS	170,00	
512	Banque		1 020,00

30-11 : Octroi d'une subvention d'exploitation

Les subventions d'exploitation sont enregistrées en produits dès leur octroi au crédit du compte 74. *Subventions d'exploitation*. Elles sont généralement soumises à la TVA, sauf si elles rémunèrent des opérations exonérées, ce qui signifie qu'il convient de calculer le montant de la TVA à reverser au trésor public à partir du montant de la subvention, considérée comme TTC.

	30-11		
441	État – Subventions à recevoir	25 000,00	
74	Subventions d'exploitation *(25 000 / 1,20)*		20 833,33
4457	État, TVA collectée		4 166,67

Effets de commerce

■ Énoncé

■ DOSSIER N° 1

L'entreprise Pygmalion a effectué les opérations suivantes :

01-06 Adressé au client Martinez la facture suivante :

Entreprise PYGMALION **Facture n° 37 du 01-06-N**	**DOIT : Martinez**
1 000 produits finis à 50,00 €	
Montant brut HT	50 000
Remise 10 %	5 000
Net commercial	45 000
Port	1 000
Montant net HT	46 000
TVA à 20 %	9 200
Net à payer TTC	55 200
Paiement à 60 jours	

03-06 Tiré la traite n°1 ci-dessous sur le client Martinez concernant la facture n°37 et revenue acceptée le lendemain.

Pygmalion S.A.
5, rue Tronchet
69006 Lyon
RCS Lyon B 617 785 962

Contre cette LETTRE DE CHANGE
stipulée SANS FRAIS
veuillez payer la somme indiquée
ci-dessous à l'ordre de
Moi-même

mention LCR s'il y a lieu

A Lyon le

MONTANT POUR CONTRÔLE	DATE DE CREATION	ECHEANCE	L.C.R. seulement REF.TIRE	F. MONTANT
55 200,00	03.06.N	31.07.N		55 200,00

R.I.B. DU TIRE : 30255 (code étab.) 01256 (code guichet) 000 5203 9896 (N° de compte) 15 (clé R.I.B.)

Valeur en : marchandises

NOM et ADRESSE du TIRE : A.MARTINEZ, 9, rue Masséna, 69006 LYON

DOMICILIATION : Agence B.N.P. Lyon Part-Dieu

Droit de Timbre et Signature

Acceptation ou aval ▲ ne rien inscrire au-dessous de cette ligne ▼

PDG

Timbre fiscal

05-06 Adressé au client Goldman la facture suivante :

Entreprise PYGMALION **Facture n° 38 du 05-06-N**	**DOIT : Goldman**
890 produits finis à 30,00 €	
Montant brut HT	26 700
Port	300
Montant net HT	27 000
TVA à 20 %	5 400
Net à payer TTC	32 400
Paiement à 30 jours fin de mois	

08-06 La traite n°1 sur le client Martinez est remise à l'escompte auprès de la Société Générale.

11-06 Reçu de la Société Générale le bordereau d'escompte suivant relatif à la traite n°1 diminué des agios :

Banque SOCIÉTÉ GÉNÉRALE		
Effet sur Martinez remis à l'escompte par Pygmalion :		
Nominal de l'effet		55 200,00 €
Taux annuel d'escompte	12 %	
Date de remise	08-06-N	
Date d'échéance	31-07-N	
Agios :		
Escompte commercial :		
55 016 x 12 % x 54/365	976,70 €	
Commission d'escompte fixe HT	60,00 €	
TVA sur commission	12,00 €	
Total agios		**1 048,70 €**
Valeur nette portée en compte		**54 151,30 €**

15-06 Tiré la traite n°2 sur le client Goldman correspondant au nominal de la facture n°38 à échéance du 31 juillet N.

20-06 Emission d'une lettre de change relevé magnétique (LCR-M) à l'ordre de notre client Maéso. Nominal : 7 840 €. Date d'échéance : 31 août N.

25-06 Endossement d'une traite n°3 de valeur nominale 23 800 € sur le client Saxo à l'ordre du fournisseur Prost.

05-07 Octroi d'un crédit par la Société Générale à partir de la LCR-Magnétique du 20-06, aux conditions suivantes :
Intérêts : 176,30 € - Commission bancaire : 30 € TTC.

27-07 Remise à l'encaissement de la traite n°2 tirée sur Goldman le 15 juin N.

31-07 Martinez et Goldman règlent leur traite à l'échéance.

02-08 Reçu de la Société Générale le bordereau de remise à l'encaissement suivant relatif à la traite n°2 sur Goldman :

Banque SOCIÉTÉ GÉNÉRALE		
Effet sur Goldman remis à l'encaissement par Pygmalion :		
Nominal de l'effet		32 400,00 €
Date de remise à l'encaissement	27-07-N	
Date d'échéance	31-07-N	
Commisions :		
Commission d'encaissement fixe HT	30,00 €	
TVA sur commission	6,00 €	
Valeur nette portée en compte		**32 364,00 €**

31-08 Remboursement du crédit bancaire obtenu de la Société Générale sur la LCR-Magnétique et encaissement de la créance sur Maéso.

Mission

Enregistrez ces opérations au livre-journal de l'entreprise Pygmalion.

■ DOSSIER N° 2

27-09 Facture n°56 établie par la société Pygmalion au client Martinez s.à.r.l. relative à une vente de marchandises.
Montant brut HT : 50 000,00 - Remise de 15 % - TVA au taux normal.

30-09 Tirage d'une traite à échéance du 30-11 sur le client Martinez pour le montant TTC de la facture n°56.

On envisagera successivement 3 hypothèses :

Hypothèse 1 : Le **28-11**, la traite est remise à l'encaissement auprès de la BNP.
Le **03-12**, la BNP adresse à la société Pygmalion un avis de crédit pour le nominal de la traite diminué d'une commission d'encaissement de 42 € TTC.

Hypothèse 2 : Le **15-10**, la traite est endossée à l'ordre d'un fournisseur de la société Pygmalion, la société Goldman.

Hypothèse 3 : Le **05-10**, la traite est remise à l'escompte auprès de la BNP.
Le **10-10**, la banque adresse à l'entreprise Pygmalion un avis de crédit pour le nominal de la traite diminué d'une commission d'escompte de 60 € TTC et de 1 085 € d'intérêts.

Mission

Enregistrez les opérations précédentes au livre-journal des entreprises Pygmalion, Martinez et Goldman, selon les trois hypothèses proposées.

■ Solution

■ DOSSIER N° 1

01-06 : La facture de ventes n°37 sur le client Martinez est enregistrée en comptabilité.

	01-06-N		
411	Client Martinez	55 200,00	
701	Ventes de produits finis		45 000,00
7085	Ports et frais accessoires facturés		1 000,00
4457	État, TVA collectée		9 200,00
	Notre facture n°37		

03-06 : Lors du tirage de la traite, la créance ordinaire sur le client Martinez doit être virée dans un compte de créance cambiaire.

	03-06-N		
413	Clients - Effets à recevoir	55 200,00	
411	Client Martinez		55 200,00
	Notre traite n°1 au 31 juillet		

05-06 : La facture de ventes n°38 sur le client Goldman est enregistrée en comptabilité.

	05-06-N		
411	Clients Goldman	32 400,00	
701	Ventes de produits finis		26 700,00
7085	Ports et frais accessoires facturés		300,00
4457	État, TVA collectée		5 400,00
	Notre facture n°38		

08-06 : La traite n°1 sur le client Martinez est remise à l'escompte auprès de la Société Générale.

	08-06-N		
5114	Effets à l'escompte	55 200,00	
413	Clients – Effets à recevoir		55 200,00
	Remise à l'escompte de la traite n°37		

11-06 : Enregistrement du bordereau d'escompte de la Société Générale :

	11-06-N		
512	Banque	54 151,30	
6275	Frais sur effets	976,70	
44566	État, TVA déductible sur ABS	60,00	
6616	Intérêts bancaires	12,00	
5114	Effets à l'escompte		55 200,00
	Avis de crédit de la Société Générale		

15-06 : Enregistrement du tirage de la traite n°2 sur le client Goldman :

	15-06-N		
413	Clients - Effets à recevoir	32 400,00	
411	Client Goldman		32 400,00
	Notre traite n°2 au 31 juillet		

20-06 : Lors de l'émission de la LCR-Magnétique, la créance ordinaire est maintenue au compte 411. *Client Maéso*. En effet, la LCR-Magnétique ne constitue pas une véritable lettre de change car le banquier ne bénéficie pas des garanties prévues par le droit cambiaire. Il n'y a donc, à cette date, aucun enregistrement comptable à effectuer.

25-06 : Endossement émission de la LCR-Magnétique sur le client Maéso.
L'endossement consiste à nommer un nouveau bénéficiaire de la traite. Comptablement, cela se traduit par l'annulation simultanée de la créance cambiaire envers le tiré (client Saxo) et de la dette ordinaire envers le nouveau bénéficiaire de la traite (fournisseur Prost).

	25-06-N		
401	Fournisseur Prost	23 800,00	
413	Clients – Effets à recevoir		23 800,00
	Endossement traite n°3 sur client Saxo		

05-07 : Remise à l'escompte de la LCR-Magnétique sur le client Maéso.
Les créances résultant d'une LCR-Magnétique sont maintenues au compte 411. *Clients* jusqu'à leur règlement. Lorsqu'elle fait l'objet d'une remise à l'escompte, l'opération s'analyse comme un découvert bancaire. La créance reste au bilan pour sa valeur nominale et on enregistre des concours bancaires courants au passif.

	05-07-N		
512	Banque	7 633,70	
6275	Frais sur effets *(30 / 1,20)*	25,00	
44566	État, TVA déductible sur ABS	5,00	
6616	Intérêts bancaires	176,30	
519	Concours bancaires courants		7 840,00
	Avis de crédit de la Société Générale		

27-07 : La traite n°2 sur le client Goldman est remise à l'encaissement auprès de la Société Générale.

	27-07-N		
5113	Effets à l'encaissement	32 400,00	
413	Clients – Effets à recevoir		32 400,00
	Remise à l'encaissement à la Société Générale – Traite n°2 sur le client Goldman		

31-07 :

– Lorsque le client Martinez règle la traite n°1 à l'échéance, aucun enregistrement ne doit être effectué dans la comptabilité de Pygmalion car ce dernier a déjà perçu les fonds lors de la remise à l'escompte. C'est la Société Générale qui percevra le montant de l'effet ;

– S'agissant de la traite n°2 sur le client Goldman, celle-ci a été remise à l'encaissement à la Société Générale le 27-07. Il convient donc d'attendre l'avis de crédit de cette dernière.

02-08 : Enregistrement du bordereau de remise à l'encaissement de la Société générale relatif à la traite n°2 sur Goldman :

	02-08-N		
512	Banque	32 364,00	
6275	Frais sur effets	30,00	
44566	État, TVA déductible sur ABS	6,00	
5113	Effets à l'encaissement		32 400,00
	Avis de crédit Société Générale – Traite n°2 sur le client Goldman		

31-08 : Remboursement du crédit bancaire obtenu de la Société Générale sur la LCR-Magnétique et encaissement de la créance sur Maéso.

	31-08-N		
512	Banque	7 840,00	
411	Client Maéso		7 840,00
	Encaissement LCR-Magnétique		
	d°		
519	Concours bancaires courants	7 840,00	
512	Banque		7 840,00
	Remboursement découvert bancaire sur LCR-Magnétique Client Maéso		

■ DOSSIER N° 2

1 • Enregistrements dans le livre-journal de Pygmalion (tireur-bénéficiaire et endosseur de la traite)

	27-09		
411	Client Martinez	51 000,00	
707	Ventes de marchandises *(50 000 x 85 %)*		42 500,00
4457	État, TVA collectée		8 500,00
	Notre facture n°56		
	30-09		
413	Clients – Effets à recevoir	51 000,00	
411	Client Martinez		51 000,00
	Traite n°... au 30-11		

■ **Hypothèse 1 :**

Rappel de cours sur la remise à l'encaissement :

Le tireur-bénéficiaire (Pygmalion) attend l'échéance de l'effet pour en percevoir le montant. Il remet, quelques jours avant l'échéance, son effet à l'encaissement auprès de sa banque, chargée pour son compte d'en percevoir le montant à l'échéance en présentant l'effet à la compensation auprès de la banque du tiré, appelée « banque domiciliataire ». Une commission d'encaissement est prélevée par la banque en rémunération du service rendu.

	28-11		
5113	Effets à l'encaissement	51 000,00	
413	Clients – Effets à recevoir		51 000,00
	Remise à l'encaissement traite n°... BNP		
	03-12		
512	Banque	50 958,00	
6275	Frais sur effets	35,00	
44566	État, TVA déductible sur ABS	7,00	
5113	Effets à l'encaissement		51 000,00
	Avis de crédit traite n°... BNP		

■ **Hypothèse 2 :**

Rappel de cours sur l'endossement :

L'endossement d'une traite consiste à désigner un nouveau bénéficiaire. Au lieu de percevoir du tiré (Martinez) le montant de l'effet, le tireur-bénéficiaire (Pygmalion) endosse la traite à l'ordre de son fournisseur (Goldman) qui devient le nouveau bénéficiaire de la traite. Ainsi, le tiré paiera directement le créancier du bénéficiaire initial, ce qui revient à annuler simultanément une créance cambiaire (sur le tiré) et la dette ordinaire (sur le créancier du tireur). En pratique, l'endossement est une signature au verso de l'effet avec une formule d'identification « *Payer à l'ordre de ...* ». Des endossements successifs peuvent être effectués, le dernier endossataire étant le porteur légitime de l'effet.

	15-10		
401	Fournisseur Goldman	51 000,00	
413	Clients – Effets à recevoir		51 000,00
	Endossement traite n°... sur Goldman		

■ **Hypothèse 3 :**

Rappel de cours sur la remise à l'escompte :

La remise à l'escompte consiste à utiliser un effet de commerce pour obtenir un crédit bancaire. Le tireur-bénéficiaire négocie l'effet avec son banquier, ce qui revient à lui en transférer la propriété. La banque devient donc le nouveau bénéficiaire de la traite. Elle escompte l'effet, c'est-à-dire qu'elle verse immédiatement le nominal de l'effet diminué des agios qui comprennent un intérêt, appelé escompte commercial (ou bancaire) et une commission d'escompte, en rémunération du crédit et du service qu'elle accorde à son client. C'est la banque qui attendra l'échéance pour être réglée directement par le tiré.

	05-10		
5114	Effets à l'escompte	51 000,00	
413	Clients – Effets à recevoir		51 000,00
	Remise à l'escompte traite n°... BNP		
	10-10		
512	Banque	49 855,00	
6275	Frais sur effets	50,00	
44566	État, TVA déductible sur ABS	10,00	
6616	Intérêts bancaires	1 085,00	
5114	Effets à l'escompte		51 000,00
	Avis de crédit traite n°... BNP		

2 • Enregistrements dans le livre-journal de Martinez (tiré)

	27-09		
607	Achats de marchandises	42 500,00	
44566	État, TVA déductible sur ABS	8 500,00	
401	Fournisseur Pygmalion		51 000,00
	Facture n°56		
	30-09		
401	Fournisseur Pygmalion	51 000,00	
403	Fournisseur – Effets à payer		51 000,00
	Acceptation traite n°...		

■ Hypothèses 1, 2 et 3 :

Le tiré n'est pas concerné par l'utilisation faite de la traite par le tireur-bénéficiaire. Il n'y a donc aucun enregistrement à effectuer dans la comptabilité du tiré lors d'une remise à l'escompte, d'une remise à l'encaissement ou d'un endossement à l'ordre d'un tiers.

Le tiré est juste tenu de régler sa dette cambiaire à l'échéance de la traite :

	30-11		
403	Fournisseur – Effets à payer	51 000,00	
512	Banque		51 000,00
	Règlement traite n°...		

3 • Enregistrements dans le livre-journal de Goldman (endossataire de la traite)

■ Hypothèse 2 :

Goldman est uniquement concerné par l'endossement de la traite effectué par son client Pygmalion le 15-10, dont il est le nouveau bénéficiaire (l'endossataire). Pour lui, l'endossement revient à échanger sa créance ordinaire sur son client Pygmalion contre une créance cambiaire sur le tiré de la traite (Martinez).

Comptablement, il convient d'annuler la créance ordinaire sur Pygmalion et de la remplacer par une créance cambiaire :

	15-10		
413	Clients – Effets à recevoir	51 000,00	
411	Client Pygmalion		51 000,00
	Traite n°... de Pygmalion endossée		

Goldman peut maintenant utiliser l'effet de la même façon que le porteur initial. Il peut escompter l'effet auprès d'une banque, l'endosser à l'ordre d'un nouveau bénéficiaire ou attendre l'échéance pour le remettre à l'encaissement.

Acquisitions d'immobilisations

■ Énoncé

L'entreprise Jouvet est spécialisée dans la construction de voitures électriques sans permis. La forte augmentation des ventes, enregistrée au cours de ces derniers mois, l'a incitée à engager un programme d'investissement de grande ampleur au cours de l'année N. Devant la complexité de certaines opérations, le directeur de la société vous remet le dossier des investissements de l'exercice ainsi que le dossier Titres et vous demande d'en effectuer l'analyse comptable.

1 • Terrain

Le 2 janvier N, acquisition d'un terrain à bâtir à Grenoble, dont l'acte notarié est donné ci-dessous :

– Terrain	560 000
– Droits d'enregistrement et de timbre	39 200
– Honoraires du notaire HT (TVA à 20 %)	7 600

Ce terrain a fait l'objet de travaux d'aménagement (drainage, défrichement, construction d'une clôture) réalisés par l'entreprise BTF. Facture n°562 du 12 février : 235 000 € HT (TVA à 20 %).

2 • Entrepôt

Un entrepôt a été construit par l'entreprise Jouvet sur le terrain précédemment acquis. Les travaux ont débuté en septembre N–1. Au 31-12-N–1, le coût des travaux engagés a été estimé à 180 000 € HT. La construction d'un entrepôt s'est achevée le 15 juin N. Le coût total des travaux, déterminé par la comptabilité de gestion, s'élève à 450 000 € HT (TVA à 20 %).

3 • Fonds de commerce

Acquisition d'un fonds de commerce à Caluire dans un local dont l'entreprise n'est pas propriétaire, dans le but d'ouvrir un nouveau point de vente. Dans l'acte de cession, daté du 20 mai N, le prix d'acquisition a été ventilé comme suit :

– Clientèle d'achalandage	500 000
– Droit au bail	100 000
– Divers matériels et mobiliers de bureau	165 000
– Droits d'enregistrement	43 000

Cette opération n'est pas soumise à la TVA. Le règlement du fonds de commerce est différé jusqu'à la mise à disposition des locaux. Le paiement des droits d'enregistrement est effectué au comptant par virement bancaire.

Des travaux d'agencement et d'installations ont été effectués dans ce local pour un montant de 250 000 € HT (TVA à 20 %). Ils ont été achevés le 16 juillet N.

4 • Fraiseuse électronique

Le 3 août N, livraison et facturation de trois fraiseuses électroniques, commandées il y a 3 mois. Prix d'achat : 180 000 € TTC. Frais de transport : 3 000 € HT (TVA à 20 %).

Acompte versé à la commande : 10 % du prix d'achat TTC. Règlement en trois mensualités égales, dont la première est effectuée à la livraison.

5 • Équipement informatique

Acquisition d'un nouvel équipement micro-informatique pour la gestion de la comptabilité financière et de gestion. La facture se détaille comme suit :

Entreprise INFOPLUS **Facture n° 951 du 30 août-N**	**DOIT : Jouvet**
3 Micro-ordinateurs MP 5649	9 600,00
Progiciel ERP 200 Compta PRO3000	1 800,00
100 DVD vierges	300,00
Montant brut HT	11 700,00
Remise 10 %	1 170,00
Net commercial	10 530,00
Frais de mise en service du logiciel	650,00
Montant total HT	11 180,00
TVA à 19,6%	2 236,00
Net à payer TTC	13 416,00
Paiement à 30 jours	

6 • Mobilier de bureau

Le 6 septembre N, achat d'un fauteuil de direction auprès du fournisseur Brunot Design pour 552 € TTC (TVA à 20 %).

7 • Véhicule de fonction

Acquisition d'un véhicule de fonction Mercedes Classe E, financé par un contrat de crédit-bail. Le contrat a été souscrit le 23 septembre N. Il prévoit les conditions suivantes :

- Prix du véhicule TTC (TVA à 20 %) 73 200
- Dépôt de garantie 4 000
- Versement de 12 trimestrialités de .... 7 320 TTC
- Valeur de rachat .... 5 % du prix TTC du véhicule

La première trimestrialité est versée le 1er octobre N en même temps que le dépôt de garantie.

8 • Acquisition d'un ensemble immobilier

Acquisition le 15 novembre N d'un ensemble immobilier comprenant :

- Terrain 230 000
- Construction 450 000
- Droits d'enregistrement 47 000
- Frais d'actes 4 600
- Honoraires du notaire .... 7 000 Montant HT (TVA à 20 %)

L'acquisition de l'immeuble est soumise aux droits d'enregistrement et n'est donc pas assujetti à la TVA.

La valeur de la construction fait l'objet d'une décomposition en pourcentage pour tous les composants de valeurs significatives et ayant des durées d'utilisation différentes :

- Structure de l'immeuble .... 50 %
- Toiture .... 20 %
- Ravalement .... 15 %
- Chaudière .... 10 %
- Cage d'ascenseur .... 5 %

L'entreprise opte pour l'inscription en charges de tous les frais accessoires à chaque fois que cela est possible.

Mission

Après avoir rappelé les règles comptables relatives à la détermination du coût d'acquisition des immobilisations, vous effectuerez l'analyse comptable de ces opérations et enregistrerez au livre-journal de l'entreprise Jouvet les écritures correspondantes.

(Sauf précisions contraires, toutes les opérations sont effectuées à crédit.)

■ Solution

■ Comptabilisation des immobilisations acquises à titre onéreux

Les immobilisations acquises à titre onéreux, c'est-à-dire en contrepartie d'un prix, sont inscrites à l'actif du bilan à leur **coût d'acquisition**, lequel est déterminé par l'addition des éléments suivants :

– le **prix d'achat** hors taxes récupérables, diminué des rabais, remises, ristournes et escomptes de règlement obtenus ;

– les **frais accessoires** liés à l'acquisition, c'est-à-dire les charges directement attribuables à l'acquisition ou à la mise en place du bien : frais de transit, de transport et d'assurances-transport, droits de douane à l'importation, frais d'installation et de montage nécessaires à la mise en état d'utilisation des immobilisations, etc.

Les frais non nécessaires à la mise en place de l'actif ne sont pas incorporables (frais de formation du personnel par exemple).

Le PCG (art. 321-10) prévoit un traitement comptable spécifique pour les **frais d'acquisition d'immobilisations**, c'est-à-dire les droits de mutation, honoraires ou commissions et frais d'actes liés à l'acquisition de l'immobilisation. Par dérogation à la règle générale qui prévoit d'incorporer les frais accessoires dans le coût d'acquisition, ces frais peuvent :

– soit être comptabilisés en charges (selon leur nature) ;

– soit être compris dans le coût d'acquisition de l'immobilisation.

1 • Acquisition du terrain

Les droits d'enregistrement ainsi que les honoraires du notaire sont des frais d'acquisition d'immobilisations. Ils peuvent donc, en vertu de l'article 321-10 du PCG :

– soit être compris dans le coût d'acquisition du terrain ;

– soit être enregistrés distinctement en charges.

• Option 1 : Enregistrement des frais d'acquisition d'immobilisations dans le coût d'acquisition du terrain :

	02-01		
211	Terrains *(560 000 + 39 200 + 7 600)*	606 800,00	
44562	État, TVA déductible sur immobilisations *(7 600 x 20 %)*	1 520,00	
404	Fournisseurs d'immobilisations		608 320,00
	Acquisition d'un terrain à bâtir		

Remarque

Seuls les honoraires du notaire sont ici assujettis à la TVA.

• Option 2 : Enregistrement des frais d'acquisition d'immobilisations en charges :

	02-01-N		
211	Terrains	560 000,00	
622	Rémunérations d'intermédiaires et honoraires	7 600,00	
44566	État, TVA déductible sur ABS	1 520,00	
6354	Droit d'enregistrement et de timbre	39 200,00	
401	Fournisseurs		48 320,00
404	Fournisseurs d'immobilisations		560 000,00
	Acquisition d'un terrain à bâtir		

Les travaux destinés à mettre le terrain en état d'utilisation sont considérés comme des immobilisations à inscrire au débit du compte 212. *Agencements et aménagements de terrains.*

	02-01-N		
212	Agencements et aménagements de terrains	235 000,00	
44562	État, TVA déductible sur immobilisations	47 000,00	
404	Fournisseurs d'immobilisations		282 000,00
	Fact. n°562 – Agencement du terrain		

2 • Construction d'un entrepôt

Il s'agit d'une production d'immobilisation par l'entreprise pour elle-même. Le coût des travaux engagés au cours de l'exercice N–1 a d'abord été comptabilisé en charges (consommations de matières premières, salaires, charges sociales, services divers, amortissements des machines, etc.) avant d'être transféré au débit du compte 2313. *Constructions en cours* par le crédit du compte 72. *Production immobilisée.*

	Rappel : 31-12-N–1		
2313	Constructions en cours	180 000,00	
72	Production immobilisée		180 000,00
	Entrepôt en cours de construction		

À la date d'achèvement des travaux, le 15 juin N, le coût total des travaux engagés, estimé par la comptabilité de gestion à 450 000 €, doit être inscrit au débit du compte 213. *Constructions.* Cette opération est soumise à la TVA sur les livraisons à soi-même, TVA récupérable au titre du même mois.

	15-06-N		
213	Constructions	450 000,00	
44562	État, TVA déductible sur immobilisations	90 000,00	
2313	Constructions en cours		180 000,00
72	Production immobilisée *(450 000 – 180 000)*		270 000,00
4457	État, TVA collectée		90 000,00
	Achèvement de la construction d'un entrepôt		

3 • Acquisition d'un fonds de commerce

Selon le PCG, le **fonds commercial** est constitué par les éléments incorporels du fonds de commerce qui ne font pas l'objet d'une évaluation séparée (dans l'acte d'acquisition) et qui concourent au maintien ou au développement du potentiel d'activité de l'entreprise. Ici, le fonds commercial est constitué par la valeur de la clientèle d'achalandage, c'est-à-dire du potentiel de bénéfices, justifié par l'emplacement du fonds de commerce. Sa valeur est inscrite en immobilisations incorporelles, alors que les éléments matériels sont enregistrés en immobilisations corporelles.

Le **droit au bail** représente le droit accordé aux locataires commerçants d'obtenir de leur propriétaire le renouvellement, quasiment à l'infini, de leur bail commercial. Ce droit, également appelé « pas de porte » constitue un élément important du fonds de commerce, car il permet de conserver la clientèle à un même point de vente. Lorsqu'il fait l'objet d'une évaluation séparée (ce qui est le cas ici), il est inscrit au débit du compte 206. *Droit au bail.* Dans le cas inverse, il est comptabilisé, avec les autres éléments incorporels, dans le compte 207. *Fonds commercial.*

	20-05-N		
206	Droit au bail	100 000,00	
207	Fonds commercial	500 000,00	
218	Autres immobilisations corporelles	165 000,00	
6354	Droits d'enregistrement et de timbre	43 000,00	
404	Fournisseurs d'immobilisations		765 000,00
512	Banque		43 000,00
	Acquisition d'un fonds de commerce		
	d°		

Remarque

Les droits d'enregistrement auraient également pu être inclus dans le coût d'acquisition des actifs immobilisés correspondants, au prorata de leur coût d'achat.

Les travaux d'agencements et d'installations effectués dans un local dont l'entreprise n'est pas propriétaire sont enregistrés au débit du compte 2181. *Installations générales, agencements, aménagements divers.*

	16-07-N		
2181	Installations générales, agencements, aménagements divers	250 000,00	
44562	État, TVA déductible sur immobilisations	50 000,00	
404	Fournisseurs d'immobilisations		300 000,00
	Agencement d'un local commercial		

4 • Acquisition d'une fraiseuse électronique

Le coût d'acquisition des trois fraiseuses électroniques comprend le prix d'achat (180 000 / 1,20 = 150 000 € HT) et les frais de transport (3 000 € HT), soit 153 000 €.

L'acompte versé à la commande s'élève à (180 000 x 10 %), soit 18 000 €. Il a été enregistré, au moment de son versement, au débit du compte 238. *Avances et acomptes versés sur commandes d'immobilisations corporelles.*

Montant HT de l'immobilisation	153 000
+ TVA à 20 %	30 600
– Avance à la commande	(18 000)

= Net à payer TTC	165 600
– soit au comptant : 165 600 x 1/3	55 200
– soit à crédit : 165 600 x 2/3	110 400

	03-08-N		
2181	Installations générales, agencements, aménagements divers	153 000,00	
44562	État, TVA déductible sur immobilisations	30 600,00	
238	Avances et acomptes versés sur commandes d'immobilisations corporelles		18 000,00
404	Fournisseurs d'immobilisations		110 400,00
512	Banque		55 200,00
	Acquisition d'une fraiseuse électronique		
	03-09-N		
404	Fournisseurs d'immobilisations	55 200,00	
512	Banque		55 200,00
	Notre règlement par chèque n°...		
	03-10-N		
404	Fournisseurs d'immobilisations	55 200,00	
512	Banque		55 200,00
	Notre règlement par chèque n°...		

5 • Acquisition d'un équipement informatique

Les logiciels indissociés, c'est-à-dire ceux dont le prix ne peut être distingué du matériel informatique, sont enregistrés avec le matériel auquel ils se rattachent. À l'inverse, les logiciels dissociés, acquis et destinés à un usage interne, sont inscrits en immobilisations incorporelles.

Ici, les logiciels sont dissociés, car ils apparaissent distinctement sur la facture d'achats.

Les frais accessoires attribuables à l'acquisition d'une immobilisation doivent être compris dans le coût d'acquisition de l'immobilisation. Ici, les frais de mise en service du progiciel de gestion sont à inclure dans le coût d'acquisition du progiciel.

	30-08-N		
205	Concessions et droits similaires, brevets, licences, marques, procédés, logiciels, droits et valeurs similaires *[(1 800 x 90 %) + 650]*	2 270,00	
2183	Matériel de bureau et matériel informatique *(9 600 x 90 %)*	8 640,00	
6064	Fournitures administratives *(300 x 90 %)*	270,00	
44562	État, TVA déductible sur immobilisations	2 182,00	
44566	État, TVA déductible sur ABS	54,00	
401	Fournisseurs		324,00
404	Fournisseurs d'immobilisations		13 092,00
	Facture fournisseur Infoplus n°951 : acquisition équipement informatique		

6 • Acquisition d'un fauteuil de direction

Selon le PCG (art. 331-4), les éléments d'**actifs non significatifs** peuvent être considérés comme entièrement consommés dans l'exercice de leur mise en service et, dès lors, être comptabilisés immédiatement en charges et non en immobilisations. Le PCG n'apporte, toutefois, aucune précision, ni sur la notion d'actif non significatif, ni sur les biens concernés. En conséquence, la tolérance fiscale exposée ci-après semble toujours applicable en comptabilité, à condition que ces éléments soient non significatifs.

Selon le CGI, par mesure de simplification, les matériels et outillages, les matériels et mobiliers de bureau et les logiciels acquis, peuvent être enregistrés directement en charges lorsque leur valeur unitaire ne dépasse pas 500 € HT.

Ici, il convient donc d'enregistrer en charges et non en actif l'achat du fauteuil de direction :

	06-09-N		
6064	Fournitures administratives *(552 / 1,20)*	460,00	
44566	État, TVA déductible sur ABS	92,00	
401	Fournisseurs		552,00
	Facture n°... Brunot Design		

7 • Véhicule de fonction financé par crédit-bail

L'entreprise Jouvet n'étant pas propriétaire du bien pendant la période de location, le coût d'achat du véhicule ne doit pas être inscrit à l'actif du bilan. Le dépôt de garantie est enregistré en immobilisations financières. Quant aux redevances trimestrielles de crédit-bail, elles sont inscrites en charges externes au débit du compte 6122. *Crédit-bail mobilier.*

Le CGI n'autorise pas la déduction de la TVA ayant grevé les acquisitions de véhicules de tourisme. Pour ne pas créer de distorsions fiscales entre les véhicules acquis en pleine propriété et ceux financés par des contrats de crédit-bail, le CGI interdit également la déduction de la TVA ayant grevé les redevances de crédit-bail relatives à des véhicules de tourisme. Ces redevances doivent par conséquent être inscrites en charges pour leurs montants TTC.

	01-10-N		
275	Dépôts et cautionnements versés	4 000,00	
6122	Redevances de crédit-bail mobilier	7 320,00	
512	Banque		11 320,00
	Crédit-bail véhicule Mercedes Classe E		
	1re redevance + dépôt de garantie		

En cas d'option pour son acquisition à l'issue de la période de location, le véhicule sera inscrit en immobilisations corporelles pour la valeur de rachat prévue dans le contrat, soit 73 200 x 5 % = 3 660 €. Il sera amorti sur cette valeur pendant la durée d'utilisation restante.

8 • Acquisition d'un ensemble immobilier décomposé

Les composants principaux d'une immobilisation corporelle devant faire l'objet de remplacements périodiques et ayant des durées d'utilisation différentes doivent faire l'objet d'une inscription à l'actif et d'amortissements séparés, dès l'origine et lors des remplacements successifs (PCG, art. 311-2).

Ici, la construction fait l'objet d'une décomposition et doit par conséquent être enregistrés dans autant de sous-comptes *Constructions* que de composants identifiés, afin d'enclencher des plans d'amortissements spécifiques pour chacun des composants.

	15-11-N		
211	Terrains	230 000,00	
213.1	Constructions – Structure *(450 000 x 50 %)*	225 000,00	
213.2	Constructions – Toiture *(450 000 x 20 %)*	90 000,00	
213.3	Constructions – Ravalement *(450 000 x 15 %)*	67 500,00	
213.4	Constructions – Chaudière *(450 000 x 10 %)*	45 000,00	
213.5	Constructions – Ascenseur *(450 000 x 5 %)*	22 500,00	
6226	Honoraires	7 000,00	
44566	État, TVA déductible sur ABS	1 400,00	
6227	Frais d'actes et de contentieux	4 600,00	
6354	Droit d'enregistrement et de timbre	47 000,00	
401	Fournisseurs		60 000,00
404	Fournisseurs d'immobilisations		680 000,00
	Acquisition d'un ensemble immobilier		

[redacted]

Opérations sur titres

■ Énoncé

L'entreprise Razor vous remet le dossier des opérations sur titres réalisés au cours de l'exercice N et vous demande d'en effectuer l'analyse comptable.

12-01 Achat de 3 000 actions Carrefour au prix de 43 € l'unité dans un but spéculatif. Frais de courtage : 0,5 % HT du montant de la transaction. Règlement à la fin du mois.

17-01 Achat de 4 500 actions France Telecom au prix de 24,40 € l'unité que l'entreprise Razor souhaite conserver durant quelques années dans la perspective d'en retirer des dividendes. Frais de courtage : 0,5 % HT du montant de la transaction. Règlement à la fin du mois.

04-02 Achat de 2 000 SICAV monétaires Optimal dans une optique de placement à court terme de la trésorerie disponible. Prix d'achat total : 80 000 €. Règlement au comptant.

26-02 Acquisition de 15 000 actions à 186 € de la société Mécano, l'un des principaux fournisseurs de l'entreprise Razor. Ces actions, qui représentent 30 % du capital de la société Mécano, ont été acquises dans le but de participer au développement de cette jeune entreprise. Règlement 1/3 au comptant par chèque, le reste dans trois mois. Honoraires facturé par l'avocat chargé du montage juridique de l'opération : 3 200 € HT. Règlement immédiat par chèque.

01-03 Achat de 1 000 obligations du Crédit National à 8 %, au moment de l'émission de l'emprunt obligataire, dans le but d'effectuer un placement à long terme. Valeur nominale des obligations : 500 €. Frais d'opération : 4 500 € HT. Règlement au comptant.

15-04 Perception par virement bancaire des revenus financiers sur les titres suivants :
- Carrefour : 3,5 €/action.
- Mécano : 9,5 €/action.
- Obligations Crédit National : 40 €/obligation.

Remarques

– L'entreprise Razor opte pour l'enregistrement en charges des frais de courtage et d'opérations sur titres ;

– Les frais sur titres sont assujettis à la TVA au taux normal (20 %) ;

– Les opérations d'encaissement et de décaissement sont toutes effectuées par virement bancaire.

Mission

1. Rappelez les règles comptables applicables en matière de classification des titres.

2. Effectuez l'analyse comptable de ces opérations et enregistrez les écritures correspondantes au livre-journal de l'entreprise Razor.

■ Solution

1 • La classification des titres

Comptablement, on distingue généralement trois catégories de titres :

■ Les titres de participation

Ce sont les titres (actions ou parts sociales), dont la possession durable est estimée utile à l'activité de l'entreprise, notamment parce qu'elle permet d'exercer une influence sur la société émettrice des titres ou, *a fortiori*, d'en assurer le contrôle. Sauf preuve contraire, sont présumés être des titres de participation, les titres représentant au moins 10 % du capital d'une entreprise. Comptablement, les titres de participation sont considérés comme des immobilisations financières, enregistrés au débit du compte 261. *Titres de participation* et inscrits à l'actif du bilan dans les immobilisations financières.

■ Les titres immobilisés

Il s'agit des titres (autres que des titres de participation) que l'entreprise a l'intention ou l'obligation de conserver durablement. Ils peuvent être représentatifs de parts de capital (actions ou parts sociales) ou de placements à long terme (obligations).

Comptablement, ces titres sont également enregistrés en immobilisations financières, au débit des comptes :

271. *Titres immobilisés (droit de propriété)* ;

272. *Titres immobilisés (droit de créance).*

■ Les valeurs mobilières de placement (VMP)

Ce sont des titres acquis en vue de réaliser un gain à brève échéance et qui permettent généralement de placer des excédents temporaires de trésorerie.

Exemples : SICAV, Fonds communs de placement, actions, obligations, acquis à court terme.

Leurs acquisitions relevant de la gestion de trésorerie de l'entreprise, les valeurs mobilières de placement sont enregistrées en actif circulant, au débit des comptes :

503. *Valeurs mobilières de placement – Actions* ;

505. *Valeurs mobilières de placement – Obligations* ;

508. *Valeurs mobilières de placement – Autres.*

2 • Analyse comptable et enregistrements des opérations sur titres

Conformément aux règles générales applicables à l'ensemble des actifs, la valeur d'entrée des titres acquis est égale au coût d'acquisition des titres, lequel comprend :

– le **prix d'achat des titres**, déterminé en règle générale, soit par une cotation en Bourse, soit par les termes du contrat d'acquisition pour les sociétés non cotées.

– les **frais accessoires** attribuable à l'acquisition de ces titres (droits de mutation, frais d'actes, commissions, courtages, impôts de bourse, etc.) qui sont assimilés à des **frais d'acquisition d'immobilisations** et sont donc à ce titre, soit incorporés dans le coût d'acquisition des titres, soit comptabilisés en charges. Dans cette deuxième hypothèse, ils sont enregistrés dans des comptes de charges selon leur nature :

- 6227. *Frais d'actes et de contentieux* ;
- 6271. *Frais sur titres* (courtages, droits de garde) ;
- 6354. *Droits d'enregistrement et de timbre.*

Les frais sur titres sont soumis à la TVA au taux normal.

12-01 : Les actions Carrefour étant acquises dans un but spéculatif à court terme, elles constituent des valeurs mobilières de placement

	12-01-N		
503	VMP – Actions *(3 000 x 43 €)*	129 000,00	
6271	Frais sur titres *(129 000 x 0,5 %)*	645,00	
44566	État, TVA déductible sur ABS *(645 x 20 %)*	129,00	
464	Dettes sur acquisitions de VMP		129 774,00
	Achat 3 000 actions Carrefour		

17-01 : Les actions France Télécom ont été acquises dans la perspective d'un placement à moyen terme. Elles doivent donc être classées en titres immobilisés.

	17-01-N		
271	Titres immobilisés (droit de propriété)		
	(4 500 x 24,40 €)	109 800,00	
6271	Frais sur titres *(109 800 x 0,5 %)*	549,00	
44566	État, TVA déductible sur ABS *(549 x 20 %)*	109,80	
404	Fournisseurs d'immobilisations		110 458,80
	Achat 4 500 actions France Telecom		

04-02 : Les SICAV monétaires Optimal ont été acquises dans la perspective d'un placement d'attente à brève échéance. Elles doivent être considérées comme des valeurs mobilières de placement.

	04-02-N		
508	VMP – Autres	80 000,00	
512	Banque		80 000,00
	Achat 2 000 SICAV monétaires Optimal		

26-02 : Les titres de la société Mécano ont été acquis durablement et dans la perspective d'exercer une influence dans cette société. Ils représentent 30 % du capital de la société. Ils constituent donc des titres de participation.

	26-02-N		
261	Titres de participation *(15 000 x 186 €)*	2 790 000,00	
6226	Honoraires	3 200,00	
44566	État, TVA déductible sur ABS *(3 200 x 20 %)*	640,00	
404	Fournisseurs d'immobilisations		1 860 000,00
512	Banque *[(2 790 000 x 1/3) + 3 200 + 640]*		933 840,00
	Achat 15 000 actions Mécano		

01-03 : Les obligations sont des titres de créances qui correspondent à un prêt effectué à une société et non à l'achat d'une part de son capital. Les obligataires n'ayant aucun droit de vote aux assemblées, ils n'exercent pas d'influence sur la société, quel que soit le nombre de titres possédés. Ici, ces titres sont acquis dans la perspective d'un placement durable. Ce sont des titres immobilisés.

	01-03-N		
272	Titres immobilisés (droit de créance) *(1 000 x 500 €)*	500 000,00	
6271	Frais sur titres	4 500,00	
44566	État, TVA déductible sur ABS	900,00	
512	Banque		505 400,00
	Achat 1 000 obligations Crédit National 8 %		

15-04 : Les revenus des titres (dividendes et intérêts) sont enregistrés en produits financiers, selon leur nature comptable :

761. *Produits des participations* ;
762. *Produits des autres titres immobilisés* ;
764. *Produits des valeurs mobilières de placement.*

	15-04-N		
512	Banque	193 000,00	
761	Produits des titres de participation *(15 000 x 9,5 €)*		142 500,00
762	Produits des autres titres immobilisés *(1 000 x 40)*		40 000,00
764	Produits des valeurs mobilières de placement *(3 000 x 3,5 €)*		10 500,00
	Versement revenus sur titres N		

REMARQUES

Les frais de courtage et d'opérations sur titres (droits de mutation, frais d'actes, commissions, courtages, impôts de bourse, etc.) sont assimilés à des frais d'acquisition d'immobilisations. Ils auraient donc pu également être compris dans le coût d'acquisition des titres. L'énoncé précisant que l'entreprise Razor avait choisi de les enregistrer en charges, c'est cette option qui a été retenue ici.

[redacted]

Financement par les emprunts

■ Énoncé

Pour financer un nouveau programme d'investissement, la société Dambo a emprunté, le 1er novembre N, la somme de 5 000 000 € au taux de 7 %, auprès de la Banque de Savoie. Cet emprunt est remboursable en 8 semestrialités. La première échéance de remboursement est fixée au 1er mai N+1.

La société Dambo envisage deux hypothèses de remboursement :

1. Le remboursement par amortissements constants.
2. Le remboursement par semestrialités constantes.

La société Dambo clôture ses exercices au 31 décembre.

Mission

1. Calculez le taux semestriel équivalent au taux annuel de 7 %.

2. Présentez le tableau de remboursement de l'emprunt dans l'hypothèse d'un remboursement par amortissement constant.

3. Présentez le tableau de remboursement de l'emprunt dans l'hypothèse d'un remboursement par semestrialités constantes.

Vous enregistrerez au livre-journal de l'entreprise Dambo pour chacune des hypothèses de remboursement :

– la mise à disposition des fonds par la Banque de Savoie ;
– la régularisation des intérêts courus au 31-12-N ;
– toutes les écritures relatives à l'année N+1.

4. Enregistrez au livre-journal de la Banque de Savoie ces mêmes opérations, en faisant l'hypothèse d'un remboursement par semestrialités constantes.

(Le calcul des intérêts et des semestrialités sera arrondi à l'euro le plus proche).

■ Solution

1 • Calcul du taux semestriel équivalent au taux annuel

Le remboursement s'effectuant par semestrialités, il faut d'abord calculer le taux semestriel équivalent à un taux annuel de 7 %.

Un capital (C) placé pendant une année au taux annuel (Ta) a pour valeur acquise à la fin de l'année : $C \times (1 + Ta)^1$.

Le même capital (C) placé pendant une période de 1/k année au taux (Tp) a pour valeur acquise à la fin de la période : $C \times (1 + Tp)^k$.

1/k est une subdivision de l'année (jour = 1/360, semaine = 1/52, mois = 1/12, trimestre = 1/4, semestre = 1/2, etc.).

Tp est le taux de la période correspondant à 1/k année.

Les taux Ta (Taux annuel) et Tp (Taux de la période) sont dits équivalents, lorsque leurs valeurs acquises sont égales.

Donc : $C \times (1 + Ta)^1 = C \times (1 + Tp)^k$

Et : $(1 + Ta)^{1/k} = 1 + Tp$

En définitive : $Tp = (1 + Ta)^{1/k} - 1$

De même, en cherchant (Ta) à partir de (Tp), on obtient : **$Ta = (1 + Tp)^k - 1$**

Appliquons cette formule au calcul du taux semestriel (Ts) équivalant à un taux annuel de 7 % :

$Ts = (1 + Ta)^{1/k} - 1$

$Ts = (1 + 0{,}07)^{1/2} - 1$

Ts = 0,034408; soit 3,4408 %

Vérification :

$Ta = (1 + Ts)^k - 1$

$Ta = (1{,}034408)^2 - 1$

Ta = 0,07 ; soit 7 %

2 • Remboursement de l'emprunt par amortissement constant

2.1. Tableau de remboursement de l'emprunt

À chaque échéance de remboursement, le 1er mai et le 1er novembre, la société Dambo versera à la Banque de Savoie un amortissement constant calculé comme suit.

$$\text{Amortissement} = \frac{\text{Capital emprunté}}{\text{Nb. de semestrialités}} = 5\,000\,000 \times 1/8 = 625\,000$$

La première échéance (celle du 1-5-N+1) comportera :
- des intérêts pour : 5 000 000 x 3,4408 % 172 040
- une semestrialité de : 172 040 + 625 000 .... 797 040

La deuxième échéance (celle du 1-11-N+1) comportera :
- des intérêts pour : 4 375 000 x 3,4408 % 150 535
- une semestrialité de : 150 535 x 625 000 .... 775 535

Le tableau de remboursement se présente comme suit :

	Échéance	Capital restant dû	Intérêts	Amortissement de l'emprunt	Semestrialités
1	01-05-N+1	5 000 000	172 040	625 000	797 040
2	01-11-N+1	4 375 000	150 535	625 000	775 535
3	01-05-N+2	3 750 000	129 030	625 000	754 030
4	01-11-N+2	3 125 000	107 525	625 000	732 525
5	01-05-N+3	2 500 000	86 020	625 000	711 020
6	01-11-N+3	1 875 000	64 515	625 000	689 515
7	01-05-N+4	1 250 000	43 010	625 000	668 010
8	01-11-N+4	625 000	21 505	625 000	646 505

2.2. Traitement comptable

2.2.1. La mise à disposition des fonds

	01-11-N		
512	Banque	5 000 000	
164	Emprunts auprès des éts. de crédit		5 000 000
	Emprunt n°... Mise à disposition des fonds		

2.2.2. Rattachement des intérêts courus du 1-11-N au 31-12-N

En vertu du principe d'indépendance des exercices, les intérêts courus du 1er novembre au 31 décembre N doivent être rattachés à cet exercice. Ils sont enregistrés en charges financières et constituent, en contrepartie, une dette potentielle vis-à-vis de la banque, inscrite au crédit du compte 1688. *Intérêts courus.*

	31-12-N		
661	Charges d'intérêts	57 347	
1688	Intérêts courus		57 347
	Intérêts courus 01-11 au 31-12 : 172 040 x 2/6		

2.2.3. Paiement des deux échéances de l'exercice N+1

Le 1er janvier N+1, l'écriture de rattachement des intérêts courus est contre-passée. Cette écriture permet d'enregistrer ensuite le versement des deux semestrialités sans se soucier de la fraction des intérêts déjà comptabilisée en charges.

	01-01-N+1		
1688	Intérêts courus	57 347	
661	Charges d'intérêts		57 347
	Contre-passation des intérêts courus au 31-12		
	01-05-N+1		
164	Emprunts auprès des éts. de crédit	625 000	
661	Charges d'intérêts	172 040	
512	Banque		797 040
	1re échéance de remboursement – Emprunt n°...		

	01-11-N+1		
164	Emprunts auprès des éts. de crédit	625 000	
661	Charges d'intérêts	150 535	
512	Banque		775 535
	2e échéance de remboursement – Emprunt n°...		

2.2.4. Rattachement des intérêts courus du 01-11-N+1 au 31-12-N+1

Comme à la clôture de l'exercice précédent, les intérêts courus du 1er novembre au 31 décembre N+1 doivent être rattachés à l'exercice.

	31-12-N+1		
661	Charges d'intérêts	43 010	
1688	Intérêts courus		43 010
	Intérêts courus 01-11 au 31-12 : 129 030 x 2/6		

En définitive, les charges d'intérêts ont été correctement réparties sur les deux exercices en proportion des intérêts courus.

Exercice N

661. Charges d'intérêts

Débit	Crédit
57 347 (31-12)	

Solde débiteur : 57 347

Exercice N+1

661. Charges d'intérêts

Débit	Crédit
	57 347 (1-1)
172 040 (01-01)	
150 535 (01-05)	
43 010 (01-09)	
365 585	**57 347**

Solde débiteur : 308 238

3 • Remboursement de l'emprunt par semestrialités constantes

3.1. Tableau de remboursement de l'emprunt

À chaque échéance de remboursement, le 1er mai et le 1er novembre, la société Dambo versera à la Banque de Savoie une somme constante calculée comme suit.

$$\text{Semestrialité} = C \times \frac{Ts}{1 - (1 + Ts)^{-n}}$$

Avec :

C : Capital emprunté

Ts : Taux semestriel (équivalent au taux annuel de 7 %)

n : Nombre de semestres de remboursement

$$\text{Semestrialité} = 5\,000\,000 \times \frac{0{,}034408}{1 - (1{,}034408)^{-8}} = 725\,587$$

La première semestrialité comportera :
- des intérêts pour : 5 000 000 x 3,4408 % 172 040
- un amortissement de : 725 587 – 172 040 .... 553 547

La deuxième semestrialité comportera :
- des intérêts pour : 4 446 453 x 3,4408 % 152 994
- un amortissement de : 725 587 – 152 994 .... 572 593

Le tableau de remboursement se présente comme suit :

	Échéance	Capital restant dû	Intérêts	Amortissement de l'emprunt	Semestrialités
1	01-05-N+1	5 000 000	172 040	553 547	725 587
2	01-11-N+1	4 446 453	152 994	572 593	725 587
3	01-05-N+2	3 873 860	133 292	592 295	725 587
4	01-11-N+2	3 281 565	112 912	612 675	725 587
5	01-05-N+3	2 668 890	91 831	633 756	725 587
6	01-11-N+3	2 035 134	70 025	655 562	725 587
7	01-05-N+4	1 379 572	47 468	678 119	725 587
8	01-11-N+4	701 453	24 136	701 453	725 589

On peut remarquer que les amortissements suivent une progression géométrique de raison (1+Ts).

Par exemple, la sixième échéance, celle du 01-11-N+3, peut être calculée directement : 553 547 x $(1,034408)^5$ = 655 562 €.

3.2. Traitement comptable

3.2.1. La mise à disposition des fonds

	01-11-N		
512	Banque	5 000 000	
164	Emprunts auprès des éts. de crédit		5 000 000
	Emprunt n°... Mise à disposition des fonds		

3.2.2. Rattachement des intérêts courus du 1-11-N au 31-12-N

	31-12-N		
661	Charges d'intérêts	57 347	
1688	Intérêts courus		57 347
	Intérêts courus 01-11 au 31-12 : 172 040 x 2/6		

3.2.3. Paiement des deux échéances de l'exercice N+1

	01-01-N+1		
1688	Intérêts courus	57 347	
661	Charges d'intérêts		57 347
	Contre-passation des intérêts courus		
	01-05-N+1		
164	Emprunts auprès des éts. de crédit	553 547	
661	Charges d'intérêts	172 040	
512	Banque		725 587
	1re échéance de remboursement – Emprunt n°…		
	01-11-N+1		
164	Emprunts auprès des éts. de crédit	572 593	
661	Charges d'intérêts	152 994	
512	Banque		725 587
	2e échéance de remboursement – Emprunt n°…		

3.2.4 Rattachement des intérêts courus du 01-11-N+1 au 31-12-N+1

	31-12-N+1		
661	Charges d'intérêts	44 431	
1688	Intérêts courus		44 431
	Intérêts courus 01-11 au 31-12 : 133 292 x 2/6		

En définitive, les charges d'intérêts ont été correctement réparties sur les deux exercices en proportion des intérêts courus.

Exercice N

661. Charges d'intérêts

Débit	Crédit
57 347 (31-12)	

Solde débiteur : 57 347

Exercice N+1

661. Charges d'intérêts

Débit	Crédit
	57 347 (01-01)
172 040 (01-01)	
152 994 (01-05)	
44 431 (31-12)	
369 465	**57 347**

Solde débiteur : 312 118

4 • Enregistrements dans les comptes de la Banque de Savoie

4.1. La mise à disposition des fonds

	01-11-N		
274	Prêts	5 000 000	
512	Banque		5 000 000
	Emprunt n°… Dambo - Mise à disposition des fonds		

PARTIE 2

4.2. Rattachement des intérêts courus du 1-11-N au 31-12-N

	31-12-N		
2768	Intérêts courus	57 347	
7624	Revenus des prêts		57 347
	Emprunts n°... Dambo		
	Intérêts courus 01-11 au 31-12 : 172 040 x 2/6		

4.3. Paiement des deux échéances de l'exercice N+1

	01-01-N+1		
7624	Revenus des prêts	57 347	
2768	Intérêts courus		57 347
	Contre-passation des intérêts courus		
	01-05-N+1		
512	Banque	725 587	
274	Prêts		553 547
7624	Revenus des prêts		172 040
	1re échéance de rembt – Emprunt n°... Dambo		
	01-11-N+1		
512	Banque	725 587	
274	Prêts		572 593
7624	Revenus des prêts		152 994
	2e échéance de rembt. – Emprunt n°... Dambo		

4.4. Rattachement des intérêts courus du 1-11+N au 31-12-N+1

	31-12-N +1		
2768	Intérêts courus	44 431	
7624	Prêts		44 431
	Emprunts n°... Dambo		
	Intérêts courus 01-11 au 31-12 : 133 292 x 2/6		

En définitive, les charges d'intérêts ont été correctement réparties sur les deux exercices en proportion des intérêts courus.

Exercice N

7624. Revenus des prêts

Débit	Crédit
	57 347 (31-12)
---------------------	--------------------

Solde créditeur : 57 347

Exercice N+1

7624. Revenus des prêts

Débit	Crédit
57 347 (01-01)	
	172 040 (01-05)
	152 994 (01-09)
	44 431 (31-12)
--------------------	--------------------
57 347	**369 465**

Solde créditeur : 312 118

Gestion de la paie

■ Énoncé

La société Studioscan S.A. est une société spécialisée dans la conception de sites internet, implantée à Strasbourg. Elle emploie deux salariées : Mme Christine Schroetter, Directrice, et Mlle Céline Aubry, informaticienne.

Vous êtes chargé de la gestion comptable de la paie du mois de novembre N. À cette fin, Mlle Aubry vous communique tous les renseignements relatifs aux salaires de ce mois.

Mois de novembre N	Mme Schroetter	Mlle Aubry
Emploi	Directrice	Informaticienne
Statut	Cadre	Non cadre
Salaire brut de base	8 000 €	2 500 €
Majoration heures supplémentaires		25 %
Indemnité de déplacement	–	190 €

Mlle Aubry effectue un travail hebdomadaire de 38 heures. Le 15 novembre N, elle a obtenu le versement d'un acompte de 700 € sur son salaire. Ses indemnités de déplacements correspondent à des déplacements professionnels effectués avec son véhicule personnel et remboursés sur la base du barème kilométrique établi par l'administration fiscale.

Les salaires sont versés le dernier jour du mois.

Les cotisations sociales sont versées trimestriellement aux organismes sociaux, le 15 du mois suivant de chaque trimestre civil.

Mission

En utilisant le tableau des cotisations sociales donné en annexe :

1. Établissez les deux bulletins de paie du mois.

2. Présentez le livre de paie du mois.

3. Calculez les charges patronales relatives aux salaires du mois.

4. Procédez à tous les enregistrements comptables relatifs à la paie du mois de novembre, du versement de l'avance à Mlle Aubry jusqu'au paiement des cotisations aux organismes sociaux.

5. Question : Pourquoi le salaire imposable n'est-il pas égal au salaire net ?

ANNEXE

Tableau des cotisations sociales au 1er juillet 2013

	Total %	Employeur %	Salarié %	Assiette
URSSAF				
Assurance maladie, maternité, invalidité, décès, solidarité	13,85	13,10	0,75	Salaire total
Allocations familiales	5,40	5,40		Salaire total
Assurance vieillesse	1,70 15,15	1,60 8,40	0,10 6,75	Salaire total jusqu'à 1 × P
Aide au logement	0,10	0,10		Jusqu'à 1 × P
Aide au logement ❶	0,40	0,40		Jusqu'à 1 × P
Aide au logement ❶	0,50	0,50		Supérieur à 1 × P
Accidents du travail ❷		taux variable		Salaire total
Versement de transport ❸		taux variable		Salaire total
CSG ❹	7,50		7,50	98,25 % du salaire total
CRDS ❺	0,50		0,50	98,25 % du salaire total
Assurance chômage	6,40	4,00	2,40	Jusqu'à 4 × P
AGS	0,30	0,30		Jusqu'à 4 × P
RETRAITE COMPLÉMENTAIRE ❻				
Non Cadres				
ARRCO + AGFF	9,50	5,70	3,80	Tranche A
ARRCO + AGFF	22,20	13,30	8,90	Entre 1 P et 3 P
Cadres				
ARRCO + AGFF	9,50	5,70	3,80	Tranche A
AGIRC + AGFF	22,20	13,90	8,60	Tranche B
AGIRC	20,30	Répartition libre		Tranche C ❼
CET	0,35	0,22	0,13	Jusqu'à 8 × P
Assurance Décès Cadres	1,50	1,50		Tranche A
APEC	0,06	0,036	0,024	Jusqu'à 4 × P

❶ Cotisations à la charge des entreprises de plus de 19 salariés s'ajoutant à celle de 0,10 % sur les salaires plafonnés due par toutes les entreprises.
❷ Cotisation variant selon l'activité et l'importance de l'entreprise.
❸ Cotisation à la charge des entreprises de plus de 9 salariés, dans certaines agglomérations de plus de 10 000 habitants. Le taux varie selon les communes.
❹ Dont 2,4 % non déductibles des revenus imposables à l'impôt sur le revenu.
❺ Non déductible des revenus imposables à l'impôt sur le revenu.
❻ ARRCO (Association pour le Régime de Retraite COmplémentaire des salariés), AGIRC (Association Générale des Institutions de Retraite des Cadres), AGFF (Association pour la Gestion du Fonds de Financement).
❼ Les cotisations sont également calculées sur la Tranche C (entre 4 et 8 fois le plafond S.S.). Un accord d'entreprise peut prévoir la répartition du taux global entre l'employeur et le salarié. À défaut, c'est la même répartition que celle de la tranche B qui s'applique.

Plafond mensuel (**P**) de la Sécurité sociale pour l'année **2013** : **3 086 €**.
Tranche A : Part du salaire brut n'excédant pas 1 fois le plafond de la SS.
Tranche B : Part du salaire brut compris entre 1 fois et 4 fois le plafond de la SS.
Tranche C : Part du salaire brut compris entre 4 fois et 8 fois le plafond de la SS.
SMIC : **9,43 € / heure**, soit sur la base de 151,67 heures par mois **1 430,22 €** depuis le 01/01/13.

Solution

Le traitement administratif et comptable de la paie s'effectue en plusieurs étapes.

1. Établissement des bulletins de paie.

2. Tenue (facultative) d'un livre de paie.

3. Calcul des cotisations patronales.

4. Comptabilisation des salaires, des retenues sur salaires et des charges patronales.

5. Règlement des salaires et des cotisations sociales et comptabilisation de ces règlements.

1 • Établissement des bulletins de paie du mois de novembre N

(voir documents ci-après)

■ Explications préalables à l'établissement des bulletins de salaires

• Heures supplémentaires de Mlle Aubry

La durée hebdomadaire légale de travail étant de 35 heures, Mlle Aubry effectue 3 heures supplémentaires par semaine, soit (3 x 52 semaines / 12 mois) = 13 heures supplémentaires par mois.

Ces heures supplémentaires sont rémunérées sur la base de 125 % du taux horaire de base. Sur une base de 151,67 heures de travail par mois, le taux horaire de base est égal à 2 500 € / 151,67 = 16,48 €. Les heures supplémentaires du mois seront donc rémunérées comme suit : 13 heures x 16,48 € x 125 % = 267,80 €, que nous arrondirons à 268 €.

• Les indemnités

Les indemnités représentatives de frais professionnels sont exonérées des cotisations sociales à la double condition qu'elles aient pour objet de couvrir de véritables frais professionnels et qu'elles correspondent aux frais réellement exposés par le salarié.

Il incombe à l'employeur de fournir la preuve que ces conditions sont effectivement remplies. Lorsque l'indemnisation prend la forme d'un remboursement de frais réels, la preuve est apportée par la production des pièces justificatives.

S'agissant des dépenses de transport, les remboursements de frais, calculés sur la base du barème kilométrique établi par l'Administration fiscale, sont exonérés de cotisations sociales de plein droit. Il en va différemment si une entreprise excède ce barème, car elle devra alors prouver la réalité de ces frais.

• Les primes et gratifications

Les primes et gratifications (treizième mois, prime de vacances, prime de fin d'année, prime de bilan, prime d'ancienneté, etc.) sont soumises à cotisations sociales, qu'elles soient bénévoles, c'est-à-dire octroyées à la discrétion de l'employeur, ou contractuelles, c'est-à-dire prévues par le contrat de travail ou des accords collectifs de travail.

- **Versement de transport et cotisation complémentaire d'aide au logement**

Ne sont tenus d'acquitter le versement de transport que les entreprises qui emploient plus de neuf salariés dans la région parisienne et certaines agglomérations de plus de 10 000 habitants.

De même, les cotisations d'aide au logement complémentaires de 0,4 % et 0,5 % ne sont dues que par les entreprises employant plus de 19 salariés.

L'entreprise Studioscan n'employant que deux salariés, ces deux cotisations ne sont pas à verser.

BULLETIN DE SALAIRE			
EMPLOYEUR	STUDIOSCAN	**SALARIE**	
ADRESSE :	50, Cours Vitton	NOM :	AUBRY
	67000 STRASBOURG	PRENOM :	Céline
N° SIRET :	350.579.586.00198	EMPLOI :	Analyste-programmeur
Code APE :	7304	N° S.S.	2 73 07 69 552 453
Compte URSSAF :	282.0.588066.1	ADRESSE :	18, rue d'Alsace
			67140 BARR

Période du .... 01/11/N au	**30/11/N**	
Salaire de base en euro pour 151,67 heures	2 500,00	
Heures sup. : 16,48 x 13 x 125%.......................	268,00	
SALAIRE BRUT TOTAL	**2 768,00**	

Cotisations	**Base**	**Part salariale**		**Part patronale**	
		%	**Montant**	**%**	**Montant**
URSSAF					
Assurance Maladie	2 768,00	0,75	20,76	13,10	362,61
Ass. Vieillesse s/Plafond	2 768,00	6,75	186,84	8,40	232,51
Ass. Vieillesse s/Totalité	2 768,00	0,10	2,77	1,60	44,29
Alloc. familiales	2 768,00			5,40	149,47
Alloc. logement s/Plafond	2 768,00			0,10	2,77
Accident du travail	2 768,00			3,00	83,04
CSG déductible	2 720,00	5,10	138,72		
CSG non déductible	2 720,00	2,40	65,28		
CRDS non déductible	2 720,00	0,50	13,60		
Assurance Chômage	2 768,00	2,40	66,43	4,00	110,72
AGS	2 768,00			0,30	8,30
Total URSSAF			***494,40***		***993,71***
RETRAITE					
Non cadre Tranche A	2 768,00	3,80	105,18	5,70	157,78
Total RETRAITE			***105,18***		***157,78***
Total Charges sociales			**599,58**		**1 151,49**

SALAIRE NET	**2 168,42**	
Indemnités non taxables :		
Indemnité de déplacement	**190,00**	
Retenues personnelles :		
Acompte versé le 15-11-N	**-700,00**	
NET A PAYER	**1 658,42**	Paiement le 30-11-N
NET IMPOSABLE	**2 247,30**	

BULLETIN DE SALAIRE			
EMPLOYEUR	STUDIOSCAN	**SALARIE**	
ADRESSE :	50, Cours Vitton	NOM :	Schroetter
	67000 STRASBOURG	PRENOM :	Christine
N° SIRET :	350.579.586.00198	EMPLOI :	Directrice
Code APE :	7304	N° S.S.	2 64 12 56 136 126
Compte URSSAF :	282.0.588066.1	ADRESSE :	7, rue des Champs
			67000 WOLFISHEIM

Période du	**01/11/N**	**au**	**30/11/N**
Salaire de base forfaitaire en euro			8 000,00
SALAIRE BRUT TOTAL			**8 000,00**

Cotisations	Base	Part salariale		Part patronale	
		%	Montant	%	Montant
URSSAF					
Assurance Maladie	8 000,00	0,75	60,00	13,10	1 048,00
Ass. Vieillesse s/Plafond	3 086,00	6,75	208,31	8,40	259,22
Ass. Vieillesse s/Totalité	8 000,00	0,10	8,00	1,60	128,00
Alloc. familiales	8 000,00			5,40	432,00
Alloc. logement s/Plafond	3 086,00			0,10	3,09
Accident du travail	8 000,00			3,00	240,00
CSG déductible	7 860,00	5,10	400,85		
CSG non déductible	7 860,00	2,40	188,64		
CRDS non déductible	7 860,00	0,50	39,30		
Assurance Chômage	8 000,00	2,40	192,00	4,00	320,00
AGS	8 000,00			0,30	24,00
Total URSSAF			***1 097,10***		***2 454,31***
RETRAITE					
Cadre Tranche A	3 086,00	3,80	117,27	5,70	175,90
Cadre Tranche B	4 914,00	8,60	422,60	13,90	683,05
CET	8 000,00	0,13	10,40	0,22	17,60
Prévoyance décès	3 086,00			1,50	46,29
APEC	8 000,00	0,024	1,92	0,036	2,88
Total RETRAITE			***552,19***		***925,72***
Total Charges sociales			**1 649,29**		**3 380,03**
SALAIRE NET			**6 350,71**		
Indemnités non taxables :					
Retenues personnelles :					
NET A PAYER			**6 350,71**	Paiement le 30-11-N	
NET IMPOSABLE			**6 578,65**		

2 • Tenue (facultative) d'un livre de paie *(voir page suivante)*

Le livre de paie est un registre sur lequel sont reportées toutes les mentions chiffrées des bulletins de paie. La tenue de ce registre n'est plus une obligation pour l'employeur, celle-ci ayant été remplacée par l'obligation de conserver un double des bulletins de paie. Il présente néanmoins une utilité, car il permet de centraliser l'ensemble des éléments de la paie, préalablement à leur comptabilisation.

3 • Calcul des cotisations sociales patronales

Les charges sociales à verser aux organismes sociaux sont égales à la somme des cotisations salariales précomptées sur les salaires et des cotisations patronales supportées par l'employeur. Les montants portés sur les déclarations sociales sont obtenus par l'application des taux globaux (taux salarial – taux patronal) aux rémunérations brutes (totales ou plafonnées). Le montant des cotisations patronales est alors obtenu par différence entre les montants globaux et les cotisations salariales, tels qu'ils figurent sur le livre de paie.

Le tableau suivant détermine le montant des cotisations patronales supportées par l'entreprise Studioscan au mois de novembre N.

Déclarations aux organismes sociaux	Base	Taux global	Cotisations totales 1	Cotisations salariales 2	Cotisations patronales 1 – 2
1. URSSAF					
Sur salaires totaux	10 768,00	30,65 %	3 300,39	339,19	2 961,20
Sur salaires totaux x 98,25 %	10 580,00	8,00 %	846,39	846,39	0,00
Sur salaires plafonnés à 1 x P	5 854,00	15,25 %	892,74	405,92	486,82
		Total 1	5 039,52	1 591,50	3 448,02
2. RETRAITE COMPLÉMENTAIRE					
Sur tranche A – Cadre	3 086,00	11,00 %	339,46	117,27	222,19
Sur tranche B – Cadre	4 914,00	22,50 %	1 105,65	422,60	683,05
Sur salaire total – Cadre	8 000,00	0,41 %	32,80	12,32	20,48
Sur Tranche A – Non cadre	2 768,00	9,50 %	262,96	105,18	157,78
Sur sal. 1 à 3 x SS – Non cadre	0,00	22,20 %			
		Total 2	1 740,87	657,37	1 083,50
		Total cotisations à verser	6 780,39	2 248,87	4 531,52

Mois de novembre N			LIVRE DE PAIE				
NOM Prénom	Fonction	N° Sécurité Sociale	Salaires Bruts	Salaires Plafonnés	URSSAI		
					Maladie	Vieillesse	CS CR
SCHROETTER C.	Directrice	2 64 12 56 136 126	8 000	3 086	60,00	216,31	628
AUBRY C.	Analyste	2 73 07 69 552 453	2 768	2 768	20,76	189,61	217
		TOTAUX	**10 768**	**5 854**	**80,76**	**405,92**	**846**
							1 591,5

4 • Traitement comptable

Les informations issues du livre de paie permettent de comptabiliser les salaires à payer au titre de chaque mois.

• Versement de l'avance à Mlle Aubry

	15-11-N		
425	Personnel - Avances et acomptes	700,00	
512	Banque		700,00
	Chèque n°... Acompte sur salaire à Aubry		

• Enregistrement des salaires, des retenues sur salaires et des charges patronales

	30-11-N		
641	Rémunérations du personnel	10 768,00	
6251	Voyages et déplacements	190,00	
421	Personnel – Rémunérations dues		10 958,00
	Salaires bruts novembre N, selon livre de paie – Folio n°11		
	d°		
421	Personnel - Rémunérations dues	2 948,87	
431	Sécurité sociale		1 591,50
4371	Caisse de retraite complémentaire		657,37
425	Personnel – Avances et acomptes		700,00
	Retenues sur salaires novembre N, selon livre de paie – Folio n°11		

Le solde du compte 421. *Personnel – Rémunérations dues*, soit (10 958,00 – 2 948,87) = 8 009,13 €, représente le montant net à verser au personnel au titre du mois de novembre.

						Folio n°11		
RETENUES						Salaires Nets	– Avances – Oppositions + indemnités	NET À PAYER
…ômage	CAISSES DE RETRAITE							
	Retraite cadres			Retraite non cadres				
	Tr. A	Tr. B	Sal. tot.					
…2,00	117,27	422,60	12,32			6 350,71		6 350,71
…6,43				105,18		2 168,42	–510,00	1 658,52
…8,43	**117,27**	**422,60**	**12,32**	**105,18**		**8 519,13**	**–510,00**	**8 009,13**
	657,37							

	30-11-N		
645	Charges de sécurité sociale et de prévoyance	4 531,52	
431	Sécurité sociale		3 448,02
4371	Caisse de retraite complémentaire		1 083,50
	Charges patronales du mois de novembre		

• Paiement des salaires nets et versement des cotisations sociales

Dans l'entreprise Studioscan, le paiement des salaires est effectué le dernier jour du mois.

	30-11-N		
421	Personnel – Rémunérations dues	8 009,13	
512	Banque		8 009,13
	Règlement des salaires du mois de novembre N		

• Paiement des cotisations sociales aux organismes sociaux

Les cotisations sociales sont versées périodiquement par l'employeur.

La fréquence de versement des cotisations URSSAF ① et ASSEDIC ② dépend de l'effectif de l'entreprise :

– employeurs occupant moins de 10 salariés : le 15 du mois suivant le trimestre civil ;

– employeurs occupant au moins 10 salariés : le 15 du mois suivant ;

– employeurs occupant au moins 50 salariés : le 5 du mois suivant.

Les cotisations de retraite complémentaire sont généralement payées trimestriellement.

L'entreprise Studioscan n'employant que deux salariés, les cotisations sociales relatives au mois de novembre N seront exigibles le 15 janvier N+1.

	15-01-N+1		
431	Sécurité sociale	5 039,52	
4371	Caisse de retraite complémentaire	1 740,87	
512	Banque		6 780,39
	Règlement des charges sociales du mois de novembre		

5 • Pourquoi le salaire imposable n'est-il pas le salaire net ?

En principe, les cotisations sociales supportées par les salariés sont déductibles de l'assiette de l'impôt sur le revenu des personnes physiques (IRPP). C'est donc le salaire net de cotisations sociales qui sert de base au calcul de cet impôt.

Dans les années 1990 ont été instituées deux contributions à caractère social, la **CSG (Contribution Sociale Généralisée)** et la **CRDS (Contribution au Remboursement de la Dette Sociale)**, assises non seulement sur les revenus d'activité (salaires et assimilés, revenus professionnels non salariés), mais aussi sur les revenus de remplacement (pensions de retraite, allocations chômage) et du capital (revenus fonciers, revenus des capitaux mobiliers, plus-values, etc.).

Ces cotisations, créées en vue de diversifier le financement de la sécurité sociale, sont assises sur 98,25 % des salaires bruts. Elles constituent des prélèvements à caractère fiscal et non social, mais dont le recouvrement est assuré par l'URSSAF.

Ces caractéristiques expliquent pourquoi ces contributions ne sont pas déductibles en totalité des bases de calcul de l'impôt sur le revenu. Cette déductibilité aurait du reste eu pour conséquence de favoriser les salariés imposés dans les tranches les plus élevés de l'IRPP.

La CRDS n'est pas déductible du revenu imposable. Quant à la CSG, sur un total de 7,5 %, 5,1 % sont déductibles et 2,4 % ne sont pas déductibles du revenu imposable à l'IRPP. Pour déterminer le salaire imposable à l'impôt sur le revenu, il convient donc de réintégrer au salaire net un montant égal à :

Salaire brut x 98,25 % x 2,9 % *(2,4 % + 0,5 %).*

Par exemple, le salaire imposable de Céline Aubry se calcule comme suit (voir bulletin de salaire) :

Salaire net	2 168,42
+ CSG non déductible (2,4 %)	65,28
+ CRDS non déductible (0,5 %)	13,60

= Salaire imposable	2 247,30

PARTIE 3

Travaux d'inventaire et documents de synthèse

Testez vos connaissances

☛ **Une seule réponse juste par question**

1 • Lorsque le compte *6031. Variation des stocks de matières premières* présente un solde débiteur, cela signifie que :

A – L'entreprise a consommé pendant l'exercice davantage de matières premières qu'elle n'en a achetées.

B – L'entreprise a acheté pendant l'exercice davantage de matières premières qu'elle n'en a consommées.

C – L'entreprise a consommé pendant l'exercice plus de matières premières qu'au cours de l'exercice précédent.

D – L'entreprise a consommé pendant l'exercice moins de matières premières qu'au cours de l'exercice précédent.

2 • Lorsque le poste *Production stockée* du compte de résultat est négatif, cela signifie que :

A – L'entreprise est en situation de déstockage entre le début et la fin de l'exercice.

B – L'entreprise est en situation de surstockage entre le début et la fin de l'exercice.

C – L'entreprise a fabriqué plus de produits qu'elle n'en a vendus.

D – La capacité de production de l'entreprise est à saturation.

3 • En période d'inflation, le choix de la méthode **FIFO (First-In-First-Out)** a pour conséquence, par rapport à la méthode du coût moyen pondéré :

A – D'augmenter le résultat de l'exercice.

B – De diminuer le résultat de l'exercice.

C – De laisser inchangé le résultat de l'exercice.

D – D'augmenter la trésorerie de l'exercice sans augmenter le résultat.

4 • Selon le PCG, l'**amortissement** en comptabilité correspond :

A – À la constatation de la dépréciation d'un actif.

B – À la consommation des avantages économiques attendus d'un actif.

C – À la constatation du remboursement d'un emprunt.

D – À une ressource d'autofinancement permettant de renouveler un actif.

5 • Un actif est amorti sur :

A – Une durée fixée par le Code général des impôts.

B – Une durée librement choisie par le chef d'entreprise.

C – Sa durée probable de vie.

D – Sa durée probable d'utilisation.

6 • Quel critère permet de dire qu'un actif est amortissable :

A – Sa durée d'utilisation est indéfinie.

B – Sa durée d'utilisation est déterminable.

C – Il se déprécie de façon irréversible.

D – Il a une durée de vie supérieure à un an.

7 • Il est possible de modifier un plan d'amortissement en cours :

A – Lorsque l'entreprise souhaite passer d'un mode d'amortissement à un autre.

B – Lorsqu'il apparaît qu'un actif se déprécie plus vite que prévu.

C – Lorsque des changements significatifs sont intervenus dans ses conditions d'utilisation.

D – Lorsque l'entreprise subit des pertes.

8 • Une entreprise fait l'acquisition d'un matériel industriel pour un montant de 30 000 € HT (TVA au taux normal) le 15 avril N. Ce matériel est mis en service le 1er juin N. Sachant que sa durée d'amortissement est de 5 ans et que sa valeur de revente est estimée à 15 % de sa valeur d'origine en fin de période, quel sera le montant de l'annuité d'amortissement enregistrée à la clôture du 31-12-N, en supposant que l'entreprise retienne le mode linéaire ?

A – 2 975 €. B – 3 500 €. C – 3 612 €. D – 4 186 €.

9 • Si aujourd'hui, le Gouvernement décidait d'augmenter les coefficients du **système dégressif fiscal** d'un demi-point, cela aurait-il pour conséquence sur les prochains comptes annuels :

A – D'augmenter les résultats des entreprises et de diminuer l'impôt sur les bénéfices.

B – De diminuer les résultats des entreprises et l'impôt sur les bénéfices.

C – De diminuer les résultats des entreprises et d'augmenter l'impôt sur les bénéfices.

D –De ne modifier ni les résultats des entreprises ni l'impôt sur les bénéfices.

10 • Le traitement comptable des **amortissements fiscaux** permet de neutraliser l'incidence des **amortissements dérogatoires** sur :

A – Le résultat courant et les valeurs nettes comptables des immobilisations.

B – Le résultat net de l'exercice et l'actif net de l'entreprise.

C – Les capitaux propres et le résultat exceptionnel.

D – Le résultat fiscal.

11 • À la clôture de l'exercice, les **titres de participation** doivent faire l'objet d'une évaluation :

A – À leur valeur de remplacement. B – À leur valeur vénale.

C – À leur valeur d'acquisition. D –À leur valeur d'utilité.

12 • Un **test de dépréciation** consiste à comparer la valeur comptable nette d'un actif à sa :

A – Valeur actuelle. B – Valeur vénale. C – Valeur d'acquisition. D – Valeur d'usage.

13 • La **valeur actuelle** d'un actif est :

A – La plus faible de la valeur d'usage et de la valeur vénale.

B – La plus élevée de la valeur d'usage et de la valeur vénale.

C – La plus élevée de la valeur d'acquisition et de la valeur de remplacement.

D – La plus faible de la valeur d'acquisition et de la valeur de remplacement.

14 • La **valeur d'usage** d'un actif est :

A – Le prix qu'il faudrait décaisser pour acquérir cet actif.

B – La valeur des avantages économiques futurs attendus de l'utilisation de cet actif.

C – Le montant qui pourrait être obtenu de la vente de cet actif lors d'une transaction conclue à des conditions normales de marché.

D – Aucune réponse ne convient.

15 • Les **dépréciations de créances clients** se calculent généralement en appliquant un pourcentage au :

A – Montant hors taxes du chiffre d'affaires de l'exercice.

B – Montant TTC du chiffre d'affaires de l'exercice.

C – Montant hors taxes de chaque créance douteuse.

D – Montant TTC de chaque créance douteuse.

16 • Une créance sur un client d'un montant de 28 200 € TTC est douteuse à la clôture de l'exercice N. L'entreprise estime le risque de non-recouvrement de celle-ci à 70 % à cette date. Sachant que cette créance a déjà fait l'objet d'une dépréciation à hauteur de 30 % de son montant à la clôture de l'exercice N–1, il convient d'enregistrer au 31-12-N une dotation aux dépréciations de :

A – 9 400 € B – 11 280 € C – 16 450 € D – 19 740 €

17 • En comptabilité, une **provision** est :

A – Un passif certain.

B – Un passif éventuel.

C – Un passif dont l'échéance ou le montant est incertain.

D – Une dette certaine quant à sa réalisation, mais incertaine quant à son montant.

18 • L'une des provisions suivantes n'est pas une **provision** au sens comptable du terme. Laquelle ?

A – Provision pour impôts.

B – Provision pour hausse des prix.

C – Provision pour pertes de change.

D – Provision pour garanties données aux clients.

19 • Une **provision réglementée** est :

A – Une charge décaissable que l'entreprise doit comptabiliser en vertu de dispositions légales.

B – Une charge décaissable que l'entreprise peut comptabiliser en vertu de dispositions légales.

C – Une charge non décaissable que l'entreprise doit comptabiliser en vertu de dispositions légales.

D – Une charge non décaissable que l'entreprise peut comptabiliser en vertu de dispositions légales.

20 • Les **provisions réglementées** permettent :

A – De diminuer le résultat fiscal sans diminuer le résultat comptable.

B – De prendre en compte les conséquences sur le résultat des changements de réglementation comptable.

C – De prendre en compte les conséquences sur le résultat des changements de réglementation fiscale.

D – De diminuer l'impôt sur les bénéfices.

21 • Les plus- ou moins-values sur cessions de valeurs mobilières de placement sont enregistrées :

A – Dans le résultat d'exploitation. B – Dans le résultat financier.

C – Dans le résultat exceptionnel. D – Dans aucun de ces résultats.

22 • La cession au prix de 500 k€ d'une **participation** de 40 % dans une filiale, acquise 300 k€ et dépréciée au bilan à hauteur de 150 k€, entraîne au titre de l'exercice de cession (avant impôt sur les bénéfices) :

A – Une augmentation du résultat de l'exercice de 50 k€.

B – Une augmentation du résultat de l'exercice de 350 k€.

C – Une augmentation de 200 k€ du résultat financier et de 150 k€ du résultat exceptionnel.

D – Une augmentation du résultat courant de 50 k€.

23 • Quelles sont les caractéristiques d'une **charge à payer** ?

A – Nature, réalisation, échéance et montant certains.

B – Nature et réalisation certaines, mais échéance ou montant incertain.

C – Nature certaine, mais réalisation, échéance et montant incertains.

D – Nature, réalisation, échéance et montant incertains.

24 • Les **produits constatés d'avance**, enregistrés à la clôture d'un exercice, correspondent à :

A – Des produits comptabilisés au cours de l'exercice, mais qui se rapportent à l'exercice précédent.

B – Des produits comptabilisés au cours de l'exercice, mais qui se rapportent à l'exercice suivant.

C – Des produits non encore comptabilisés, mais qu'il faut rattacher à l'exercice en cours.

D – Aucune proposition ne convient.

25 • Une seule des charges suivantes peut être inscrite en **charges à répartir sur plusieurs exercices** :

A – Frais d'émission d'emprunts.

B – Campagne publicitaire de lancement d'un nouveau produit.

C – Honoraires et frais d'actes relatifs à une acquisition immobilière.

D – Frais de mise en service d'une nouvelle machine.

26 • Les **écarts de conversion – actif** qui apparaissent au bas du bilan représentent :

A – Des pertes latentes dues à une diminution des créances ou à une augmentation des dettes.

B – Des pertes définitives dues à une diminution des créances ou à une augmentation des dettes.

C – Des gains latents dus à une augmentation des créances ou à une diminution des dettes.

D – Des gains définitifs dus à une augmentation des créances ou à une diminution des dettes.

27 • Quel principe comptable justifie l'échelonnement sur plusieurs exercices de la constatation en produits des **subventions d'investissement** ?

A – Le principe de prudence.

B – Le principe d'indépendance des exercices.

C – Le principe de permanence des méthodes.

D – Le principe de continuité de l'exploitation.

28 • La mission principale du **commissaire aux comptes** est :

A – D'établir les comptes. B – D'approuver les comptes.

C – De certifier les comptes. D – De garantir les comptes.

29 • Un seul des événements suivants n'a aucune incidence sur le bilan ou le compte de résultat :

A – L'incendie d'un bâtiment industriel.

B – La signature d'une caution bancaire.

C – La cession d'une marque.

D – L'augmentation de la valeur d'une créance sur un client tunisien, suite à la hausse du cours du dinar.

30 • Le **superdividende** correspond à :

A – Un dividende exceptionnel versé uniquement à certains actionnaires.

B – La fraction du dividende versée aux actionnaires en vertu d'une clause statutaire.

C – La fraction du dividende versée aux actionnaires en supplément du dividende statutaire.

D – Le montant total du dividende versé aux actionnaires.

■ Réponses au QCM n° 3

1 • A Cela signifie également que le stock de matières premières a diminué entre le début et la fin de l'exercice.

2 • A Cela signifie également que l'entreprise a vendu pendant l'exercice plus de produits qu'elle n'en a fabriqués.

3 • A Car la méthode FIFO valorise le stock final aux coûts des dernières entrées en stock de l'exercice, donc à un coût plus élevé qu'en début d'exercice en période d'inflation. La valorisation du stock final est alors surestimée par rapport à la méthode du coût moyen pondéré.

4 • B Selon le PCG (art. 322-1), l'amortissement est la constatation comptable de la consommation des avantages économiques attendus d'un actif.

5 • D Selon le même article du PCG (art. 322-1), l'amortissement consiste à répartir systématiquement le coût d'un actif sur sa durée probable d'utilisation.

6 • B Un actif est amortissable lorsque son utilisation est limitée dans le temps, notamment pour des raisons physiques, techniques ou juridiques.

7 • C Les changements de méthodes doivent être justifiés dans l'annexe.

8 • A La base d'amortissement est constituée par la valeur brute de l'immobilisation, sous déduction de sa valeur résiduelle, c'est-à-dire de la valeur vénale de l'actif à la fin de son utilisation diminuée des coûts de sortie, lorsque celle-ci présente un caractère significatif. L'amortissement d'un actif commence à la date de début de consommation des avantages économiques qui lui sont attachés, c'est-à-dire à la mise en service de l'actif. La dotation aux amortissements au 31-12-N est donc ici égale à : (30 000 x 85 % x 20 % x 7/12) = 2 975 €.

9 • B Le taux dégressif serait alors plus fort et les charges d'amortissements plus élevées, provoquant ainsi une diminution du résultat comptable et fiscal et par voie de conséquence de l'impôt sur les bénéfices. Mais, l'avantage fiscal qui en résulterait ne serait que temporaire car le total de la déduction sur la période d'amortissement n'excède jamais le montant de la base amortissable.

10 • A Les amortissements dérogatoires affectent le résultat exceptionnel (et donc le résultat net de l'exercice) et apparaissent dans les capitaux propres (comme des réserves). Ils n'ont donc aucune incidence, ni sur la valeur comptable nette des immobilisations, ni sur le résultat courant. C'est précisément le but recherché car les amortissements dérogatoires ne se justifient que par la volonté de l'entreprise de comptabiliser des amortissements fiscaux accélérés par rapport au rythme d'amortissement justifié sur un plan comptable. Cet enregistrement, prévu par le PCG, permet ainsi de ne pas fausser la valeur comptable des actifs et le résultat courant.

11 • D La valeur d'utilité est le prix que l'entreprise accepterait de décaisser pour acquérir cette participation, si elle avait à l'acquérir. Cette valeur n'est pas fondée uniquement sur le cours de Bourse, car les titres de participation permettent par définition d'exercer une influence notable, voire un contrôle exclusif sur une société. Leur valeur d'utilité peut donc être différente de la valeur de marché.

12 • A Un test de dépréciation doit être effectué s'il existe un indice montrant qu'une immobilisation ait pu perdre de la valeur. Les indices utilisés sont à la fois externes (valeurs de marché, changements de taux d'intérêts ou de rendement) ou internes (obsolescence, dégradations physiques, changements importants dans les conditions d'utilisation, performances inférieures aux prévisions). Ce test consiste à comparer la valeur actuelle et la valeur nette comptable.

13 • B La valeur actuelle est la plus élevée de la valeur vénale ou de la valeur d'usage.

14 • B La valeur d'usage est la valeur des avantages économiques futurs attendus de l'actif. En règle générale, elle correspond à la valeur actualisée des flux nets de trésorerie attendus.

15 • C Les dépréciations de créances se calculent par l'application d'un pourcentage sur le montant hors taxes de chaque créance et non sur le montant TTC car le Trésor public rembourse la TVA collectée à l'entreprise en cas d'insolvabilité définitive du client ou d'abandon des poursuites. Le risque réel pour l'entreprise ne porte donc que sur le montant hors taxes.

16 • A Une dépréciation ayant déjà été enregistrée à la clôture de l'exercice N–1, il convient d'augmenter le montant de celle-ci à la clôture de l'exercice N, soit une dotation complémentaire de : (28 200/1,20) x (70 % – 30 %) = 9 400 €.

17 • C Selon le PCG (art. 212-3), une provision est un passif dont l'échéance ou le montant n'est pas fixé de façon précise.

18 • B La provision pour hausse des prix est une provision réglementée, donc une provision à caractère uniquement fiscal qui ne répond pas à la définition comptable d'une provision.

19 • D Selon le PCG (art. 441-14), les provisions réglementées sont des provisions qui ne correspondent pas à l'objet normal d'une provision. Elles ne traduisent, ni dépréciations, ni charges décaissables, ni risques prévisibles. Elles sont facultatives, temporaires et généralement autorisées par le Code général des impôts.

20 • D Pour être déductibles du résultat fiscal, les provisions réglementées doivent être enregistrées comptablement. Elles permettent ainsi une diminution de l'impôt sur les bénéfices. Mais cet avantage fiscal est généralement temporaire car le Code général des impôts prévoit leur réintégration dans les résultats au terme d'une certaine période qui varie selon les provisions.

21 • B Les plus- ou moins-values sur cessions de valeurs mobilières de placement sont enregistrées dans des comptes de produits ou charges financiers car elles traduisent des opérations qui relèvent de la gestion financière de l'entreprise.

22 • B Soit une plus-value de (500 – 300) = 200 k€ en résultat exceptionnel, plus la reprise de la dépréciation des titres de 150 k€ en résultat financier.

23 • B Les *Charges à payer* sont des passifs dont l'exigibilité est certaine, mais dont le montant ou l'échéance est affecté d'incertitude. Cette incertitude est néanmoins plus faible que pour les *provisions*.

24 • B Les *Produits constatés d'avance* sont des produits perçus ou comptabilisés au cours de l'exercice, mais qui correspondent à des prestations ou fournitures qui seront effectuées ou livrées l'exercice suivant. Ils sont inscrits au bas de l'actif du bilan dans le poste *Produits constatés d'avance*.

25 • A Seuls les frais d'émission d'emprunts peuvent être inscrits en *Charges à répartir sur plusieurs exercices*. La campagne publicitaire doit être inscrite en charges. Les honoraires et frais d'actes peuvent être au choix de l'entreprise, soit inclus dans le coût d'acquisition de l'immeuble, soit enregistrés en charges. Les frais de mise en service d'une nouvelle machine sont inclus dans le coût d'acquisition de l'immobilisation.

26 • A Ces écarts entraînent l'enregistrement de provisions pour pertes de change.

27 • B Le principe d'indépendance des exercices conduit à répartir le produit résultant de l'octroi d'une subvention d'investissement sur la durée d'amortissement de l'investissement subventionné.

28 • C Le commissaire aux comptes certifie la régularité et la sincérité des comptes annuels.

29 • B La signature d'un acte de caution bancaire ne fait l'objet d'aucun enregistrement comptable car une caution est un passif éventuel, c'est-à-dire une obligation potentielle à l'égard d'un tiers dont l'existence ne sera confirmée que par la survenance d'un événement futur incertain qui n'est pas totalement sous le contrôle de l'entreprise. Cet engagement conditionnel par nature, ne peut apparaître dans le bilan, ni sous forme de dettes, ni sous forme de provisions, car sa réalisation n'est ni certaine, ni même probable. Ces engagements dits « hors bilan » font l'objet d'une information dans l'annexe s'ils sont significatifs.

30 • C C'est l'assemblée générale ordinaire des actionnaires qui prend la décision de distribuer le superdividende (ou deuxième dividende), en plus de l'intérêt (ou dividende) statutaire.

[redacted]

Traitement comptable des stocks

■ Énoncé

La société Zirn, spécialisée dans les produits biologiques, est une entreprise à la fois industrielle et commerciale. Elle assure la fabrication de certains produits qu'elle commercialise sous sa propre marque et distribue en grandes surfaces des produits sélectionnés auprès de fabricants spécialisés.

Le service comptable vous communique un extrait de la balance au 31-12-N, avant l'inventaire des stocks.

Extrait de la balance au 31-12-N – Avant inventaire

N°	Intitulés des comptes	Soldes	
		Débiteurs	Créditeurs
311	Stocks de matières premières	84 000	
331	Stocks de produits en cours	42 000	
355	Stocks de produits finis	269 000	
371	Stocks de marchandises	375 000	
3955	Dépréciations des stocks de produits finis		24 600
3971	Dépréciations des stocks de marchandises		13 900
601	Achats de matières premières	194 400	
607	Achats de marchandises	260 000	
6091	R.R.R. obtenus sur achats de matières premières		9 400
6097	R.R.R. obtenus sur achats de marchandises		10 000
701	Ventes de produits finis		950 500
707	Ventes de marchandises		310 700
7091	R.R.R. accordés par l'entreprise sur ventes de produits finis	12 500	
7097	R.R.R. accordés par l'entreprise sur ventes de marchandises	8 700	
72	Production immobilisée		29 000

Au 31-12-N, l'inventaire physique des stocks fait ressortir les montants suivants :

– Matières premières .... 75 000 €

– Produits en cours .... 56 000 €

– Produits finis .... 242 000 €

– Marchandises .... 400 000 €

Les stocks initiaux de produits et marchandises ont été intégralement vendus au cours de l'exercice N. Au 31-12-N, les responsables de l'inventaire observent qu'un important lot de 10 000 marchandises, dont le coût d'acquisition est de 23,40 € l'article, est défraîchi. Leur valeur unitaire de vente est estimée à 15 €.

Mission

1. Enregistrez au livre-journal les écritures de variation des stocks.
2. Régularisez les opérations relatives aux dépréciations de stocks.
3. Présentez un extrait du bilan et du compte de résultat après inventaire.
4. Calculez les indicateurs suivants :
- le coût d'achat des marchandises vendues ;
- la marge commerciale ;
- la consommation de matières premières ;
- la production de l'exercice.

■ Solution

1 • Enregistrements des variations de stocks à l'inventaire

L'enregistrement des variations de stocks s'effectue en deux temps :

1. Annulation des stocks initiaux.
2. Création des stocks finaux.

	31-12-N		
6031	Variation des stocks de matières premières	84 000	
6037	Variation des stocks de marchandises	375 000	
7133	Variation des en-cours de production de biens	42 000	
7135	Variation des stocks de produits	269 000	
311	Stocks de matières premières		84 000
331	Stocks de produits en cours		42 000
355	Stocks de produits finis		269 000
371	Stocks de marchandises		375 000
	Annulation du stock initial		
	d°		
311	Stocks de matières premières	75 000	
331	Stocks de produits en cours	56 000	
355	Stocks de produits finis	242 000	
371	Stocks de marchandises	400 000	
6031	Variation des stocks de matières premières		75 000
6037	Variation des stocks de marchandises		400 000
7133	Variation des en-cours de production de biens		56 000
7135	Variation des stocks de produits		242 000
	Stock final selon inventaire physique		

2 • Régularisation des dépréciations

L'intégralité des stocks initiaux de marchandises et de produits finis ayant été vendue au cours de l'exercice, les dépréciations inscrites au bilan de l'exercice précédent doivent être reprises au résultat.

En revanche, les dépréciations constatées sur le stock final lors de l'inventaire doivent faire l'objet de nouvelles dépréciations. Ainsi, il convient d'enregistrer une dépréciation sur le lot de marchandises défraîchi de :
10 000 x (23,40 – 15,00) = 84 000 €.

	31-12-N		
3955	Dépréciations des stocks de produits finis	24 600	
3971	Dépréciations des stocks de marchandises	13 900	
7817	Reprises sur dépréciations des actifs circulants		38 500
	Annulation des dépréciations de l'exercice N–1		
	d°		
6817	Dotations aux dépréciations des actifs circulants	84 000	
3971	Dépréciations des stocks de marchandises		84 000
	Dépréciations des marchandises au 31-12-N		

3 • Extrait du bilan et du compte de résultat après inventaire

À l'inventaire, les comptes 609. *R.R.R. obtenus sur achats et 709. R.R.R. accordés par l'entreprise* doivent être soldés en contrepartie des comptes d'achats et de ventes correspondants.

	31-12-N		
6091	R.R.R. obtenus sur achats de matières premières	9 400	
6097	R.R.R. obtenus sur achats de marchandises	10 000	
601	Achats de matières premières		9 400
607	Achats de marchandises		10 000
	d°		
701	Ventes de produits finis	12 500	
707	Ventes de marchandises	8 700	
7091	R.R.R. accordés par l'entreprise sur ventes de produits finis		12 500
7097	R.R.R. accordés par l'entreprise sur ventes de marchandises		8 700

À la suite des écritures d'inventaire, les comptes de variation de stocks présentent les soldes suivants :

6031. Variation des stocks de matières premières

84 000	75 000

Solde débiteur : 9 000

6037. Variation des stocks de marchandises

375 000	400 000

Solde créditeur : 25 000

7133. Variation des en-cours de production de biens

42 000	56 000

Solde débiteur : 14 000

7135. Variation des stocks de produits

269 000	242 000

Solde créditeur : 27 000

Après les opérations d'inventaire, les extraits du bilan et du compte de résultat se présentent comme suit :

Extrait du Bilan ZIRN au 31-12-N

ACTIF	Brut	Dépréciations	Net
Stocks et en-cours :			
Matières premières	75 000	-	75 000
En-cours de production	56 000	-	56 000
Produits finis	242 000	-	242 000
Marchandises	400 000	84 000	316 000

Extrait du Compte de résultat ZIRN de l'exercice N

CHARGES D'EXPLOITATION		PRODUITS D'EXPLOITATION	
Achats de marchandises	250 000	Ventes de marchandises	302 000
Variation de stocks de marchandises (1)	–25 000	Production vendue	938 000
		Montant net du chiffre d'affaires	1 240 000
Achats de matières premières	185 000	Production stockée (3)	–13 000
Variation de stocks de matières premières (2)	9 000	Production immobilisée	29 000
…		…	
Dotations aux dépréciations	84 000	Reprises sur dépréciations	38 500
…		…	

(1) : (375 000 – 400 000) = – 25 000
(2) : (84 000 – 75 000) = 9 000
(3) : (56 000 – 42 000) + (242 000 – 269 000) = – 13 000

4 • Calcul de quelques indicateurs de gestion

■ Coût d'achat des marchandises vendues

	Achats de marchandises	250 000
+	Variation des stocks de marchandises	(25 000)
=	Coût d'achat des marchandises vendues	225 000

On peut remarquer qu'en supposant les prix d'achat sensiblement constants sur la période, l'entreprise Zirn a vendu moins de marchandises qu'elle n'en a achetées, ce qui explique l'augmentation de son stock.

■ Marge commerciale

L'enregistrement de la variation des stocks de marchandises permet de calculer un indicateur de gestion très couramment utilisé : la **marge commerciale**. Celle-ci est égale à :

	Ventes de marchandises	302 000
–	Coût d'achat des marchandises vendues	(225 000)
=	Marge commerciale	77 000

Soit un **taux de marque** de (77/302) x 100 = 25,5 %

La marge commerciale est un indicateur essentiel de l'activité des entreprises commerciales. Il mesure le montant que l'entreprise tire de son activité, avant prise en compte des frais généraux, des frais financiers ou exceptionnels. De plus, étant homogène pour une branche d'activité donnée, il se prête facilement aux comparaisons interentreprises.

■ Consommations de matières premières

	Achats de matières premières	185 000
+	Variation des stocks de matières premières.	9 000

=	Consommations de matières premières	194 000

On peut remarquer qu'en supposant les prix d'achat sensiblement constants sur la période, l'entreprise Zirn a consommé plus de matières premières qu'elle n'en a achetées, ce qui explique la diminution de son stock.

■ Production de l'exercice

La production totale de l'exercice est égale à :

	Production vendue	938 000
–	Production déstockée	(13 000)
+	Production immobilisée	29 000

=	Production de l'exercice	954 000

La production de l'exercice est un indicateur du niveau d'activité des entreprises industrielles et de services. On peut remarquer que cet indicateur n'est pas homogène, car la production vendue est valorisée au prix de vente, alors que la part de la production restée dans l'entreprise pour accroître ses stocks (production stockée) ainsi que les équipements produits pour l'entreprise elle-même (production immobilisée) sont valorisés au coût de production.

[redacted]

Amortissements et dépréciations des immobilisations

■ Énoncé

La société Granger est une PME créée le 1er juillet N-2 dans le secteur de la robotique. Vous êtes chargé par son gérant de traiter le dossier des immobilisations au 31-12-N. À cet effet, on vous remet un ensemble d'informations vous permettant d'effectuer les opérations d'inventaire en matière d'amortissements et de dépréciations d'immobilisations de l'exercice N.

Extrait de la balance GRANGER au 31-12-N – Avant inventaire

N°	Intitulés des comptes	Soldes	
		Débiteurs	Créditeurs
145	Amortissements dérogatoires		55 725
201	Frais d'établissement	90 000	
205	Logiciels	42 000	
213	Terrains	230 000	
213	Constructions	500 000	
215	Installations techniques, matériels et outillages industriels	300 000	
2182	Matériel de transport	54 000	
2183	Matériel de bureau et matériel informatique	96 000	
2801	Amortissements des frais d'établissement		60 000
2805	Amortissements des logiciels		3 500
2813	Amortissements des constructions		18 750
2815	Amortissements des installations techniques, matériels et outillages industriels		81 000
28182	Amortissements du matériel de transport		23 625
2911	Dépréciations des terrains		120 000

Registre des immobilisations au 31-12-N					Société GRANGER
	Coût d'acquisition	Date d'acquisition	Date de mise en service	Durée d'utilisation	Mode d'amt.
Frais d'établissement	90 000	N–2	-	3 ans	Linéaire
Logiciel Gesprod	42 000	01-10-N–1	01-10-N–1	3 ans	Linéaire
Terrain	230 000	01-07-N–2	01-07-N–2	-	-
Construction	500 000	01-07-N–2	01-07-N–2	?	Linéaire
Matériel MX3	180 000	12-07-N–2	01-08-N–2	5 ans	Linéaire
Matériel MX7	120 000	12-10-N–2	01-01-N–1	4 ans	Linéaire
Véhicule Mercedes E	54 000	15-02-N–2	01-04-N–2	?	Linéaire
Matériel informatique	96 000	25-07-N	01-10-N	3 ans	Linéaire

■ **Autres informations**

• **Amortissements des immobilisations**

– Les frais d'établissement correspondent aux dépenses liées à la création de la société.

– La société Granger amortit ses immobilisations selon le mode linéaire qui, à défaut de méthode plus appropriée, traduit le mieux le rythme de consommations des avantages économiques futurs.

– Le Code général des impôts autorise les entreprises à amortir les *Installations techniques, matériels et outillages industriels ainsi que le Matériel de bureau et matériel informatique* selon le mode dégressif. De même, les logiciels acquis bénéficient d'un amortissement exceptionnel sur une durée de 12 mois. La société Granger souhaite bénéficier de ces avantages fiscaux dans le respect des principes comptables. Les coefficients dégressifs applicables sont les suivants :

Durée d'amortissement	Coefficients
3 à 4 ans	1,25
5 à 6 ans	1,75
Supérieure à 6 ans	2,25

– Les valeurs résiduelles des immobilisations sont considérées comme non significatives par la société Granger. Les amortissements sont par conséquent pratiqués sur les valeurs d'origine.

– Certaines durées d'utilisation ne sont pas données dans le registre des immobilisations. Il conviendra de retrouver ces durées à partir des éléments fournis.

■ **Dépréciations des immobilisations**

– Certaines immobilisations ont fait l'objet d'un test de dépréciation à la clôture de l'exercice N en raison, à la fois, de baisses de prix significatives constatées sur le marché immobilier et également de l'apparition de nouveaux concurrents susceptibles d'entraîner une diminution de la rentabilité des actifs de l'entreprise. Les résultats vous sont donnés dans le tableau suivant :

	Valeur d'usage	Valeur vénale
Terrain	125 000	160 000
Construction	400 000	340 000

Mission

1. Procédez à tous les enregistrements relatifs aux amortissements de l'exercice N en présentant, préalablement, pour les immobilisations bénéficiant d'un amortissement fiscal dégressif ou exceptionnel :
– le tableau d'amortissement selon le mode dégressif fiscal ;
– un tableau faisant apparaître, pour chaque année, l'amortissement comptable, l'amortissement fiscal autorisé et l'amortissement dérogatoire qui en résulte.

2. Après avoir rappelé les règles comptables applicables en matière de dépréciations d'immobilisations, procédez à tous les enregistrements nécessaires concernant les dépréciations d'immobilisations de l'exercice N en justifiant vos calculs.

3. Présentez l'extrait de la balance au 31-12-N après inventaire.

4. Présentez un extrait du bilan et du compte de résultat au 31-12-N.

■ Solution

1 • Opérations d'inventaire relatives aux amortissements

■ Frais d'établissement

Dotation de l'exercice N : 90 000 x $33^{1/3}$ % = 30 000 €.

Les frais d'établissement sont totalement amortis au 31-12-N. S'agissant d'une immobilisation incorporelle non représentative d'un actif réel, il convient de solder les comptes 201. *Frais d'établissement* et 2801. *Amortissements des frais d'établissement.*

	31-12-N		
6811	Dotations aux amortissements sur immobilisations incorporelles et corporelles	30 000	
2801	Amortissements des frais d'établissement		30 000
	Annuité d'amortissement N		
	d°		
2801	Amortissements des frais d'établissement	90 000	
201	Frais d'établissement		90 000
	Pour solde du compte		

Remarque sur l'amortissement des frais d'établissement

En l'absence de précisions du PCG, les entreprises ont le choix de pratiquer ou non la règle du *prorata temporis* sur les sommes portées en frais d'établissement. En cas d'option pour l'amortissement du premier exercice avec *prorata* (ce qui n'était pas le cas ici), la date de départ à retenir est celle de la constatation de la dépense.

■ Logiciel Gesprod

Les logiciels acquis bénéficient de l'amortissement exceptionnel sur 12 mois prévu par le CGI. Conformément aux règles comptables du PCG, il convient de distinguer l'amortissement comptable (économiquement justifié) et les amortissements dérogatoires.

Rappelons que les amortissements dérogatoires sont ceux qui ne correspondent pas à l'objet normal d'un amortissement et qui sont comptabilisés en application de textes particuliers. Ils correspondent à la fraction de l'amortissement fiscal autorisé qui excède l'amortissement économiquement justifié. Cette fraction est enregistrée en charges exceptionnelles afin qu'elle n'influence pas le résultat courant. Ultérieurement, lorsque l'annuité comptable deviendra supérieure à l'annuité fiscale, il conviendra de reprendre en produits exceptionnels la fraction d'amortissements dérogatoires antérieurement constatée.

Le tableau ci-dessous explique le calcul des amortissements dérogatoires du logiciel acquis par la société Granger.

Année	(1) Amortissement comptable	(2) Amortissement fiscal	(2) – (1) Amortissement dérogatoire
N–1	3 500 (a)	10 500 (b)	7 000
N	14 000	31 500	17 500
N+1	14 000	-	– 14 000
N+2	10 500	-	– 10 500
	42 000	42 000	0

(a) 42 000 x $33^{1/3}$ % x 3/12 (b) 42 000 x 100 % x 3/12

	31-12-N		
6811	Dotations aux amortissements sur immobilisations incorporelles et corporelles	14 000	
2805	Amortissements des logiciels		14 000
	Annuité comptable logiciel Gesprod		
	d°		
6872	Dotations aux provisions réglementées	17 500	
145	Amortissements dérogatoires		17 500
	Annuité dérogatoire logiciel Gesprod		

■ Terrain

La durée d'utilisation des terrains n'étant pas déterminable, ceux-ci ne s'amortissent pas en comptabilité. En revanche, ils peuvent faire l'objet de dépréciations (voir paragraphe suivant).

■ Construction

La société Granger ayant été créée le 1er juillet N–2, le solde du compte 2813. *Amortissements des constructions*, au 31-12-N avant inventaire, correspond à 1,5 année d'amortissement. Pour connaître le taux d'amortissement (T) des constructions, il convient de résoudre l'équation suivante :

500 000 x T % x 1,5 an = 18 750 €.

→ T = 2,5 %, soit une durée d'amortissement de 40 ans.

La dotation de l'exercice N s'élève à : 500 000 x 2,5 % = 12 500 €.

	31-12-N		
6811	Dotations aux amortissements sur immobilisations incorporelles et corporelles	12 500	
2813	Amortissements des constructions		12 500
	Annuité comptable Constructions		

■ **Matériel MX3 (Installations techniques, matériel et outillage industriels)**

La machine MX3 est amortie comptablement selon le mode linéaire sur une durée de 5 ans, mais elle bénéficie de l'amortissement dégressif fiscal autorisé par le Code général des impôts.

Compte tenu des coefficients applicables, le taux dégressif s'élève à : 20 % x 1,75 = 35 %.

La première annuité d'amortissement comptable (linéaire) a été calculée à partir de la date de mise en service, soit le 1er août N–2, et s'élève à :

180 000 x 20 % x 5/12 = 15 000 €.

La première annuité d'amortissement fiscale (dégressive) a été calculée à partir du premier jour du mois d'acquisition, soit le 1er juillet N–2, et s'élève à :

180 000 x 35 % x 6/12 = 31 500 €.

Tableau d'amortissement dégressif de la machine MX3

Année	Base de calcul	Annuités d'amortissement	Cumul des annuités	Valeur nette comptable
N–2	180 000	31 500	31 500	148 500
N–1	148 500	51 975	83 475	96 525
N	96 525	33 783	117 258	62 742
N+1	62 742	31 371	148 629	31 371
N+2	62 742	31 371	180 000	0

Tableau de calcul des amts. comptables et dérogatoires de la machine MX3

Année	(1) Amortissement comptable	(2) Amortissement fiscal	(2) – (1) Amortissement dérogatoire
N–2	15 000	31 500	16 500
N–1	36 000	51 975	15 975
N	36 000	33 783	– 2 217
N+1	36 000	31 371	– 4 629
N+2	36 000	31 371	– 4 629
N+3	21 000	0	– 21 000
	180 000	180 000	0

Comptabilisation des amortissements comptables et dérogatoires de la machine MX3 au 31-12-N :

	31-12-N		
6811	Dotations aux amortissements sur immobilisations incorporelles et corporelles	36 000	
2815	Amortissements des installations techniques, matériels et outillages industriels		36 000
	Annuité comptable Matériel MX3		
	d°		
145	Amortissements dérogatoires	2 217	
7872	Reprises sur provisions réglementées		2 217
	Reprise annuité dérogatoire Matériel MX3		

■ **Matériel MX7 (Installations techniques, matériel et outillage industriels)**

La machine MX7 a été acquise le 12-10-N−2. Elle est amortissable comptablement selon le mode linéaire sur une durée de 4 ans et bénéficie également de l'amortissement dégressif fiscal autorisé par le Code général des impôts.

Compte tenu des coefficients applicables, le taux dégressif s'élève à :
25 % x 1,25 = 31,25 %.

La première annuité d'amortissement comptable (linéaire) a été calculée à partir de la date de mise en service, soit le 1er janvier N−1, et s'élève à :
120 000 x 25 % = 30 000 €.

La première annuité d'amortissement fiscale (dégressive) a été calculée à partir du premier jour du mois d'acquisition, soit le 1er octobre N−2, et s'élève à :
120 000 x 31,25 % x 3/12 = 9 375 €.

Tableau d'amortissement dégressif de la machine MX7

Année	Base de calcul	Annuités d'amortissement	Cumul des annuités	Valeur nette comptable
N–2	120 000	9 375	9 375	110 625
N–1	110 625	36 875	46 250	73 750
N	110 625	36 875	83 125	36 875
N+1	110 625	36 875	120 000	0

Tableau de calcul des amts. comptables et dérogatoires de la machine MX7

Année	(1) Amortissement comptable	(2) Amortissement fiscal	(2) – (1) Amortissement dérogatoire
N–2	0	9 375	9 375
N–1	30 000	36 875	6 875
N	30 000	36 875	6 875
N+1	30 000	36 875	6 875
N+2	30 000	0	– 30 000
	120 000	120 000	0

Comptabilisation des amortissements comptables et dérogatoires de la machine MX7 au 31-12-N :

	31-12-N		
6811	Dotations aux amortissements sur immobilisations incorporelles et corporelles	30 000	
2815	Amortissements des installations techniques, matériels et outillages industriels		30 000
	Annuité comptable Matériel MX7		
	d°		
6872	Dotations aux provisions réglementées	6 875	
145	Amortissements dérogatoires		6 875
	Annuité dérogatoire Matériel MX7		

■ Véhicule de fonction Mercedes Classe E

La TVA sur les voitures particulières n'étant pas déductible, la voiture de fonction de la société a été inscrite à l'actif et amortie sur sa valeur « toutes taxes comprises ». Le prix TTC de la voiture est ici de 54 000 €.

Le véhicule est amortissable comptablement selon le mode linéaire. Les véhicules de tourisme ainsi que les véhicules utilitaires légers ne bénéficient pas de l'amortissement dégressif fiscal prévu par le Code général des impôts.

La date de mise en service étant le 1er avril N–2, le solde du compte 28182. *Amortissements du matériel de transport*, au 31-12-N avant inventaire, correspond à 1,75 année d'amortissement. Pour connaître le taux d'amortissement (T) retenu, il convient de résoudre l'équation suivante :

54 000 x T % x 1,75 an = 23 625 €.

→ T = 25 %, soit une durée d'amortissement de 4 ans.

La dotation de l'exercice N s'élève à : 54 000 x 25 % = 13 500 €.

Comptabilisation de la dotation aux amortissements N du matériel de transport :

	31-12-N		
6811	Dotations aux amortissements sur immobilisations incorporelles et corporelles	13 500	
28182	Amortissements du matériel de transport		13 500
	Véhicule de fonction Mercedes Classe E		

■ Matériel informatique

Le matériel informatique a été acquis le 25-07-N. Il est amortissable comptablement selon le mode linéaire et bénéficie de l'amortissement dégressif fiscal autorisé par le Code général des impôts.

Compte tenu des coefficients applicables, le taux dégressif s'élève à :

$33^{1/3}$ % x 1,25 = $41^{2/3}$ %.

La première annuité d'amortissement comptable (linéaire) doit être calculée à partir de la date de mise en service, soit le 1er octobre N, et s'élève à :
96 000 x $33^{1/3}$ % x 3/12 = 8 000 €.

La première annuité d'amortissement fiscale (dégressive) doit être calculée à partir du premier jour du mois d'acquisition, soit le 1er juillet N, et s'élève à : 96 000 x $41^{2/3}$ % x 6/12 = 20 000 €.

Tableau d'amortissement dégressif du matériel informatique

Année	Base de calcul	Annuités d'amortissement	Cumul des annuités	Valeur nette comptable
N	96 000	20 000	20 000	76 000
N+1	76 000	38 000	58 000	38 000
N+2	76 000	38 000	96 000	0

Tableau de calcul des amts. comptables et dérogatoires du mat. informatique

Année	(1) Amortissement comptable	(2) Amortissement fiscal	(2) – (1) Amortissement dérogatoire
N	8 000	20 000	12 000
N+1	32 000	38 000	6 000
N+2	32 000	38 000	6 000
N+3	24 000	0	– 24 000
	96 000	96 000	0

Comptabilisation des amortissements comptables et dérogatoires du matériel informatique :

	31-12-N		
6811	Dotations aux amortissements sur immobilisations incorporelles et corporelles	8 000	
28183	Amortissements du matériel de bureau et matériel informatique		8 000
	Annuité comptable Matériel informatique		
	d°		
6872	Dotations aux provisions réglementées	12 000	
145	Amortissements dérogatoires		12 000
	Annuité dérogatoire Matériel informatique		

2 • Opérations d'inventaire relatives aux dépréciations

2.1. Rappels des règles comptables

À la clôture de l'exercice, l'entreprise doit vérifier s'il existe un **indice** montrant qu'une immobilisation ait pu perdre de la valeur. Les indices utilisés sont à la fois externes (valeurs de marché, changements de taux d'intérêts ou de rendement) ou internes (obsolescence, dégradations physiques, changements importants dans les conditions d'utilisation, performances inférieures aux prévisions).

Dans l'affirmative, il convient d'effectuer un **test de dépréciation** consistant à comparer la valeur actuelle et la valeur nette comptable. Sous réserve de dispositions spécifiques concernant les actifs financiers, la **valeur actuelle** est la plus élevée de la valeur vénale ou de la valeur d'usage :

– La **valeur vénale** est le montant qui pourrait être obtenu de la vente de l'actif lors d'une transaction effectuée à des conditions normales de marché.

– La **valeur d'usage** est la valeur des avantages économiques futurs attendus de l'actif. En règle générale, elle correspond à la valeur des flux nets de trésorerie attendus.

Une dépréciation doit être enregistrée lorsque la valeur actuelle s'avère significativement inférieure à la valeur comptable nette (valeur d'entrée diminuée du cumul des amortissements).

Lorsque la dépréciation concerne une immobilisation amortissable, le plan d'amortissement doit être modifié pour l'avenir (modification dite prospective). Les amortissements futurs doivent alors être recalculés sur la nouvelle base d'amortissement constituée par la valeur actuelle du bien.

2.2. Régularisations des dépréciations d'immobilisations au 31-12-N

■ Dépréciation du terrain

Un test de dépréciation a été pratiqué sur le terrain à la clôture de l'exercice N visant à comparer la valeur comptable et la valeur actuelle du terrain. La valeur actuelle du terrain est égale à la plus élevée de la valeur d'usage (125 000) et de la valeur vénale (160 000), soit 160 000.

Calcul de la dépréciation à constater à la clôture de l'exercice N :

	Valeur comptable	230 000	
–	Valeur actuelle	160 000	

=	Dépréciation au 31-12-N	70 000	
–	Dépréciation au bilan N–1	120 000	(voir balance avant inventaire)

=	Reprise sur dépréciation N	– 50 000	

La dépréciation sur le terrain est estimée à 70 000 € à la clôture de l'exercice N. Une dépréciation de 120 000 € sur le terrain ayant déjà été enregistrée à la clôture de l'exercice N–1, il convient de réduire la dépréciation de 50 000 €.

	31-12-N		
2911	Dépréciations des terrains	50 000	
7816	Reprises sur dépréciations des immo. corporelles et incorporelles		50 000
	Ajustement dépréciation du terrain		

■ Dépréciation de la construction

Un test de dépréciation a également été pratiqué sur la construction à la clôture de l'exercice N. La valeur actuelle de la construction est égale à la plus élevée de sa valeur d'usage (400 000) et de sa valeur vénale (340 000), soit 400 000.

Calcul de la dépréciation à constater à la clôture de l'exercice N :

	Valeur comptable brute	500 000
–	Amortissements cumulés au 31-12-N (500 000 x 2,5 % x 2,5)	31 250
=	Valeur nette comptable au 31-12-N	468 750
–	Valeur actuelle	400 000
=	Dotations aux dépréciations N	68 750

	31-12-N	Débit	Crédit
6816	Dotations aux dépréciations des immobilisations corporelles et incorporelles	68 750	
2913	Dépréciations des constructions		68 750
	Dépréciation de la construction		

À partir de l'exercice N+1, le plan d'amortissement sera modifié de façon prospective, c'est-à-dire que les amortissements futurs seront recalculés, sur la nouvelle base d'amortissement constituée par la valeur actuelle du bien, et sur la durée d'utilisation résiduelle de la construction.

La dotation aux amortissements N+1 de la construction sera donc calculée comme suit : 400 000 x 1/37,5 = 10 667 €.

3 • Extrait de la balance au 31-12-N après inventaire

Extrait de la balance GRANGER au 31-12-N – Après inventaire

N°	Libellés des comptes	Soldes	
		Débit	Crédit
145	Amortissements dérogatoires		89 883
201	Frais d'établissement	0	
205	Logiciels	42 000	
211	Terrains	230 000	
213	Constructions	500 000	
215	Installations techniques, matériels et outillages industriels	300 000	
2182	Matériel de transport	54 000	
2183	Matériel de bureau et matériel informatique	96 000	
2801	Amortissements des frais d'établissement		0
2805	Amortissements des logiciels		17 500
2813	Amortissements des constructions		31 250
2815	Amortissements des installations techniques, matériels et outillages industriels		147 000
28182	Amortissements du matériel de transport		37 125
28183	Amortissements du matériel de bureau et matériel informatique		8 000
2911	Dépréciations des terrains		70 000
2913	Dépréciations des constructions		68 750
....			
6811	Dotations aux amortissements sur immobilisations incorporelles et corporelles	144 000	
6816	Dotations aux dépréciations des immobilisations incorporelles et corporelles	68 750	
6872	Dotations aux provisions réglementées	36 375	
7816	Reprises sur dépréciations des immobilisations incorporelles et corporelles		50 000
7872	Reprises sur provisions réglementées		2 217

4 • Extrait du bilan et du compte de résultat

Extrait du Bilan - Actif - GRANGER	Exercice clos le 31-12-N		
	Brut	**Amortissem. et dépréciat.**	**Net**
Immobilisations incorporelles :			
Frais d'établissement	0	0	0
Concessions, brevets, logiciels...	42 000	17 500	24 500
Immobilisations corporelles :			
Terrains	230 000	70 000	160 000
Constructions	500 000	100 000(1)	400 000
Installations techniques, matériel et outillage industriels	300 000	147 000	153 000
Autres immobilisations corporelles	150 000	45 125	104 875
Total Actif immobilisé	**1 222 000**	**379 625**	**842 375**

(1) Les constructions faisant l'objet à la fois d'un amortissement et d'une dépréciation au 31-12-N, c'est le montant total qu'il convient d'inscrire dans la colonne « *Amortissements et dépréciations* » au bilan, soit :
2813. *Amortissements des constructions* 37 125
2913. *Dépréciations des constructions* 68 750
----
100 000

Au passif, le solde du compte 145. *Amortissements dérogatoires*, soit 89 883 €, est inscrit sur la ligne *Provisions réglementées* dans les capitaux propres.

Extrait du Compte de résultat GRANGER	Exercice N
Produits d'exploitation :	
Reprises sur dépréciations et provisions	50 000
Produits exceptionnels :	
Reprises sur dépréciations et provisions	2 217
Charges d'exploitation :	
Dotations aux amortissements et dépréciations :	
– sur immobilisations : dotations aux amortissements	144 000
– sur immobilisations : dotations aux dépréciations	68 750
Charges exceptionnelles :	
Dotations aux amortissements, dépréciations et provisions	36 375

[redacted]

Dépréciations d'actifs et provisions

■ Énoncé

Dans le cadre des travaux d'inventaire, vous êtes chargé d'étudier les dossiers relatifs aux dépréciations des actifs et des provisions. Au 31 décembre N, on vous remet un extrait de la balance avant inventaire de la société Hummel ainsi que les dossiers concernés.

Extrait de la balance au 31-12-N – Avant inventaire

N°	Intitulés des comptes	Soldes	
		Débiteurs	Créditeurs
1511	Provisions pour litiges		30 000,00
1572	Provisions pour gros entretien ou grandes révisions		68 000,00
261	Titres de participation	1 570 000,00	
271	Titres immobilisés (droit de propriété)	42 300,00	
2961	Dépréciations des titres de participation		20 000,00
2971	Dépréciations des titres immobilisés (droit de propriété)		3 680,00
411	Clients	120 442,00	
416	Clients douteux	20 600,00	
471	Compte d'attente	85 352,00	
491	Dépréciations des comptes de clients		12 500,00
503	Valeurs mobilières de placement – Actions	129 450,00	
5903	Dépréciations des VMP – Actions		8 700,00

■ DOSSIER N° 1 : Dépréciations de créances douteuses

La situation des clients douteux se présente comme suit au 31-12-N, avant inventaire :

Noms	Montants des créances	Dépréciations au bilan N–1	Règlements effectués en N
Malfrat	9 600	4 000	1 000
Maraud	12 000	6 000	4 800
Faquin	6 000	2 500	1 200
	27 600	**12 500**	**7 000**

L'inventaire des créances au 31-12-N permet d'obtenir les informations suivantes :

Anciens clients douteux :

Malfrat : Le tribunal de commerce a prononcé sa liquidation judiciaire. Nous ne récupérerons plus rien.

Maraud : Il devrait nous régler 90 % de la créance restant due.

Faquin : Il est parti sans laisser d'adresse. Nous estimons que sa créance est définitivement irrécouvrable.

Nouveaux clients douteux :

Aigrefin : Il ne paiera pas, car il a déposé son bilan – Montant de la créance : 6 000 € HT.

Forban : Il n'a pas réglé sa créance de 3 600 € TTC. Nous pensons en récupérer 40 %.

Remarque : La TVA est au taux normal (20 %).

■ DOSSIER N° 2 : Dépréciations de titres

Au 31-12-N–1, le tableau suivant avait été établi par l'entreprise Hummel :

Nature des titres	Quantité	Prix d'achat	Valeur d'inventaire au 31-12-N–1
Titres de participation			
Cabrel	8 000	750 000	98
Cabrel	2 000	220 000	98
Nougaro	5 000	600 000	116
Titres immobilisés - Actions			
Wagner	140	16 800	108
Bach	200	26 000	120
V.M.P. - Actions			
Davis	300	30 000	92
Davis	100	11 000	92
Parker	150	14 700	102
Bird	250	73 750	277

Le 12-06-N, la société Hummel a acheté 50 actions Bird supplémentaires au cours de 175 €. Les frais de courtage sur cette transaction se sont élevés à 72 € TTC (TVA au taux normal). L'écriture suivante a été enregistrée lors de l'achat :

		12-12-N		
471		Compte d'attente	8 822,00	
	512	Banque		8 822,00

Au 31-12-N, les cours de bourse moyens du mois de décembre ainsi que les valeurs d'utilité sont les suivants :

Titres	Cours de bourse moyen au 31-12-N	Valeur d'utilité au 31-12-N
Cabrel	100	90
Nougaro	105	117
Wagner	104	107
Bach	132	140
Davis	85	91
Parker	110	115
Bird	270	280

■ DOSSIER N° 3 : Provisions

1. Litige avec un client

Le client Rapiat a introduit une action en justice devant le Tribunal de commerce en novembre N–1. Il réclame 60 000 € de dommages et intérêts pour des livraisons de marchandises défectueuses ayant entraîné un préjudice important. Une provision pour litiges, estimée à 50 % de la demande, a été constituée au 31-12-N–1 pour couvrir la charge probable. Celle-ci est jugée exceptionnelle par les dirigeants.

Un jugement rendu le 18 novembre N condamne l'entreprise Hummel à verser la somme de 74 000 € à titre de dommages et intérêts à l'entreprise Rapiat. Les frais de justice s'élèvent à 2 530 €.

L'enregistrement suivant a été effectué au moment du règlement de ces sommes :

		18-11-N		
471		Compte d'attente	76 530	
	512	Banque		76 530
		Jugement du 18 novembre - Client Rapiat		

2. Révisions des lignes de production

Les lignes de production de l'entreprise Hummel sont révisées tous les 4 ans. La prochaine révision sera effectuée à la fin de l'exercice N+1. Le devis prévisionnel de cette intervention s'élève 136 000 €. Il avait été décidé de provisionner cette charge de façon égale sur les exercices N-2 à N+1.

3. Pénalités fiscales

Au 31 décembre N, l'entreprise Hummel, qui a réglé tardivement sa taxe foncière, s'attend à une pénalité de retard de 10 %, soit : 3 200 €.

Mission

1. Enregistrez au livre-journal les écritures de régularisation et d'inventaire nécessaires relativement à ces trois dossiers au 31-12-N.
2. Présentez l'extrait de balance au 31-12-N après inventaire.
3. Présentez l'extrait du bilan et du compte de résultat au 31-12-N.
Remarque : le calcul des provisions sera arrondi à l'euro le plus proche.

■ Solution

1 • Régularisations des dépréciations d'actifs et des provisions au 31-12-N

■ DOSSIER N° 1 : Clients douteux

• Client Malfrat

Sa créance est définitivement irrécouvrable. Il convient d'annuler la dépréciation inscrite au bilan et d'enregistrer la créance hors taxes non réglée en perte définitive. En effet, le PCG prescrit d'enregistrer séparément la perte subie sur le nominal de la créance restante et le produit résultant de la reprise sur dépréciation.
Le montant de la perte subie s'élève à : (9 600 – 1 000)/1,20 = 7 167 €.

	31-12-N		
491	Dépréciations des comptes de clients	4 000	
7817	Reprises sur dépréciations des actifs circulants		4 000
	d°		
654	Pertes sur créances irrécouvrables	7 167	
4457	État, TVA collectée	1 433	
416	Clients douteux		8 600

• Client Maraud

La dépréciation qui doit être inscrite au bilan de l'exercice N est égale à 10 % de la créance HT restant due à cette date.

Dépréciation nécessaire au 31-12-N : (12 000 – 4 800)/1,20 x 10 %	600
– Dépréciation existante au 31-12-N–1	(6 000)
= Reprise sur dépréciations de	(5 400)

	31-12-N		
491	Dépréciations des comptes de clients	5 400	
7817	Reprises sur dépréciations des actifs circulants		5 400

• **Client Faquin**

Sa créance étant irrécouvrable, il faut annuler la dépréciation inscrite au bilan et enregistrer la créance restant due en perte définitive. Le montant hors taxes de la perte subie s'élève à : (6 000 – 1 200) / 1,20 = 4 000 €.

	31-12-N		
491	Dépréciations des comptes de clients	2 500	
7817	Reprises sur dépréciations des actifs circulants		2 500
	d°		
654	Pertes sur créances irrécouvrables	4 000	
4457	État, TVA collectée	800	
416	Clients douteux		4 800

• **Client Aigrefin**

Il convient d'enregistrer directement sa créance en perte définitive.

	31-12-N		
654	Pertes sur créances irrécouvrables	6 000	
4457	État, TVA collectée	1 200	
411	Client Aigrefin		7 200

• **Client Forban**

Il convient ici de virer la créance ordinaire sur le client Forban en créance douteuse, puis d'enregistrer une dépréciation de : (3 600 / 1,20) x 60 % = 1 800 €.

	31-12-N		
416	Clients douteux	3 600	
411	Client Forban		3 600
	d°		
6817	Dotations aux dépréciations des actifs circulants	1 800	
491	Dépréciations des comptes de clients		1 800

■ **DOSSIER N° 2 : Dépréciations du portefeuille titres**

■ **Régularisation des frais d'acquisition sur titres**

À la date d'entrée dans le patrimoine, les titres doivent être enregistrés à leur coût d'acquisition. Les frais d'acquisition des titres (droits de mutation, frais d'actes, commissions, courtages, impôts de bourse…) sont assimilés à des frais d'acquisition d'immobilisations et sont à ce titre :

– soit incorporés dans le coût d'acquisition ;

– soit comptabilisés dans des comptes de charges selon leur nature.

L'énoncé ne précisant pas l'option retenue, nous enregistrerons les frais de courtage en charges.

	31-12-N		
6271	Frais sur titres	60,00	
44566	État, TVA déductible sur ABS	12,00	
503	VMP – Actions	8 750,00	
471	Compte d'attente		8 822,00

■ **Détermination des dépréciations à enregistrer ou à régulariser au 31-12-N**

Rappelons qu'à la clôture d'un exercice, la valeur d'inventaire des titres retenue pour le calcul des dépréciations doit être estimée sur la base :

– de la valeur d'utilité pour les titres de participation ;

– du cours moyen de bourse du dernier mois pour les autres titres immobilisés et les valeurs mobilières de placement, lorsqu'ils sont cotés.

Lorsque le nombre de lignes en portefeuille est important, il est préférable de présenter le calcul des régularisations de dépréciations sur un tableau, puis d'enregistrer globalement les dotations et les reprises.

Tableau de calcul des dotations et reprises sur dépréciations sur titres

	1	2	3	4 (1x3)	5 (2 – 4)	6	7 (5 – 6)
Titres	Quantité	Valeur d'entrée	Cours au 31-12-N	Valeur d'inventaire	Dépréciation nécessaire	Dépréciation existante	Dotation reprise
Cabrel	10 000	970 000	90	900 000	70 000	0	70 000
Nougaro	5 000	600 000	117	585 000	15 000	20 000	– 5 000
Wagner	140	16 800	104	14 560	2 240	1 680	560
Bach	200	26 000	132	26 400	0	2 000	– 2 000
Davis	400	41 000	85	34 000	7 000	4 200	2 800
Parker	150	14 700	110	16 500	0	0	0
Bird	300	82 500	270	81 000	1 500	4 500	– 3 000

Comptabilisation :

	31-12-N		
6866	Dotations aux dépréciations des éléments financiers	73 360	
2961	Dépréciations des titres de participation		70 000
2971	Dépréciations des titres immobilisés (droit de propriété)		560
5903	Dépréciations des VMP – Actions		2 800
	Dépréciations du portefeuille titres N		
	d°		
2961	Dépréciations des titres de participation	5 000	
2971	Dépréciations des titres immobilisés (droit de propriété)	2 000	
5903	Dépréciations des VMP – Actions	3 000	
7866	Reprises sur dépréciations des éléments financiers		10 000
	Reprises sur dépréciations du portefeuille titres N		

■ DOSSIER N° 3 : Provisions

■ Provision pour litige avec le client Rapiat

À la clôture de l'exercice N, il convient de régulariser l'enregistrement provisoire effectué le 18-11-N et d'annuler la provision inscrite en comptabilité au 31-12-N–1, car l'objet pour lequel elle a été constituée s'est réalisé.

	31-12-N		
6227	Frais d'actes et de contentieux	2 530	
6788	Charges exceptionnelles diverses	74 000	
471	Compte d'attente		76 530
	Jugement du 18-11-N – Régularisation		
	d°		
1511	Provisions pour litiges *(60 000 x 50 %)*	30 000	
7875	Reprises sur provisions exceptionnelles		30 000
	Annulation provision pour litiges – Client Rapiat		

■ Provision pour gros entretien ou grandes révisions

À la clôture de chacun des exercices N–2 et N–1, il a été doté une provision égale au quart du coût estimé de la charge future programmée soit : 136 000 x 1/4 = 34 000 €. À la clôture de l'exercice N, il convient d'enregistrer une nouvelle dotation aux provisions de 34 000 €.

	31-12-N		
6815	Dotations aux provisions d'exploitation	34 000	
1572	Provisions pour gros entretien ou grandes révisions		34 000
	Quote-part de l'exercice N : révision des machines		

■ Provision pour pénalités

Les pénalités fiscales et sociales sont considérées comme des charges exceptionnelles et peuvent donner lieu à provisions. En l'espèce, il convient de provisionner le risque de pénalités fiscales.

	31-12-N		
6875	Dotations aux provisions exceptionnelles	3 200	
1514	Provisions pour amendes et pénalités		3 200

Fiscalement, les pénalités et amendes ainsi que les provisions correspondantes ne sont déductibles du résultat fiscal que lorsque la charge concernée est elle-même déductible. Ici, la taxe foncière étant une charge déductible du résultat fiscal imposable à l'impôt sur les bénéfices, la provision pour pénalités qui y est afférente est également déductible. Symétriquement, la reprise au résultat ultérieure de cette provision sera imposable.

2 • Extrait de la balance Hummel au 31-12-N – Après inventaire

N°	Intitulés des comptes	Soldes	
		Débiteurs	Créditeurs
1511	Provisions pour litiges		0
1514	Provisions pour amendes et pénalités		3 200
1572	Provisions pour gros entretien ou grandes révisions		102 000
261	Titres de participation	1 570 000	
271	Titres immobilisés	42 800	
2961	Dépréciations des titres de participation		85 000
2971	Dépréciations des titres immobilisés (droit de propriété)		2 240
411	Clients	109 642	
416	Clients douteux	10 800	
471	Compte d'attente	0	
491	Dépréciations des comptes de clients		2 400
503	Valeurs mobilières de placement – Actions	138 200	
5903	Dépréciations des VMP – Actions		8 500
6227	Frais d'actes et de contentieux	2 530	
6271	Frais sur titres	60	
654	Pertes sur créances irrécouvrables	17 164	
6788	Charges exceptionnelles diverses	74 000	
6815	Dotations aux provisions d'exploitation	34 000	
6817	Dotations aux dépréciations des actifs circulants	1 800	
6866	Dotations aux dépréciations des éléments financiers	73 360	
6875	Dotations aux provisions exceptionnelles	3 200	
7817	Reprises sur dépréciations des actifs circulants		11 900
7866	Reprises sur dépréciations des éléments financiers		10 000
7875	Reprises sur provisions exceptionnelles		30 000

Remarque : les comptes de TVA collectée et TVA déductible n'ont pas été repris dans la balance.

3 • Extraits du bilan et du compte de résultat au 31-12-N

Extrait du Bilan – Actif – HUMMEL	Exercice clos le 31-12-N		
	Brut	Amt./Dépr.	Net
Immobilisations financières :			
Participations	1 570 000	85 000	1 485 000
Autres titres immobilisés	42 800	2 240	40 560
Actif circulant :			
Créances clients et comptes rattachés	120 442	2 400	118 042
Valeurs mobilières de placement	138 200	8 500	129 700
Total	**1 871 442**	**98 140**	**1 773 302**

Explication :

Compte 411. *Clients*	109 642
Compte 416. *Clients douteux*	10 800
Créances clients et comptes rattachés	120 442

Extrait du Bilan – Passif – HUMMEL	**31-12-N**
Provisions :	
Provisions pour risques	3 200
Provisions pour charges	102 000
Total	**105 200**

Extrait du Compte de résultat HUMMEL

Charges	Exercice N	Produits	Exercice N
Charges d'exploitation :		**Produits d'exploitation :**	
Autres achats et charges externes *(2 530 + 60)*	2 590		
Dotations aux dépréciations sur actif circulant	1 800	Reprises sur dépréciations et provisions	11 900
Dotations aux provisions	34 000		
Autres charges	17 167		
Charges financières :		**Produits financiers :**	
Dotations aux amortissements, dépréciations et provisions	73 360	Reprises sur dépréciations et provisions	10 000
Charges exceptionnelles :		**Produits exceptionnels :**	
Charges exceptionnelles sur opérations de gestion	74 000		
Dotations aux amortissements, dépréciations et provisions	3 200	Reprises sur dépréciations et provisions	30 000

Explication : Le solde du compte 654. *Pertes sur créances irrécouvrables* est inscrit dans le poste *Autres charges du compte de résultat*.

[redacted]

Cessions d'actifs

■ Énoncé

Vous êtes chargé d'examiner le dossier des cessions d'actifs de la société Jacquet à la clôture de l'exercice N. Le comptable vous remet un extrait de la balance avant inventaire ainsi que divers renseignements classés par dossier. La société Jacquet a été créée le 1er janvier N–5.

Extrait de la balance au 31-12-N – Avant inventaire

N°	Intitulés des comptes	Soldes	
		Débiteurs	Créditeurs
145	Amortissements dérogatoires		26 250
211	Terrains	647 000	
213	Constructions	1 930 000	
215	Installations techniques, matériels et outillages industriels	955 000	
218	Autres immobilisations corporelles	29 600	
261	Titres de participation	1 628 000	
2813	Amortissements des constructions		409 625
2815	Amortissements des installations techniques, matériels et outillages industriels		211 250
2818	Amortissements des autres immobilisations corporelles		6 125
2961	Dépréciations des titres de participation		220 000
471	Compte d'attente		1 065 800
503	Valeurs mobilières de placement – Actions	64 750	
5903	Dépréciations des VMP – Actions		2 500

■ DOSSIER N°1 : Terrains et constructions

Les terrains et les constructions ont été acquis à la création de l'entreprise, sauf un local commercial situé à Lyon-Gerland, acheté le 01-10-N–3 pour un montant de 530 000 €. Les constructions sont amorties selon le mode linéaire.

Opération de l'exercice :

Le 1er avril N, la société Jacquet a cédé un ensemble immobilier pour 950 000 €, dont 350 000 pour le terrain. Cet ensemble a été acquis à la création de l'entreprise pour un prix de 750 000 € HT (TVA au taux normal), dont 250 000 € pour le terrain. Cette opération de cession n'est pas soumise à la TVA.

L'écriture provisoire suivante a été enregistrée au moment de la cession :

		01-04-N		
512	Banque		950 000	
471		Compte d'attente		950 000

■ DOSSIER N° 2 : Installations techniques, matériel et outillage industriels

Extrait du registre des immobilisations au 31-12-N–1

Installations techniques, matériels et outillages industriels				
	Coût HT d'acquisition	Date d'acquisition	Durée d'amortissement	Mode
Matériel XT1	210 000	01-01-N–5	6 ans	Linéaire
Matériel XT2	?	01-07-N–1	5 ans	Linéaire
Matériel XM9	140 000	01-10-N–1	4 ans	Linéaire

Remarque : les matériels sont mis en service à leur date d'acquisition.

Opérations de l'exercice N :

– Le matériel XT1, totalement obsolète, a été mis au rebut le 1er avril N. Aucun enregistrement comptable n'a été effectué.

– Un nouveau matériel XT3 a été acquis le 1er avril N pour un prix de 330 000 € HT (TVA au taux normal). Il est amortissable selon le mode linéaire sur une durée de 3 ans. L'acquisition a été correctement comptabilisée.

– Le matériel XM9 a été cédé le 1er juillet N pour un prix de 120 000 € TTC (TVA au taux normal). L'écriture provisoire suivante a été enregistrée au moment de la cession :

		01-07-N		
512	Banque		120 000	
471		Compte d'attente		120 000

Ce matériel, destiné à économiser de l'énergie, bénéficie de l'amortissement exceptionnel sur 12 mois prévu par le Code général des impôts. L'entreprise Jacquet souhaite bénéficier cette disposition fiscale dans le respect des règles comptables. Elle a donc enregistré l'avantage fiscal (soit le complément par rapport à l'amortissement linéaire) en amortissement dérogatoire. Cette immobilisation est la seule à avoir bénéficié d'un amortissement exceptionnel.

■ DOSSIER N° 3 : Autres immobilisations corporelles

Au 31-12-N–1, le poste Autres immobilisations corporelles comprend uniquement une photocopieuse XJ9 acquise le 1er avril N–2 et amortie selon le mode linéaire sur une durée de 4 ans.

Opérations de l'exercice N :

Une nouvelle photocopieuse XJ15 a été acquise et mise en service le 1er octobre N en échange de l'ancienne. Elle est amortissable sur une durée 5 ans en linéaire.

Cette opération a fait l'objet de la facture suivante :

Société MÉCADYNE **Facture n° 453 du 01-10-N**	**DOIT : Jaquet**
Une photocopieuse Rank Xerox XJ15	
Montant HT	18 000
TVA à 20 %	3 600
Montant TTC	21 600
Reprise TTC de la photocopieuse XJ9	6 000
Net à payer TTC	15 600
Paiement au comptant	

Seule l'écriture suivante a été enregistrée par le comptable :

		01-10-N		
218		Autres immobilisations corporelles	15 600	
	512	Banque		15 600

■ **DOSSIER N°4 : Portefeuille Titres**

Le tableau suivant présente le portefeuille titres de la société Jacquet au 31-12-N–1, par ordre chronologique d'acquisition.

État du portefeuille Titres au 31-12-N–1

Liste des titres	Date d'achat	Quantité	Coût d'acquisition	Valeur d'inventaire au 31-12-N-1
Naf-Naf	12-03-N–5	1 000	35,20	36,00
Foster	18-06-N–4	80 000	15,00	12,00
Hannibal	14-05-N–3	130 000	6,60	8,50
Distriborg	06-10-N–3	2 500	23,10	25,00
Foster	25-05-N–1	20 000	11,00	12,00
Naf-Naf	02-12-N–1	500	42,60	36,00

La société Foster est une filiale à 50 % de la société Jacquet.

Les actions de la société Hannibal ont été acquises dans le but de participer activement à la gestion de cette entreprise.

Les autres actions ont été acquises dans un but spéculatif à court terme.

Le 15-06-N, l'entreprise Jacquet a effectué les opérations suivantes :

– cession de 1 250 actions Naf-Naf au prix de 39,60 € ;

– cession de la moitié des titres Foster en portefeuille sur la base d'un prix unitaire de 13,00 €.

Les frais de courtage prélevés par la société de Bourse chargée de l'opération s'élèvent à 4 200 € TTC (TVA au taux normal).

L'écriture suivante a été enregistrée le jour de la cession :

	15-06-N		
512	Banque	695 300	
471	Compte d'attente	4 200	
261	Titres de participation		650 000
503	VMP – Actions		49 500
	Cession de 50 000 actions Foster		
	Cession de 1 250 actions Naf-Naf		

À la clôture de l'exercice N, les valeurs d'utilité des titres de participation sont estimées aux montants suivants :

– Titres Hannibal .... 5,70 €.

– Titres Foster .... 13,50 €.

Les valeurs mobilières de placement font l'objet d'une évaluation au cours moyen de Bourse du mois de décembre N :

– Distriborg .... 25,50 €.

– Naf-Naf .... 27,00 €.

L'entreprise Jacquet a choisi la méthode du coût unitaire moyen pondéré (CUMP) pour déterminer la valeur d'entrée des titres de participation cédés.

Mission

1. Pour chacun des dossiers :

– Enregistrez les écritures d'amortissements ou de dépréciations nécessaires à la clôture de l'exercice N ;

– Procédez à toutes les régularisations des cessions d'actifs en tenant compte des enregistrements déjà effectués.

2. Présentez l'extrait de la balance au 31-12-N après inventaire.

3. Présentez l'extrait du bilan et du compte de résultat au 31-12-N.

■ Solution

1 • Opérations d'inventaire

■ DOSSIER N° 1 : Terrains et constructions

1. Dotations aux amortissements de l'exercice N

Détermination du taux d'amortissement des constructions :

(1 930 000 – 530 000) x T % x 5 ans + (530 000 x T % x 2,25 ans) = 409 625.

→ T = 5 %.

Ensemble immobilier : La construction cédée doit être amortie uniquement pour la période courue depuis le début de l'exercice jusqu'à la date de cession, soit : 500 000 × 5 % × 3/12 = 6 250 €.

Autres constructions : Elles font l'objet d'une dotation aux amortissements calculée au taux de 5 %.

Dotation de l'exercice N = (1 930 000 – 500 000) × 5 % = 71 500 €.

Dotation globale de l'exercice N = (6 250 + 71 500) = 77 750 €.

	31-12-N		
6811	Dotations aux amortissements sur immobilisations incorporelles et corporelles	77 750	
2813	Amortissements des constructions		77 750
	Dotation N : Constructions		

2. Régularisation de la cession de l'ensemble immobilier

La régularisation d'une cession d'immobilisation s'effectue en deux étapes :

– constatation de la valeur comptable nette du bien cédé, au jour de la cession, au débit du compte 675. *Valeurs comptables des éléments d'actif cédés*, en contrepartie des comptes d'immobilisations et d'amortissements de l'immobilisation correspondants ;

– constatation du prix de cession au crédit du compte 775. *Produits des cessions d'éléments d'actif.*

Remarque

1. Les entreprises ont la possibilité de ne pas constater d'amortissement au titre de l'exercice de cession, ce choix n'ayant aucune incidence, ni sur le résultat final de l'exercice, ni sur le montant de l'impôt sur les bénéfices. Toutefois, choisir de ne pas constater cet amortissement, revient à transférer une charge d'exploitation en charge exceptionnelle (la valeur comptable nette du bien cédé est majorée d'autant) et ainsi, à nuire aux comparaisons du résultat courant sur plusieurs exercices.

2. Fiscalement, la cession de l'ensemble immobilier est exonérée de TVA, sauf lorsqu'il s'agit d'une première vente dans les cinq ans de l'achèvement de la construction. En revanche, lorsqu'une cession d'immeuble non assujettie à la TVA est effectuée dans les 20 ans qui suivent son acquisition, l'entreprise doit reverser au Trésor public une fraction de la TVA initialement déduite. Ce reversement est égal à la TVA initialement déduite diminuée de 1/20e par année civile ou fraction d'année civile écoulée depuis l'acquisition. La TVA ainsi reversée vient en augmentation de la valeur comptable de l'immeuble cédé.

L'immeuble acquis en N–5 a été cédé en N, ce qui représente six années ou fraction d'années écoulées depuis la date d'acquisition. L'entreprise Jacquet doit donc reverser au Trésor public (20 – 6), soit 14/20e de la TVA déduite lors de l'acquisition de l'immeuble, soit : 750 000 × 20 % × 14/20 = 105 000 €.

	31-12-N		
675	Valeurs comptables des éléments d'actif cédés	105 000	
4458	État, TVA à régulariser		105 000
	d°		
2811	Amortissements des constructions		
	(500 000 × 5 % × 5,25 ans)	131 250	
675	Valeurs comptables des éléments d'actif cédés	618 750	
211	Terrains		250 000
213	Constructions		500 000
	d°		
471	Compte d'attente	950 000	
775	Produits des cessions d'éléments d'actif		950 000

■ DOSSIER N° 2 : Installations techniques, matériel et outillage industriels

1. Dotations aux amortissements de l'exercice

■ Matériel XT1 : Il convient d'enregistrer une fraction d'amortissement pour la période courue depuis le début de l'exercice jusqu'à la date de mise au rebut.

Dotation de l'exercice N : (210 000 × $16^{2/3}$ % × 3/12) = 8 750 €.

■ Matériel XT2 : Sa valeur d'acquisition n'a pas été inscrite dans le registre des immobilisations. Le solde du compte 215. *Installations techniques, matériels et outillages industriels* au 31-12-N–1 (955 000 €), retranché des valeurs d'entrée des matériels XT1, XT3 et XM9 (210 000 € + 330 000 € + 140 000 €), permet de retrouver la valeur d'acquisition du matériel XT2 : 275 000 €.

Ce matériel est amorti en linéaire au taux de 20 % depuis le 01-07-N–1.

Dotation de l'exercice N : (275 000 × 20 %) = 55 000 €.

■ Matériel XT3 : Ce matériel est amortissable en linéaire sur une durée de 3 ans au taux de $33^{1/3}$ % à compter du 1er mai N.

Dotation de l'exercice N : (330 000 × $33^{1/3}$ % × 9/12) = 82 500 €.

■ Matériel XM9 : ce matériel a bénéficié d'un amortissement fiscal exceptionnel sur 12 mois, ayant fait l'objet d'une répartition entre un amortissement comptable (calculée sur une durée de 4 ans en linéaire) et un amortissement dérogatoire correspondant au supplément d'amortissement fiscal sur l'amortissement comptable. Le matériel ayant été cédé le 01-07-N, il convient d'enregistrer, à la clôture de l'exercice N, une fraction d'amortissement comptable et une fraction d'amortissement dérogatoire pour la période courue depuis le début de l'exercice jusqu'à la date de cession.

Année	(1) Amortissement comptable	(2) Amortissement fiscal	(2) – (1) Amortissement dérogatoire
N–1	8 750 (a)	35 000 (c)	26 250
1-1-N au 30-6-N	17 500 (b)	70 000 (d)	52 500

(a) 140 000 x 25 % x 3/12 - (b) 140 000 x 25 % x 6/12 - (c) 140 000 x 100 % x 3/12 - (d) 140 000 x 100 % x 6/12

Dotations aux amortissements des installations techniques, matériels et outillages de l'exercice N : (8 750 + 55 000 + 82 500 + 17 500) = 163 750 €.

	31-12-N		
6811	Dotations aux amortissements sur immobilisations incorporelles et corporelles	163 750	
2815	Amortissements des installations techniques, matériels et outillages industriels		163 750
	Annuité comptable – Matériel XM9		
	d°		
6872	Dotations aux provisions réglementées	52 500	
145	Amortissements dérogatoires		52 500
	Annuité dérogatoire – matériel XM9		

2. Régularisation des opérations de cession ou de mise au rebut

■ Mise au rebut du matériel XT1

Le matériel mis au rebut n'étant pas totalement amorti, il convient :

– d'enregistrer une dotation complémentaire à caractère exceptionnel pour ramener la valeur comptable nette à zéro, soit : 210 000 – (210 000 x $16^{2/3}$ % x 5,25 ans) = 26 250 € ;

– de solder les comptes d'immobilisations et d'amortissements de cette immobilisation.

	31-12-N		
6871	Dotations aux amortissements exceptionnels des immobilisations	26 250	
2815	Amortissements des installations techniques, matériels et outillages industriels		26 250
	Mise au rebut matériel XT1		
	d°		
2815	Amortissements des installations techniques, matériels et outillages industriels	210 000	
215	Installations techniques, matériels et outillages industriels		210 000
	Mise au rebut matériel XT1		

■ Cession du matériel XM9

Il convient de comptabiliser successivement :

– la sortie de l'actif du matériel et l'inscription de sa valeur comptable nette au débit du compte 675. *Valeurs comptables des éléments d'actif cédés* ;

– le prix de cession du matériel au crédit du compte 775. *Produits des cessions d'éléments d'actif* ;

– la reprise au résultat du solde du compte 145. *Amortissements dérogatoires.*

L'opération de cession est soumise à la TVA.

Lors de la cession, les comptes d'amortissements correspondant au matériel XM9 présentent les soldes suivants :

2815. Amortissements des installations techniques...	
	N–1 : 8 750
	N : 17 500

Solde créditeur : 26 250

145. Amortissements dérogatoires	
	N–1 : 26 250
	N : 52 500

Solde créditeur : 78 750

	31-12-N		
2815	Amortissements des installations techniques, matériels et outillages industriels	26 250	
675	Valeurs comptables des éléments d'actif cédés	113 750	
215	Installations techniques, matériels et outillages industriels		140 000
	Sortie de l'actif du matériel XM9 cédée		
	d°		
471	Compte d'attente	120 000	
775	Produits des cessions d'éléments d'actif		100 000
4457	État, TVA collectée		20 000
	Régularisation compte d'attente : matériel XM9		
	d°		
145	Amortissements dérogatoires	78 750	
7872	Reprises sur provisions réglementées		78 750
	Reprise des amortissements dérogatoires : XM9		

Résultat de cession			
Compte 675	113 750	Compte 775	100 000
		Compte 787	78 750

Résultat bénéficiaire : 65 000

■ DOSSIER N° 3 : Autres immobilisations corporelles

Au 31-12-N, le solde du compte 218. *Autres immobilisations corporelles* avant inventaire (29 600 €) comprend le prix d'acquisition de l'ancienne photocopieuse augmenté du montant net TTC de la facture du 01-10-N (15 600 €) inscrit à tort au débit de ce compte. Le prix HT de l'ancienne photocopieuse est donc égal à : (29 600 – 15 600) = 14 000 €.

1. Dotations aux amortissements de l'exercice N

– Dotation aux amortissements de l'ancienne photocopieuse, depuis le début de l'exercice N jusqu'à la date de reprise (01-10-N) :

14 000 x 25 % x 9/12 = 2 625 €.

– Dotation aux amortissements sur la nouvelle photocopieuse, depuis la date d'acquisition (01-10-N) jusqu'à la clôture de l'exercice N :

18 000 x 20 % x 3/12 = 900 €.

Dotation globale de l'exercice N : (2 625 + 900) = 3 525 €.

	31-12-N		
6811	Dotations aux amortissements sur immobilisations incorporelles et corporelles	3 525	
2818	Amortissements des autres immobilisations corporelles		3 525
	Dotation N : photocopieuses		

2. Régularisation de l'acquisition-reprise

Il convient d'enregistrer l'acquisition de la nouvelle photocopieuse et la reprise de l'ancienne, en tenant compte de l'enregistrement erroné effectué par le comptable de la société Jacquet. La reprise d'une immobilisation doit être considérée comme une cession d'immobilisation dont le prix est égal au prix de reprise.

Comme le compte 218. *Autres immobilisations corporelles* a été débité pour le montant net TTC de la facture n° 453 au lieu de l'être pour le montant HT de la nouvelle photocopieuse, il convient d'enregistrer l'écriture de régularisation suivante :

	31-12-N		
218	Autres immobilisations corporelles *(18 000 – 15 600)*	2 400	
44562	État, TVA déductible sur immobilisations *(18 000 x 20 %)*	3 600	
775	Produits des cessions d'éléments d'actif *(6 000/1,20)*		5 000
4457	État, TVA collectée		1 000
	Acquisition de la photocopieuse XJ15 – Reprise de la photocopieuse XJ9 – Régularisation de l'écriture du 01-10-N		
	d°		
2818	Amortissements des autres immobilisations corporelles *(14 000 x 25 % x 2,5 ans)*	8 750	
675	Valeurs comptables des éléments d'actif cédés	5 250	
218	Autres immobilisations corporelles		14 000
	Sortie de l'actif de la photocopieuse XJ9		

La reprise de la photocopieuse fait subir à l'entreprise Jacquet une moins-value comptable égale à la différence entre la valeur comptable nette au moment de la cession (5 250 €) et le prix de reprise HT (5 000 €), soit : 250 €.

Les soldes des comptes 218. *Autres immobilisations corporelles* et 2818. *Amortissements des autres immobilisations corporelles* se présentent comme suit après ces enregistrements :

218. Autres immobilisations corporelles

Solde au 31-12-N–1	14 000		
01-10-N	15 600		
31-12-N	2 400	31-12-N	14 000
	-----------		-----------
	32 000		14 000

Solde débiteur : 18 000

2818. Amortissements des autres immobilisations corporelles

		Solde au 31-12-N–1	6 125
31-12-N	8 750	31-12-N	3 525
	-----------		-----------
	8 750		9 650

Solde créditeur : 9 00

Le solde du compte 218 est donc bien égal au prix d'acquisition hors taxes de la nouvelle photocopieuse. Quant au solde du compte 2818, il représente la dotation aux amortissements de l'exercice N sur la nouvelle photocopieuse.

■ DOSSIER N° 4 : Portefeuille Titres

1. Rappel des règles comptables

■ Acquisition des titres

Les titres de participation sont les titres dont la possession durable est estimée utile à l'activité de l'entreprise, notamment parce qu'elle permet d'exercer une certaine influence dans la société émettrice des titres. Les autres valeurs mobilières sont, soit des titres immobilisés, lorsque l'entreprise a l'intention de les conserver durablement, soit des valeurs mobilières de placement dans le cas inverse. En l'espèce, les titres Foster et Hannibal sont des titres de participation ; les titres Distriborg et Naf-Naf sont des valeurs mobilières de placement.

■ Cessions de titres

Lorsque les titres cédés ont été acquis en une seule fois, à un seul prix, leur coût d'entrée est égal au prix d'acquisition des titres. L'évaluation est plus délicate, lorsqu'une cession porte sur une fraction de titres de même nature acquis à des prix différents. Dans ce cas, la valeur d'entrée de la fraction des titres cédés est estimée :

– au coût unitaire moyen pondéré (méthode CUMP) ;

– ou, à défaut, en présumant que le premier élément sorti est le premier entré (méthode FIFO).

La législation fiscale préconise la méthode FIFO, mais autorise également, pour les titres de participation uniquement, l'utilisation de la méthode du CUMP.

2. Régularisation des frais de courtage

Les frais d'acquisition des titres (droits de mutation, frais d'actes, commissions, courtages, impôts de bourse, etc.) sont assimilés à des frais d'acquisition d'immobilisations et sont à ce titre :

– soit incorporés dans le coût d'acquisition ;

– soit comptabilisés dans des comptes de charges selon leur nature.

L'énoncé ne précisant pas l'option retenue, nous enregistrerons les frais de courtage en charges. Les frais de courtage ayant été comptabilisés dans un compte d'attente, la régularisation suivante doit être effectuée :

	31-12-N		
6271	Frais sur titres *(4 200/1,20)*	3 500	
44566	État, TVA déductible sur ABS	700	
471	Compte d'attente		4 200
	Régularisations frais sur titres		

3. Les titres de participation Foster

■ Régularisation de la cession

Calcul du coût unitaire moyen pondéré des titres Foster :

$$\text{CUMP} = \frac{(80\,000 \times 15\text{ €}) + (20\,000 \times 11\text{ €})}{(80\,000 + 20\,000)} = 14{,}20\text{ €}.$$

Il faut tenir compte des enregistrements déjà effectués au moment de la cession. Le compte 261. *Titres de participation* a été crédité pour le montant correspondant au prix de cession, alors qu'il aurait dû l'être pour le coût d'acquisition.

Il convient par conséquent :

– d'enregistrer une charge exceptionnelle (compte 675) correspondant à la valeur d'entrée des titres cédés. Celle-ci est égale au coût unitaire moyen pondéré des titres cédés, soit : 50 000 x 14,20 € = 710 000 € ;

– d'enregistrer un produit exceptionnel (compte 775) correspondant au prix de cession, soit : 50 000 x 13,00 € = 650 000 €.

Les écritures de régularisation sont alors les suivantes :

	31-12-N		
675	Valeurs comptables des éléments d'actif cédés *(50 000 x 14,20 €)*	710 000	
261	Titres de participation		710 000
	Sortie de l'actif des titres Foster cédés		
	d°		
261	Titres de participation	650 000	
775	Produits des cessions d'éléments d'actif *(50 000 x 13,00 €)*		650 000
	Prix de cession des titres Foster cédés et régularisation de l'écriture du 15-06-N		

L'opération de cession fait subir à l'entreprise Jacquet une moins-value de : 710 000 – 650 000 = 60 000 €.

■ **Ajustement de la dépréciation**

La dépréciation inscrite au bilan N–1 doit faire l'objet de l'ajustement suivant au 31-12-N :

Dépréciation nécessaire au 31-12-N sur les 50 000 titres restants en portefeuille : 50 000 x (14,20 € – 13,50 €)	35 000
– Dépréciation existante au 31-12-N–1 : 100 000 x (14,20 € – 12,00 €)	(220 000)
= Reprise sur dépréciations N	(185 000)

	31-12-N		
2961	Dépréciations des titres de participation	185 000	
7866	Reprises sur dépréciations des éléments financiers		185 000
	Titres Foster		

4. Les titres de participation Hannibal

Ces titres n'ont fait l'objet d'aucune cession au cours de l'exercice N.

Ils n'ont pas été dépréciés au 31-12-N–1, leur valeur d'inventaire à cette date (8,50 €) ayant été supérieure à leur valeur d'acquisition (6,60 €).

En revanche, une dotation aux dépréciations doit être constatée à la clôture de l'exercice N pour le montant suivant : 130 000 x (6,60 € – 5,70 €) = 117 000 €.

	31-12-N		
6866	Dotations aux dépréciations des éléments financiers	117 000	
2961	Dépréciations des titres de participation		117 000
	Titres Hannibal		

5. Les valeurs mobilières de placement Naf-Naf

Pour les valeurs mobilières de placement, seule la méthode FIFO paraît compatible à la fois avec le PCG et les règles fiscales. Le résultat de cession est directement inscrit en produits financiers. La dépréciation inscrite au bilan de l'exercice N–1 doit être ajustée en fonction de la valeur d'inventaire au 31-12-N et des titres restant en portefeuille à cette date.

■ **Régularisation de la cession**

La valeur d'entrée des 1 250 actions Naf-Naf cédées est estimée selon la méthode FIFO de la façon suivante :

– 1 000 actions à 35,20 € (sur achat du 12-03-N–5)	35 200
– 250 actions à 42,60 € (sur achat du 02-12-N–1)	10 650
Coût d'acquisition des titres Naf-Naf cédés	45 850

Le résultat de cession, à caractère financier, est égal à :
Prix de cession – Coût d'achat des titres cédés
= (1 250 x 39,60 €) – 45 850 € = 3 650 €.

Ici encore, il faut tenir compte des enregistrements déjà effectués au moment de la cession. Le compte 503. *VMP – Actions* a été crédité pour le montant correspondant au prix de cession, alors qu'il aurait dû l'être pour le prix d'acquisition. Il convient, par conséquent, d'enregistrer la plus-value de cession au crédit du compte de produit financier 767. *Produits nets sur cessions de VMP* et de rectifier en contrepartie le solde du compte 503. *VMP – Actions*.

	31-12-N		
503	VMP – Actions	3 650	
767	Produits nets sur cessions de VMP		3 650
	Régularisation cession 1 250 titres Naf-Naf		

■ Ajustement de la dépréciation

La dépréciation inscrite au bilan du 31-12-N–1 doit faire l'objet de l'ajustement suivant au 31-12-N :

• **Dépréciation nécessaire au 31-12-N sur les 250 titres restant en portefeuille :**

Valeur d'acquisition : 250 x 42,60 € (sur achat du 02-12-N–1)	10 650
– Valeur d'inventaire : 250 x 27,00 €	(6 750)
= Dépréciation au 31-12-N	3 900

• **Dépréciation existante au 31-12-N–1 sur 1 500 titres en portefeuille :**

Prix d'acquisition : (1 000 x 35,20 €) + (500 x 42,60 €)	56 500
– Valeur d'inventaire : 1 500 x 36,00 €	(54 000)
= Dépréciation au 31-12-N–1	2 500

Il convient donc d'enregistrer une dépréciation complémentaire de :
(3 900 – 2 500) = 1 400 €.

	31-12-N		
6866	Dotations aux dépréciations des éléments financiers	1 400	
5903	Dépréciations des VMP – Actions		1400
	Titres Naf-Naf		

6. Les valeurs mobilières de placement Distriborg

Les titres Distriborg n'ont fait l'objet d'aucune cession au cours de l'exercice.

Ils n'ont pas été dépréciés au 31-12-N–1, leur valeur d'inventaire à cette date (25,20 €) ayant été supérieure à leur valeur d'acquisition (23,10 €).

Aucune dépréciation ne doit être constatée à la clôture de l'exercice N, la valeur d'inventaire (cours moyen de Bourse du mois de décembre N) ayant augmenté par rapport à celle de l'exercice précédent.

2 • Extrait de la balance au 31-12-N après inventaire

N°	Intitulés des comptes	Soldes	
		Débiteurs	Créditeurs
145	Amortissements dérogatoires		0
211	Terrains	397 000	
213	Constructions	1 430 000	
215	Installations techniques, matériel et outillage industriels	605 000	
218	Autres immobilisations corporelles	18 000	
261	Titres de participation	1 568 000	
2813	Amortissements des constructions		356 125
2815	Amortissements des installations techniques, matériels et outillages industriels		165 000
2818	Amortissements des autres immobilisations corporelles		900
2961	Dépréciations des titres de participation		152 000
471	Compte d'attente		0
503	Valeurs mobilières de placement – Actions	68 400	
5903	Dépréciations des VMP – Actions		3 900
675	Valeurs comptables des éléments d'actif cédés	1 552 750	
6811	Dotations aux amortissements sur immobilisations incorporelles et corporelles	245 025	
6866	Dotations aux dépréciations des éléments financiers	118 400	
6871	Dotations aux amortissements exceptionnels sur immobilisations	26 250	
6872	Dotations aux provisions réglementées	52 500	
767	Produits nets sur cessions de VMP		3 650
775	Produits des cessions d'éléments d'actif		1 705 000
7866	Reprises dépréciations des éléments financiers		185 000
7872	Reprises sur provisions réglementées		78 750

3 • Extrait du bilan et du compte de résultat au 31-12-N

Extrait du Bilan – Actif – JACQUET	Exercice clos le 31-12-N		
	Brut	Amt./Dépr.	Net
ACTIF IMMOBILISÉ			
Immobilisations corporelles :			
Terrains	397 000		397 000
Constructions	1 430 000	356 125	1 073 875
Installations techniques, matériels et outillages industriels	605 000	165 000	440 000
Autres immobilisations corporelles	18 000	900	17 100
Immobilisations financières :			
Participations	1 568 000	152 000	1 416 000
ACTIF CIRCULANT			
Valeurs mobilières de placement	68 400	3 900	64 500
Total	**4 086 400**	**677 925**	**3 408 475**

Extrait du Compte de résultat JACQUET

Charges	Exercice N	Produits	Exercice N
Charges d'exploitation :		**Produits d'exploitation :**	
Dotations aux amortissements sur immobilisations	245 025	Reprises sur dépréciations et provisions	0
Charges financières :		**Produits financiers :**	
Dotations aux amortissements, dépréciations et provisions	118 400	Reprises sur dépréciations et provisions	185 000
		Produits nets sur cessions de VMP	3 650
Charges exceptionnelles :		**Produits exceptionnels :**	
Sur opérations en capital	1 552 750	Sur opérations en capital	1 705 000
Dotations aux amortissements, dépréciations et provisions (1)	78 750	Reprises sur dépréciations et provisions	78 750

(1) : compte 6871 (26 250) + compte 6872 (52 500)

Ajustements des comptes – Opérations sur titres – Rapprochements bancaires

■ Énoncé

Vous êtes chargé par l'entreprise Bosq d'examiner différents dossiers d'inventaire en vue d'effectuer les régularisations nécessaires à la clôture de l'exercice N.

■ DOSSIER N°1 : Ajustements des charges et des produits

1. Au 31 décembre N, des marchandises expédiées par le fournisseur Modigliani ont été réceptionnées, alors que la facture n'est pas encore parvenue.

Montant : 9 600 € HT – Remise de 10 %.

La facture du fournisseur Modigliani est réceptionnée le 8 janvier N+1.

2. Un emprunt bancaire de 400 000 € a été accordé à l'entreprise Bosq le 1er septembre N–1 aux conditions suivantes :

- Taux .... 8 %
- Remboursement .... 4 amortissements constants
- Échéance de remboursement .... 1er septembre à partir du 01-09-N

3. La prime d'assurance concernant les risques incendie et vol a été enregistrée dans le compte 616. *Primes d'assurance.* Cette prime, d'un montant de 84 000 €, couvre la période du 01-09-N au 31-08-N+1.

4. Le matériel de reprographie est financé par un contrat de crédit-bail dont les redevances trimestrielles, payables à terme échu, s'élèvent à 5 700 € HT. La dernière trimestrialité échue a été payée le 1er novembre N.

5. À l'inventaire, la consommation de téléphone ainsi que la consommation d'électricité non encore facturées sont estimées comme suit :

• estimation statistique de la consommation téléphonique des mois de novembre et décembre N : 2 400 € HT ;

• relevé du compteur d'électricité de la société du 1er juillet N au 31 décembre N :
– 53 200 kWh à 0,082 € HT ;

Les factures correspondantes sont réceptionnées au cours de l'exercice N+1 :
– Facture n° 5465 de France Télécom du 25-01-N+1 : 2 950 € HT ;
– Facture ERDF (électricité) n° 4153 du 15-02-N+1 : 4 780 € HT.

6. La société Bosq accorde à ses clients une ristourne de 2 % calculée sur le chiffre d'affaires réalisé au cours de chaque semestre. Les factures d'avoir correspondant aux ristournes du deuxième semestre n'ont pas encore été établies. Le chiffre d'affaires du deuxième trimestre est estimé à 945 000 € HT à la date de clôture. Le 15 janvier N+1, les factures d'avoir sont adressées aux clients pour un montant définitif de 19 600 € HT.

7. Le 31 décembre N, lors de l'inventaire physique des stocks, on constate que des marchandises ont été livrées au client Vélasquez, alors que la facture n'a pas encore été établie. Le montant de celle-ci est estimé à 24 000 € HT. La facture n° 1078 est établie le 7 janvier N+1 pour ce montant et adressée au client Vélasquez.

8. Au 31-12-N, il reste un stock de papeterie ainsi que diverses fournitures de bureaux, évalués globalement à 1 950 € HT.

9. Les cotisations patronales de Sécurité sociale et de prévoyance, imputables au mois de décembre N n'ont pas encore été comptabilisées à la clôture de l'exercice :

– Cotisations de Sécurité sociale .... 5 200 €
– Cotisations d'assurance chômage .... 1 900 €
– Cotisations de retraite complémentaire .... 2 320 €

De même, l'avis d'imposition relatif à la Taxe d'apprentissage de l'exercice N n'est pas encore parvenu. L'entreprise Bosq estime cette taxe à 10 350 €.

10. La facture n° 786, adressée au client Delacroix le 22 décembre N, a été comptabilisée le même jour pour un montant de 43 000 € HT. En raison de problèmes d'approvisionnement, la livraison n'a été effectuée que le 10 janvier N+1.

11. La facture n° 654 du fournisseur Matisse a été comptabilisée à sa réception, le 29 décembre N. Montant brut de la facture : 19 800 € HT – Remise de 5 %. Les marchandises correspondantes ont été livrées le 8 janvier N+1.

Mission

Pour chacune des opérations exposées ci-dessus, enregistrez au livre-journal les écritures d'ajustements nécessaires au 31-12-N ainsi que celles de l'exercice N+1. Le taux de TVA applicable est le taux normal de 20 %.

■ DOSSIER N°2 : Opérations en devises

Les créances et dettes libellées en devises sont les suivantes au 31-12-N :

1. Créance sur le client Moore (Londres)

Le 23 novembre N, la facture n° 44 d'un montant de 12 300 £, payable à 60 jours fin de mois, a été adressée au client Moore. Elle a été correctement enregistrée.

Le client Moore règle sa dette le 30 janvier N+1.

2. Dette envers le fournisseur Eastwood (Los Angeles)

Le 26 novembre N, le fournisseur Eastwood a adressé la facture de marchandises n° 741 de 24 000 $, payable à 90 jours.

Le 26 février N+1, un virement bancaire de 24 000 $ est effectué sur le compte de ce fournisseur.

3. Emprunt à la Banque de Genève (Suisse)

Un emprunt de 300 000 CHF a été contracté le 1er juillet N à la Banque de Genève au taux de 8 %. Cet emprunt est remboursable en dix fractions égales. La première annuité de remboursement est prévue le 1er juillet N+1.

Les cours de la livre sterling, du dollar et du franc suisse sont les suivants :

Cours des devises	£	$	CHF
01-07-N			0,60
23-11-N	1,12		
26-11-N		0,77	
31-12-N	1,04	0,70	0,72
30-01-N+1	1,15		
26-02-N+1		0,82	
01-07-N+1			0,64

Mission

Pour chacune de ces trois opérations en devises, enregistrez au livre-journal les écritures d'ajustements nécessaires au 31-12-N ainsi que celles de l'exercice N+1.

■ DOSSIER N°3 : État de rapprochement bancaire

Au 31 décembre N, le relevé de compte bancaire adressé par la Société Générale à la société Bosq se présente comme suit :

Banque Société Générale		Société Bosq 72, av. de l'Europe 69 140 Rillieux-la-Pape	
Relevé de compte bancaire			**Compte n° 465 567**
Date	**Libellé**	**Débit**	**Crédit**
	Solde au 15-12-N		**9 658,00**
16-12	Règlement chèques n° 583 et 584	2 430,00	
17-12	Remise de chèque		4 820,00
18-12	Retrait d'espèces	3 000,00	
19-12	Remise à l'escompte traite		9 430,00

.../...

.../...

19-12	Frais sur remise à l'escompte	438,60	
19-12	Règlement chèques n° 585 et 586	13 776,00	
21-12	Remise de chèques ventes au comptant		4 400,00
23-12	Traite Ecochard impayée	6 553,00	
24-12	Encaissement d'effets – avis n° 89		8 236,00
25-12	Prélèvement Emprunt n° 5632	2 369,00	
26-12	Domiciliation d'effets	3 287,00	
27-12	Virement au fournisseur Roux	7 522,00	
28-12	Règlement chèque n° 587	1 430,00	
29-12	Virement du client Hanin		5 646,00
30-12	Prélèvt. autom. France Télécom TTC	1 476,00	
30-12	Dépôt espèces		6 000,00
31-12	Encaissement de dividendes sur actions		1 750,00
31-12	Frais de tenue de compte TTC	180,00	
	Solde créditeur au 31-12-N	**7 478,40**	
	Total	**49 940,00**	**49 940,00**

L'entreprise Bosq édite un extrait du compte 51211. *Banque Société Générale*, sur la même période.

Compte 51211. Banque Société Générale			
Date	**Libellé**	**Débit**	**Crédit**
	Solde au 15-12-N	**12 048,00**	
16-12	Chèque fournisseur n° 585		6 545,00
18-12	Retrait d'espèces		3 000,00
19-12	Chèque fournisseur n° 586		7 231,00
20-12	Remise de chèques ventes au comptant	4 400,00	
21-12	Chèque fournisseur n° 587		1 340,00
22-12	Net sur remise à l'escompte	8 991,40	
25-12	Chèque fournisseur n° 588		3 200,00
26-12	Traite sur Ecochard impayée		6 553,00
27-12	Encaissement d'effets – avis n° 89	8 236,00	
28-12	Prélèvement Emprunt n° 5632		2 369,00
29-12	Remise de chèque Robert	2 504,00	
30-12	Dépôt d'espèces	6 000,00	
30-12	Virement au fournisseur Roux		7 522,00
	Solde débiteur au 31-12-N		**4 419,40**
	Total	**42 179,40**	**42 179,40**

Mission

1. Justifiez la différence entre les soldes des deux documents au 15-12-N.
2. Procédez au pointage des opérations enregistrées sur les deux comptes.
3. Présentez l'état de rapprochement bancaire au 31-12-N.
4. Enregistrez les écritures de régularisation nécessaires au livre-journal de la société Bosq.

■ Solution

■ DOSSIER N°1 : Ajustements des charges et des produits

1 • Facture d'achat non parvenue (charges à payer)

	31-12-N		
607	Achats de marchandises *(9 600 x 90 %)*	8 640,00	
44586	État, TVA sur factures non parvenues	1 728,00	
408	Fournisseurs – Factures non parvenues		10 368,00
	Facture Modigliani à recevoir		
	01-01-N+1		
408	Fournisseurs – Factures non parvenues	10 368,00	
607	Achats de marchandises		8 640,00
44586	État, TVA sur factures non parvenues		1 728,00
	Contre-passation de l'écriture du 31-12-N		
	08-01-N+1		
607	Achats de marchandises	8 640,00	
44566	État, TVA déductible sur ABS	1 728,00	
401	Fournisseur Modigliani		10 368,00
	Facture n°...		

L'écriture d'ajustement du 31-12-N permet de rattacher l'achat de marchandises dans les charges de l'exercice N et d'inscrire, en contrepartie, une dette potentielle au passif du bilan. La TVA est inscrite dans un compte d'attente, car elle n'est que potentiellement déductible au 31-12-N.

L'enregistrement du 1er janvier N+1 permet de solder les comptes de régularisation « 408 » et « 44586 » et de neutraliser l'incidence de l'achat des marchandises sur le résultat de l'exercice N+1 lorsque cet achat sera définitivement enregistré à la réception de la facture.

2 • Intérêts courus sur emprunt (charges à payer)

L'emprunt a été contracté le 1er septembre N–1. Il convient de rattacher à l'exercice N les intérêts courus sur la fraction de l'emprunt restant à rembourser au 31-12-N, soit : (400 000 – 100 000) x 8 % x 4/12 = 8 000 €.

		Débit	Crédit
	31-12-N		
661	Charges d'intérêts	8 000,00	
1688	Intérêts courus		8 000,00
	Intérêts courus du 1/9/N au 31-12-N		
	01-01-N+1		
1688	Intérêts courus	8 000,00	
661	Charges d'intérêts		8 000,00
	Contre-passation de l'écriture du 31-12-N		
	01-09-N+1		
164	Emprunts auprès des éts. *(400 000 x 1/4)*	100 000,00	
661	Charges d'intérêts *(300 000 x 8 %)*	24 000,00	
512	Banque		124 000,00
	Règlement 2e échéance - Emprunt n°...		
	31-12-N+1		
661	Charges d'intérêts *(200 000 x 8 % x 4/12)*	5 333,00	
1688	Intérêts courus		5 333,00
	Intérêts courus : 1-9-N+1 au 31-12-N+1-Emprunt n...		

On peut vérifier que les charges d'intérêts de l'exercice N+1 correspondent aux intérêts courus de l'exercice au taux de 8 % sur un capital de :

– 300 000 € x 8 % x 8/12 .... 16 000
– 200 000 € x 8 % x 4/12 .... 5 333
----
21 333

661. Charges d'intérêts

		01-01-N+1 :	8 000
01-09-N+1 :	24 000		
31-12-N+1 :	5 333		
	29 333		**8 000**

Solde débiteur : 21 333

3 • Prime d'assurance (charges constatées d'avance)

Il convient de transférer sur l'exercice N+1 les 8 mois de charges d'assurance comptabilisés d'avance, soit : 84 000 x 8/12 = 56 000 €.

		Débit	Crédit
	31-12-N		
486	Charges constatées d'avance	56 000,00	
616	Primes d'assurance		56 000,00
	Prime d'assurance du 1-1-N+1 au 31-8-N+1 payée d'avance		
	01-01-N+1		
616	Primes d'assurances	56 000,00	
486	Charges constatées d'avance		56 000,00
	Contre-passation de l'écriture du 31-12-N		

4 • Redevances de crédit-bail (charges à payer)

Il convient d'imputer sur l'exercice N les deux tiers de la redevance de crédit-bail payable à terme échu le 1er février N+1.

	31-12-N		
6122	Crédit-bail mobilier *(5 700 x 2/3)*	3 800,00	
44586	État, TVA sur factures non parvenues	760,00	
408	Fournisseurs – Factures non parvenues		4 560,00
	Redevance courue du 1-11-N au 31-12-N		
	01-01-N+1		
408	Fournisseurs – Factures non parvenues	4 560,00	
6122	Crédit-bail mobilier		3 800,00
44586	État, TVA sur factures non parvenues		760,00
	Contre-passation de l'écriture du 31-12-N		
	01-02-N+1		
6122	Crédit-bail mobilier	5 700,00	
44566	État, TVA déductible sur ABS	1 140,00	
401	Fournisseurs		6 840,00
	Règlement de la trimestrialité de crédit-bail		

5 • Consommation d'électricité et de téléphone à rattacher (charges à payer)

Il convient de rattacher à l'exercice N la consommation téléphonique et la consommation d'électricité, lorsque celles-ci n'ont pas encore été facturées. En raison de l'absence de factures, il faut généralement se contenter d'une estimation à la date de clôture.

L'estimation de la consommation électrique s'effectue comme suit :

(53 200 kWh x 0,082 €) = 4 362,40 € HT.

	31-12-N		
6061	Fournitures non stockables	4 362,40	
44586	État, TVA sur factures non parvenues	872,48	
408	Fournisseurs – Factures non parvenues		5 234,88
	Estimation consommation électrique du 2e sem. N		
	d°		
626	Frais postaux et frais de télécommunications	2 400,00	
44586	État, TVA sur factures non parvenues	480,00	
408	Fournisseurs – Factures non parvenues		2 880,00
	Estimation consommation téléphonique du 1-11-N au 31-12-N.		
	01-01-N+1		
408	Fournisseurs – Factures non parvenues	5 234,88	
6061	Fournitures non stockables		4 362,40
44586	État, TVA sur factures non parvenues		872,48
	Contre-passation de l'écriture du 31-12-N		

…/…

	01-01-N+1		
408	Fournisseurs – Factures non parvenues	2 880,00	
626	Frais postaux et frais de télécommunications		2 400,00
44586	État, TVA sur factures non parvenues		480,00
	Contre-passation de l'écriture du 31-12-N		
	25-01-N+1		
626	Frais postaux et frais de télécommunications	2 950,00	
44566	État, TVA déductible sur ABS	590,00	
401	Fournisseurs		3 540,00
	Facture France Télécom n° 5465		
	15-02-N+1		
6061	Fournitures non stockables	4 780,00	
44566	État, TVA déductible sur ABS	956,00	
401	Fournisseurs		5 736,00
	Facture EDF n° 4153		

6 • Ristourne à accorder aux clients (charges à payer)

Il convient d'imputer à l'exercice N la ristourne à accorder aux clients sur les ventes du deuxième semestre N, soit : 945 000 x 2 % = 18 900 €.

	31-12-N		
709	R.R.R. accordés par l'entreprise	18 900,00	
4457	État, TVA collectée	3 780,00	
4198	Clients – R.R.R. à accorder		22 680,00
	Estimation ristourne du 2e semestre		
	01-01-N+1		
4198	Clients – R.R.R. à accorder	22 680,00	
709	R.R.R. accordés par l'entreprise		18 900,00
4457	État, TVA collectée		3 780,00
	Contre-passation de l'écriture du 31-12-N		
	15-01-N+1		
709	R.R.R. accordés par l'entreprise	19 600,00	
4457	État, TVA collectée	3 920,00	
411	Clients		23 520,00
	Fact. d'avoir n°... - Ristournes 2e semestre N		

7 • Facture de ventes à établir (Produits à recevoir)

La livraison au client Vélasquez ayant été effectuée avant le 31-12-N, il convient de rattacher le produit de la vente à l'exercice N.

	31-12-N		
4181	Clients – Factures à établir	28 800,00	
707	Ventes de marchandises		24 000,00
4457	État, TVA collectée		4 800,00
	Facture à établir - Client Vélasquez		

.../...

	01-01-N+1		
707	Ventes de marchandises	24 000,00	
4457	État, TVA collectée	4 800,00	
4181	Clients – Factures à établir		28 800,00
	Contre-passation de l'écriture du 31-12-N		
	07-01-N+1		
411	Client Vélasquez	28 800,00	
707	Ventes de marchandises		24 000,00
4457	État, TVA collectée		4 800,00
	Notre facture n° 1078		

8 • Stock de fournitures de bureau non consommées (charges constatées d'avance)

Les achats non stockés (fournitures administratives, d'entretien et petits équipements, etc.) et non consommés à la clôture de l'exercice sont transférés sur l'exercice suivant par l'inscription d'une charge constatée d'avance.

	31-12-N		
486	Charges constatées d'avance	1 950,00	
6064	Fournitures administratives		1950,00
	Fournitures non consommées au 31-12-N		
	01-01-N+1		
6064	Fournitures administratives	1 950,00	
486	Charges constatées d'avance		1 950,00
	Contre-passation de l'écriture du 31-12-N		

9 • Cotisations de Sécurité sociale et impôts à payer (charges à payer)

Les charges sociales et les impôts se rattachant à l'exercice en cours mais non encore comptabilisés en l'absence de pièces justificatives, doivent être imputés sur l'exercice en cours en utilisant des comptes de rattachement.

	31-12-N		
645	Charges de sécurité sociale et de prévoyance *(5 200 + 1 900 + 2 320)*	9 420,00	
438	Organismes sociaux – Charges à payer		9 420,00
	Charges patronales de sécurité sociale – Déc. N		
	d°		
6312	Taxe d'apprentissage	10 350,00	
448	État – Charges à payer		10 350,00
	Taxe d'apprentissage Année N		
	01-01-N+1		
438	Organismes sociaux – Charges à payer	9 420,00	
645	Charges de sécurité sociale et de prévoyance		9 420,00
	Contre-passation de l'écriture du 31-12-N		

.../...

	01-01-N+1		
448	État – Charges à payer	10 350,00	
63511	Taxe professionnelle		10 350,00
	Contre-passation de l'écriture du 31-12-N		

Lorsque les pièces justificatives auront été réceptionnées, les charges correspondantes seront enregistrées normalement.

10 • Facture de ventes comptabilisée d'avance (produits constatés d'avance)

Les marchandises facturées aux clients, mais non encore livrées à la date de clôture de l'exercice N, ont été prises en compte lors de l'inventaire physique des stocks. Elles ne doivent donc pas être considérées comme vendues au client au titre de l'exercice N. Il convient dès lors de transférer le produit de la vente déjà comptabilisé au crédit du compte 707. *Ventes de marchandises*, sur l'exercice N+1.

	31-12-N		
707	Ventes de marchandises	43 000,00	
487	Produits constatées d'avance		43 000,00
	Facture Delacroix n° 786 – Livraison non encore effectuée		
	01-01-N+1		
487	Produits constatées d'avance	43 000,00	
707	Ventes de marchandises		43 000,00
	Contre-passation de l'écriture du 31-12-N		

Les régularisations de charges et de produits constatés d'avance s'effectuent pour les montants hors taxes. Elles ne font pas intervenir la TVA, car celle-ci, déjà enregistrée au moment de la comptabilisation des factures, n'a pas à être remise en cause.

11 • Facture d'achat comptabilisée d'avance (charges constatées d'avance)

Les marchandises facturées par les fournisseurs, mais non encore réceptionnées à la date de clôture de l'exercice N, ne sont pas prises en compte lors de l'inventaire physique des stocks. Elles ne peuvent donc pas être considérées comme achetées au titre de l'année N. Il convient dès lors de transférer l'achat de marchandises, déjà comptabilisé au débit du compte 607. *Achats de marchandises*, sur l'exercice N+1.

	31-12-N		
486	Charges constatées d'avance *(19 800 x 95 %)*	18 810,00	
607	Achats de marchandises		18 810,00
	Fact. Matisse n° 654 – Livraison non encore reçue		
	01-01-N+1		
607	Achats de marchandises	18 810,00	
486	Charges constatées d'avance		18 810,00
	Contre-passation de l'écriture du 31-12-N		

■ **DOSSIER N° 2 : Opérations en devises**

1 • Rappel des règles comptables

Les créances et les dettes libellées en devises doivent être converties et comptabilisées en euros sur la base du cours de change à la date de l'opération.

À la clôture de l'exercice, les créances et les dettes doivent être ajustées de façon à figurer au bilan pour une valeur en euros correspondant au cours de change à cette date. Les pertes latentes résultant de variations défavorables de cours (augmentation de dettes ou diminutions de créances) doivent faire l'objet de provisions pour pertes de change.

Au moment du règlement de la dette (ou de l'encaissement de la créance), la différence entre la valeur d'origine et le montant payé entraîne la constatation d'un gain ou d'une perte de change définitif. La provision éventuellement constatée doit alors être reprise au résultat.

2 • Créance client Moore en livres sterling

Au 31-12-N, la créance sur le client anglais Moore doit faire l'objet d'un ajustement à la baisse en raison de la diminution du cours de la livre sterling. Cette perte latente doit être prise en compte dans le résultat par l'enregistrement d'une provision pour perte de change. Mais, en définitive, le redressement du cours de la livre sterling après la clôture de l'exercice N permet à l'entreprise Bosq de réaliser un gain définitif de change à la date d'encaissement de la créance anglaise.

	Rappel : 23-11-N		
411	Client Moore	13 776,00	
707	Ventes de marchandises		13 776,00
	Notre facture n° 44 : 12 300 £ x 1,12		
	31-12-N		
476	Différences de conversion – Actif	984,00	
411	Client Moore		984,00
	Perte latente sur créance en livres sterling		
	12 300 £ x (1,12 – 1,04)		
	d°		
6865	Dotations aux provisions financières	984,00	
1515	Provisions pour pertes de change		984,00
	Risque de change – Créance client Moore		
	01-01-N+1		
411	Client Moore	984,00	
476	Différences de conversion – Actif		984,00
	Contre-passation de l'écriture du 31-12-N		

.../...

.../...

	30-01-N+1		
512	Banque *(12 300 £ x 1,15)*	14 145,00	
411	Client Moore *(12 300 £ x 1,12)*		13 776,00
766	Gains de change *(12 300 £ x (1,15 – 1,12))*		369,00
	Encaissement de la facture n° 44 de 12 300 £		
	d°		
1515	Provisions pour pertes de change	984,00	
7865	Reprises sur provisions financières		984,00
	Annulation de la provision – Créance client Moore		

3 • Dette fournisseur Eastwood en dollars

Au 31-12-N, la dette envers le fournisseur américain Eastwood doit faire l'objet d'un ajustement à la baisse en raison de la diminution du cours du dollar. Ce gain latent (et non définitif) ne peut être pris en compte dans le résultat en vertu du principe de prudence dont l'application se justifie tout particulièrement ici, puisque le cours du dollar se redresse vivement après la clôture de l'exercice N et fait subir en définitive à l'entreprise Bosq une perte de change.

	Rappel : 26-11-N		
607	Achats de marchandises	18 480,00	
401	Fournisseur Eastwood		18 480,00
	Facture n° 741 : 24 000 $ x 0,77		
	31-12-N		
401	Fournisseur Eastwood	1 680,00	
477	Différences de conversion – Passif		1 680,00
	Gain latent sur dette en dollars : *24 000 $ x (0,77 – 0,70)*		
	01-01-N+1		
477	Différences de conversion – Passif	1 680,00	
401	Fournisseur Eastwood		1 680,00
	Contre-passation de l'écriture du 31-12-N		
	26-02-N+1		
401	Fournisseur Eastwood *(24 000 $ x 0,77)*	18 480,00	
666	Pertes de change *(24 000 $ x (0,82 – 0,77))*	1 200,00	
512	Banque *(24 000 $ x 0,82)*		19 680,00
	Règlement de la facture n° 741 de 24 000 $		

4 • Emprunt Banque de Genève en francs suisses

L'emprunt libellé en francs suisses (CHF) doit faire l'objet de deux ajustements à la clôture de l'exercice N :

– d'une part, il convient de constater les intérêts courus du 1er juillet au 31 décembre N, sur la base du cours du CHF à la date de clôture ;

– d'autre part, il faut ajuster le montant de l'emprunt sur la même base.

La hausse du cours du franc suisse entre le 1er juillet N et la date de clôture entraîne une perte latente de change qui doit faire l'objet d'une provision.
Le 1er juillet N+1, date du versement de la première annuité d'emprunt, il convient :
– de constater une perte de change définitive, correspondant à la différence entre le cours du CHF à la date de versement et celui en vigueur à la date d'origine ;
– d'annuler la provision pour pertes de change calculée sur la fraction amortie de l'emprunt.

	Rappel : 01-07-N		
512	Banque	180 000,00	
164	Emprunts auprès des éts. de crédit		180 000,00
	Mise à disposition des fonds : 300 000 CHF x 0,60		
	31-12-N		
661	Charges d'intérêts *(300 000 CHF x 0,72 x 8 % x 6/12)*	8 640,00	
1688	Intérêts courus		8 640,00
	Intérêts courus du 01-07-N au 31-12-N		
	d°		
476	Différences de conversion – Actif	36 000,00	
164	Emprunts auprès des éts. de crédit		36 000,00
	Perte latente emprunt CHF : 300 000 CHF (0,72- 0,60)		
	d°		
6865	Dotations aux provisions financières	36 000,00	
1515	Provisions pour pertes de change		36 000,00
	Risque de change sur emprunt CHF n°...		
	01-01-N+1		
1688	Intérêts courus	8 640,00	
661	Charges d'intérêts		8 640,00
	Contre-passation de l'écriture du 31-12-N		
	d°		
164	Emprunts auprès des établissements de crédit	36 000,00	
476	Différences de conversion – Actif		36 000,00
	Contre-passation de l'écriture du 31-12-N		
	01-07-N+1		
164	Emprunts auprès des établissements de crédit		
	(30 000 CHF x 0,60)	18 000,00	
661	Charges d'intérêts *(300 000 CHF x 0,64 x 8 %)*	15 360,00	
666	Pertes de change *(30 000 CHF x (0,64 – 0,60))*	1 200,00	
512	Banque		
	[30 000 CHF + (300 000 CHF x 8 %)] x 0,64		34 560,00
	Remboursement de la 1re annuité d'emprunt		
	d°		
1515	Provisions pour pertes de change	3 600,00	
7865	Reprises sur provisions financières		3 600,00
	Annulation de la provision calculée sur la fraction amortie de l'emprunt : 36 000 X 1/10		

■ DOSSIER N° 3 : État de rapprochement

À la clôture de l'exercice N, le compte 51211. *Banque Société Générale* de la société Bosq doit être ajusté de façon à refléter la réalité des opérations au jour de la clôture.

Les différentes étapes de l'établissement d'un état de rapprochement bancaire sont les suivantes :

- retrouver l'égalité entre les soldes initiaux du relevé de compte bancaire (extrait de la comptabilité de la banque) et du compte 512. *Banque* (compte de l'entreprise) ;
- effectuer un pointage des opérations et cocher les sommes apparaissant à la fois sur le relevé de compte bancaire et sur le compte 512. *Banque* ;
- établir un état de rapprochement entre les deux comptes ;
- enregistrer les écritures de régularisations correspondant aux opérations manquantes sur le compte 512. *Banque.*

Lorsqu'une entreprise est titulaire de plusieurs comptes bancaires (dans plusieurs établissements par exemple), il conviendra d'établir autant d'états de rapprochement que de comptes bancaires ouverts.

1 • Justification de la différence entre les deux soldes initiaux au 15 décembre N

	Solde créditeur au 15-12-N sur l'extrait de compte bancaire	9 658
–	Règlements chèques n° 583 et 584	(2 430)
+	Remise de chèque	4 820

	Solde au 15-12-N du compte 51211. *Société Générale*	12 048

2 • Pointage des opérations et établissement d'un état de rapprochement bancaire

Après avoir effectué le pointage des opérations relevées, à la fois, sur l'extrait de compte de la Société Générale et sur le compte 51211. *Banque Société Générale* de l'entreprise Bosq, il convient de reporter les divergences entre les deux documents sur un état de rapprochement (abstraction faite des opérations expliquant la différence entre les soldes initiaux).

État de rapprochement bancaire

	Compte 51211 Société Générale (comptabilité de l'entreprise)		Compte Client Bosq (comptabilité de la banque)	
	Débit	**Crédit**	**Débit**	**Crédit**
Soldes au 31-12-N avant rapprochement :	4 419,40			7 478,40
Opérations manquantes sur le compte « Banque » de l'entreprise Bosq :				
– Domiciliation d'effets		3 287,00		
– Erreur sur chèque n° 587		90,00		
– Virement du client Hanin	5 646,00			
– Prélèvement France Télécom TTC		1 476,00		
– Encaissement de dividendes sur actions	1 750,00			
– Frais de tenue de compte TTC		180,00		
Opérations manquantes sur le relevé de compte envoyé par la Société Générale :				
– Remise de chèque Robert				2 504,00
– Chèque fournisseur n° 588			3 200,00	
Soldes au 31-12-N après rapprochement :		6 782,40	6 782,40	
Total	11 815,40	11 815,40	9 982,40	9 982,40

REMARQUE

Le chèque fournisseur n° 587 n'a pas été enregistré pour le même montant à la Société Générale (1 430 €) et chez l'entreprise Bosq (1 340 €). Il s'agit, selon toute vraisemblance, d'une erreur (une inversion de chiffre au moment de la saisie) dont nous avons imputé la responsabilité à l'entreprise Bosq. Il convient donc de créditer le compte 51211. *Banque Société Générale* de la différence, soit 90 €.

3 • Écritures de régularisations au journal de l'entreprise Bosq

Les opérations prises en compte par la Société Générale et non encore enregistrées par l'entreprise Bosq doivent faire l'objet des écritures de régularisations suivantes au 31-12-N :

	31-12-N		
403	Fournisseurs – Effets à payer	3 287,00	
401	Fournisseurs	90,00	
626	Frais postaux et frais de télécommunications *(1 476/1,20)*	1 230,00	
627	Services bancaires *(180/1,20)*	150,00	
44566	État, TVA déductible sur ABS *(1 230 + 150) x 20 %*	276,00	
51211	Banque Société Générale		5 033,00
	Régularisation d'après état de rapprochement		
	d°		
51211	Banque Société Générale	7 396,00	
411	Client Hanin		5 646,00
764	Revenus de valeurs mobilières de placement		1 750,00
	Régularisation d'après état de rapprochement		

Cas de synthèse : Travaux d'inventaire Établissement des comptes annuels Annexe

■ Énoncé

La société Aubry SA, créée le 1-7-N–2 à Cluses (Haute-Savoie), exploite une activité de décolletage assisté par ordinateur de divers matériaux métalliques. Elle utilise des machines à commandes numériques permettant d'usiner des pièces destinées essentiellement au domaine médical, avec une précision au millième de millimètre.

Vous êtes chargé d'effectuer les opérations d'inventaire au 31-12-N. À cette fin, les services comptables vous remettent plusieurs dossiers ainsi que la balance avant inventaire au 31-12-N.

■ DOSSIER N° 1 : Amortissements et régularisations de cessions

À la création de l'entreprise, le compte 215. *Installations techniques, matériels et outillages industriels* comprenait deux machines à commandes numériques de dernière génération.

Machines	Valeur d'origine HT
SX1	156 000
SX2	92 000

Le 01-07-N, la machine SX2 a été reprise au prix de 63 000 € TTC contre l'acquisition d'une machine de dernière génération SX3 dont le prix d'achat HT est de 211 000 € HT, auquel s'ajoute 5 000 € HT de frais de montage (TVA à 20 %).

Seule l'écriture suivante a été enregistrée en comptabilité :

	28-07-N		
215	Installations techniques, matériels et outillages industriels	196 200	
512	Banque		196 200

Les machines sont amorties selon le mode linéaire qui traduit le mieux le rythme de consommations des avantages économiques attendus. Elles sont toutes amorties sur la même durée. Les valeurs résiduelles sont nulles.

Les autres immobilisations (frais d'établissement, constructions, matériels de transport et matériels de bureau) sont également amortissables en linéaire et ont toutes été acquises à la création de l'entreprise.

■ DOSSIER N° 2 : Provisions

1. Provision pour litiges

La provision pour litiges inscrite au bilan a été créée à la fin de l'exercice précédent et concerne un litige avec un concurrent, porté devant le Tribunal de commerce et dont l'issue est incertaine.

Au cours de l'année N, l'entreprise Aubry a été condamnée par le Tribunal de commerce à verser 5 400 € de dommages et intérêts à son concurrent. Lors du règlement, cette somme a été inscrite au débit du compte 671. *Charges exceptionnelles sur opérations de gestion.*

2. Provision pour gros entretien ou grandes révisions

L'atelier de production fait l'objet tous les quatre ans d'une révision complète pour mise en conformité avec les normes de sécurité en vigueur. Cette dépense, évaluée à 32 000 € HT, a été programmée pour l'année N+2. À la clôture de l'exercice N–1, l'entreprise Aubry avait décidé de provisionner cette dépense future sur les quatre ans à venir.

■ DOSSIER N° 3 : Dépréciations de créances douteuses

Créances douteuses de l'exercice N–1

Noms	Créances TTC	Dépréciations au 31-12-N–1	Sommes encaissées en N	Observations
Cartier	15 000	2 500	3 000	Solde irrécouvrable
Hannas	5 400	2 250	1 800	Dépréciation à porter à 60 %

Créances douteuses de l'exercice N

Noms	Créances TTC	Dépréciations à constituer
Faure	7 800	On espère recouvrer 75 % de la créance
Cluze	3 600	Créance totalement irrécouvrable
Duprat	13 200	Risque de non-recouvrement de 30 %

■ DOSSIER N° 4 : Portefeuille Titres

On recueille les renseignements suivants sur le portefeuille titres :

Valeurs mobilières de placement	Date d'acquisition	Quantité au 1-1-N	Prix d'achat unitaire	Cours moyen Décembre N
Actions Maxi-Livres	15-09-N–2	200	16,0	18,2
Actions Devernois	05-04-N–1	500	43,0	27,6
Actions Infogrames	20-10-N	350	28,5	31,0

La dépréciation figurant dans la balance concerne uniquement les actions Maxi-Livres.

Le 12-03-N, 40 actions Devernois ont été cédées pour un prix de 35 €.

L'écriture suivante a été enregistrée :

	12-03-N		
512	Banque	14 000	
471	Compte d'attente		14 000

Le poste *Titres de participation* correspond à des actions de la société Hadoc, une filiale de la société Aubry, acquises en deux fois :

– à la création de la société Aubry : 10 000 actions à 10 € ;

– le 15-01-N : 15 000 actions à 14 €. Cette filiale connaît actuellement des difficultés financières. La valeur d'utilité des actions est estimée à 11 € à la clôture de l'exercice N.

■ DOSSIER N° 5 : Ajustements des comptes de gestion

1. L'entreprise a contracté le 29-03-N–1 un emprunt de 140 000 €, remboursable en 7 ans par fraction de 20 000 € au 1er avril de chaque année. Le premier remboursement a eu lieu le 01-04-N. Le montant des intérêts au taux de 10 % se calcule chaque année sur le capital restant dû. Il est versé à la même date d'échéance que la fraction remboursée de l'emprunt.

2. La prime d'assurance du matériel d'exploitation et de transport de 13 200 €, payée le 30-10-N, concerne la période du 01-11-N au 31-10-N+1 (cette opération n'est pas soumise à la TVA).

3. La valeur d'achat des fournitures de bureau non consommées au 31-12-N est estimée à 2 820 € HT.

4. Les charges non encore enregistrées au 31-12-N, faute de pièces justificatives, concernent :

– la consommation téléphonique des mois de novembre et de décembre N, estimée à 1 500 € HT ;

– la consommation d'électricité du mois de décembre, estimée à 2 000 € HT.

5. Le 27-12-N, une facture d'achat de matières premières de 2 380 € HT a été comptabilisée. La livraison n'a pas encore été effectuée.

6. À la date de clôture, un fournisseur doit accorder une ristourne de 1 440 € (dont 240 € de TVA) sur les achats de matières premières du dernier trimestre N.

7. Le relevé de compte reçu de la banque présente, au 31-12-N, un solde créditeur de 18 751 €.

Après comparaison avec les enregistrements effectués sur le compte 512. *Banque*, les différences suivantes ont été relevées :

• Opérations enregistrées sur le compte 512. *Banque*, mais non encore inscrites sur le relevé bancaire :

– émission du chèque n° 566 à l'ordre du fournisseur Nike 6 231

– remises de chèques à l'encaissement 16 562

• Opérations inscrites sur le relevé bancaire, mais non encore enregistrées sur compte 512. *Banque* :

– Remise d'une traite à l'escompte (net porté en compte) 8 825

 - Commission d'escompte : 108 € (dont 18 € de TVA)

 - Intérêts : 367 €

– Domiciliation d'une traite 5 340

– Dividendes sur actions Devernois 525

■ DOSSIER N° 6 : Inventaire des stocks

L'inventaire physique des stocks au 31-12-N fait ressortir les montants suivants :

– Matières premières .... 98 256 €

– Produits finis .... 169 226 €

– Emballages récupérables non identifiables .... 10 744 €

La dépréciation constatée à la clôture de l'exercice précédent concerne un lot de produits finis qui a été vendu au cours de l'exercice N.

Le mauvais état d'un lot de matières premières justifie la constatation d'une dépréciation de 3 270 €.

■ DOSSIER N° 7: Impôts et taxes

• TVA

La déclaration et la centralisation de la TVA du mois de décembre N n'ont pas encore été effectuées. Il convient de calculer la TVA due au titre du mois de décembre (en tenant compte des enregistrements effectués au titre des précédents dossiers) et d'enregistrer les écritures de centralisation correspondantes.

• Impôt sur les sociétés

Au cours de l'exercice N, les quatre acomptes d'impôt sur les sociétés ont été versés et enregistrés au débit du compte 444. *État – Impôts sur les bénéfices*. L'impôt dû au titre de l'exercice N n'a pas encore été enregistré. D'après les calculs effectués par l'expert-comptable, cet impôt s'élève à 57 260 €.

Mission

1. Après avoir fourni tous les éléments de calcul et les explications nécessaires pour chaque dossier, enregistrez au livre-journal toutes les écritures d'inventaire au 31-12-N.

2. Établissez la balance après inventaire au 31-12-N.

3. Enregistrez les écritures de détermination du résultat.

4. Présentez le bilan et le compte de résultat au 31-12-N.

5. Présentez les tableaux de variation des immobilisations, des amortissements, des dépréciations et des provisions en vue de la préparation de l'annexe.

Balance Aubry au 31-12-N – Avant inventaire

N°	Libellé	Débit	Crédit
101	Capital social		700 000
1061	Réserve légale		30 000
1068	Autres réserves		74 000
145	Amortissements dérogatoires		40 610
1511	Provisions pour litiges		6 000
1572	Provisions pour gros entretien ou grandes révisions		8 000
164	Emprunts auprès des établissements de crédit		120 000
201	Frais d'établissement	21 000	
211	Terrains	123 000	
213	Constructions	128 000	
215	Installations techniques, matériels et outillages industriels	444 200	
2182	Matériel de transport	117 200	
2183	Matériel de bureau et matériel informatique	48 000	
261	Titres de participation	310 000	
275	Dépôts et cautionnements versés	6 400	
2801	Amortissements des frais d'établissement		10 500
2813	Amortissements des constructions		9 600
2815	Amortissements des installations techniques, matériels et outillages industriels		74 400
28182	Amortissements du matériel de transport		43 950
28183	Amortissements du matériel de bureau et matériel informatique		10 800
311	Stocks de matières premières	75 480	
3265	Stocks d'emballages récupérables non identifiables	9 356	
355	Stocks de produits finis	130 028	

.../...

.../...

3955	Dépréciations des stocks de produits finis		2 628
401	Fournisseurs		182 020
403	Fournisseurs – Effets à payer		34 396
404	Fournisseurs d'immobilisations		43 230
4091	Fournisseurs – Avances et acomptes versés	10 297	
4096	Fournisseurs – Créances pour emballages à rendre	2 840	
411	Clients	186 360	
413	Clients – Effets à recevoir	13 642	
416	Clients douteux ou litigieux	15 600	
4196	Clients – Dettes pour emballages consignés		7 438
444	État – Impôts sur les bénéfices	41 870	
44562	État – TVA déductible sur immobilisations	2 232	
44566	État – TVA déductible sur autres biens et services	20 879	
4457	État, TVA collectée		73 860
471	Compte d'attente		14 000
491	Dépréciations des comptes de clients		4 750
503	Valeurs mobilières de placement – Actions	34 675	
5114	Effets à l'escompte	9 300	
512	Banque	25 072	
53	Caisse	5 884	
5903	Dépréciations des VMP – Actions		1 164
601	Achats stockés – Matières premières	1 359 230	
60265	Achats stockés – Emballages récupérables non identifiables	63 394	
6061	Fournitures non stockables	3 760	
6064	Fournitures administratives	4 380	
6091	R.R.R. obtenus sur achats de matières premières		23 254
6122	Redevances de crédit-bail mobilier	58 300	
613	Locations	41 609	
615	Entretien et réparations	67 927	
616	Primes d'assurance	41 000	
622	Rémunérations d'intermédiaires et honoraires	10 680	
623	Publicité, publications, relations publiques	60 000	
6241	Transports sur achats	97 800	
6242	Transports sur ventes	37 700	
626	Frais postaux et frais de télécommunications	5 890	
627	Services bancaires	3 870	
631	Impôts, taxes et versements assimilés sur rémunérations.	88 700	
635	Autres impôts, taxes et versements assimilés	100 004	
641	Rémunérations du personnel	535 800	
645	Charges de sécurité sociale et de prévoyance	268 158	
661	Charges d'intérêts	26 518	
665	Escomptes accordés	1 538	

.../...

.../...

671	Charges exceptionnelles sur opérations de gestion	13 900	
701	Ventes de produits finis		3 183 045
7091	R.R.R. accordés par l'entreprise sur ventes de produits finis	30 724	
764	Revenus des valeurs mobilières de placement		636
765	Escomptes obtenus		3 916
	Totaux	**4 702 197**	**4 702 197**

■ Solution

1 • Les régularisations d'inventaire

■ DOSSIER N° 1 : Amortissements

1. Détermination des taux d'amortissement

Frais d'établissement : 21 000 x T % x 1,5 an = 10 500 → T = $33^{1/3}$ %

Constructions : 128 000 x T % x 1,5 an = 9 600 → T = 5 %

Matériel de transport : 117 200 x T % x 1,5 an = 43 950 → T = 25 %

Matériel de bureau : 48 000 x T % x 1,5 an = 10 800 → T = 15 %

Installations techniques, etc. : 248 000 x T % x 1,5 an = 74 400 → T = 20 %

2. Calcul et enregistrement des dotations aux amortissements de l'exercice N

■ Amortissement des installations techniques, matériel et outillage

Les machines bénéficiant de l'amortissement dégressif fiscal ont fait l'objet d'un amortissement dérogatoire pour la fraction de l'amortissement fiscal excédant l'amortissement comptable. Nous présentons ci-après pour les trois machines les tableaux de calcul des amortissements comptables, fiscaux et dérogatoires.

Le taux dégressif applicable compte tenu des coefficients en vigueur est de : 20 % x 1,75 = 35 %.

Tableau de calcul des amortissements **Machine SX1**

Année	(1) Amortissement comptable	(2) Amortissement fiscal	(2) – (1) Amortissement dérogatoire
N–2	15 600 (a)	27 300 (c)	11 700
N–1	31 200 (b)	45 045 (d)	13 845
N	31 200	29 279 (e)	– 1 921
N+1	31 200	27 188	– 4 012
N+2	31 200	27 188	– 4 012
N+3	15 600	0	– 15 600
	156 000	**156 000**	**0**

(a) 156 000 x 20 % x 6/12 (b) 156 000 x 20 % (c) 156 000 x 35 % x 6/12

(d) (156 000 – 27 300) x 35 % (e) (156 000 – 27 300 – 45 045) x 35 %

Tableau de calcul des amortissements **Machine SX2**

Année	(1) Amortissement comptable	(2) Amortissement fiscal	(2) – (1) Amortissement dérogatoire
N–2	9 200 (a)	16 100 (c)	6 900
N–1	18 400 (b)	25 565 (d)	8 165
N	18 400	17 267 (e)	– 1 133
N+1	18 400	16 034	– 2 366
N+2	18 400	16 034	– 2 366
N+3	9 200	0	– 9 200
	92 000	**92 000**	**0**

(a) 92 000 x 20 % x 6/12 (b) 92 000 x 20 % (c) 92 000 x 35 % x 6/12
(d) (92 000 – 16 100) x 35 % (e) (92 000 – 16 100 – 26 565) x 35 %

Tableau de calcul des amortissements **Machine SX3**

Année	(1) Amortissement comptable	(2) Amortissement fiscal	(2) – (1) Amortissement dérogatoire
N	21 600 (a)	37 800 (c)	16 200
N+1	43 200 (b)	62 370 (d)	19 170
N+2	43 200	40 540 (e)	– 2 660
N+3	43 200	37 645	– 5 555
N+4	43 200	37 645	– 5 555
N+5	21 600	0	– 21 600
	216 000	**216 000**	**0**

(a) 216 000 x 20 % x 6/12 (b) 216 000 x 20 % (c) 216 000 x 35 % x 6/12
(d) (216 000 – 37 800) x 35 % (e) (216 000 – 37 800 – 62 370) x 35 %

Récapitulatif des dotations aux amortissements de l'exercice N :

Dotation aux amt. comptable N – SX1 : 31 200
Dotation aux amt. comptable N – SX2 : 18 400 x 6/12 .... 9 200
Dotation aux amt. comptable N – SX3 : 21 600
----
62 000

Dotation aux amt. dérogatoire N – SX1 : .... – 1 921
Dotation aux amt. dérogatoire N – SX2 : – 1 133 x 6/12 .... – 566
Dotation aux amt. dérogatoire N – SX3 : 16 200

Remarque

En cas de cession (ou de reprise) en cours d'année, les immobilisations sont amorties jusqu'au jour de cession. En l'espèce, la machine SX2 a été amortie jusqu'au 01-07-N.

■ Enregistrement de la dotation aux amortissements de l'exercice N

	31-12-N		
6811	Dotations aux amortissements sur immobilisations corporelles et incorporelles	111 900	
2801	Amortissements des frais d'établissement *(21 000 x 331/3 %)*		7 000
2813	Amortissements des constructions *(128 000 x 5 %)*		6 400
2815	Amortissements des installations techniques, matériels et outillages ind.		62 000
28182	Amortissements du matériel de transport *(117 200 x 25 %)*		29 300
28183	Amortissements du matériel de bureau et matériel informatique *(48 000 x 15 %)*		7 200
	Dotations aux amortissements de l'exercice N		
	d°		
6872	Dotations aux provisions réglementées	16 200	
145	Amortissements dérogatoires		16 200
	Dot. amortissent dérogatoire – machine SX3		
	d°		
145	Amortissements dérogatoires	2 487	
7872	Reprises sur provisions réglementées		2 487
	Reprises amortissement dérogatoire : *– machine SX1 : 1 921 €* *– machine SX2 : 566 €*		

3. Régularisation de l'acquisition de la machine SX3 et de la reprise de la machine SX2

Il convient d'enregistrer simultanément l'acquisition de la nouvelle machine et la reprise de l'ancienne. La reprise de la machine SX2 est assimilée comptablement à une cession soumise à la TVA dont le prix est égal au prix de reprise. Quant à la machine SX3, elle doit être inscrite au débit du compte 215. *Installations techniques, matériels et outillages industriels* à son coût d'acquisition (lequel comprend les frais accessoires) et non, comme cela a été effectué par le comptable de l'entreprise, pour le montant net encaissé, soit :

Prix d'achat HT	211 000
Frais de mise en service HT	5 000

Coût d'acquisition HT	216 000

	31-12-N		
215	Installations techniques, matériels et outillages ind. *(216 000 – 196 200)*	19 800	
44562	État, TVA déductible sur immobilisations *(216 000 x 20 %)*	43 200	
775	Produits des cessions d'éléments d'actif *(63 000/1,20)*		52 500
4457	État, TVA collectée		10 500
	Régularisation de l'acquisition de la machine SX3 et de la reprise de la machine SX2		
	d°		
2815	Amortissements des installations techniques, matériels et outillages indus. *(92 000 x 20 % x 2 ans)*	36 800	
675	Valeurs comptables des éléments d'actif cédés	55 200	
215	Installations techniques, matériels et outillages industriels		92 000
	Sortie de l'actif de la machine SX2		

Lors d'une cession d'immobilisations, les amortissements dérogatoires doivent être intégralement repris au résultat. Le compte 145. *Amortissements dérogatoires* relatif à la machine SX2 se présente comme suit à la date de cession (après enregistrement de la dotation N) :

145. Amortissements dérogatoires

Débit		Crédit	
		N–2 :	6 900
		N–1 :	8 165
N :	566		
	566		**15 065**

Solde créditeur : 14 499

Il convient donc de solder ce compte :

	d°		
145	Amortissements dérogatoires	14 499	
7872	Reprises sur provisions réglementées		14 499
	Reprise solde amt. dérogatoire machine SX2		

Après comptabilisation des écritures de régularisation et de dotations aux amortissements, les comptes « 215 » et « 2815 » présentent les soldes suivants (pour l'ensemble des machines) :

215. Installations techniques...

Débit		Crédit	
N–2 :	156 000		
N–2 :	92 000		
N :	196 200		
N :	19 800	N :	92 000
	464 000		**92 000**

Solde débiteur : 372 000

2815. Amortissements des installations techniques...

Débit		Crédit	
		N–2 :	24 800
		N–1 :	49 600
N :	36 800	N :	62 000
	36 800		**136 400**

Solde créditeur : 99 600

■ DOSSIER N° 2 : Provisions

■ Provision pour litiges :

La provision pour litiges inscrite au bilan de l'exercice N–1, à caractère exceptionnel, doit être reprise au résultat, car le risque pour lequel elle a été constituée s'est réalisé.

■ Provision pour gros entretien ou grandes révisions :

Il convient d'enregistrer une deuxième dotation aux provisions pour « gros entretien ou grandes révisions », égale au quart de la dépense future prévue, soit : 32 000 x 1/4 = 8 000 €.

	31-12-N		
1511	Provisions pour litiges	6 000	
7875	Reprises sur provisions pour risques et charges exceptionnels		6 000
	Annulation de la provision N–1		
	d°		
6815	Dotations aux provisions d'exploitation	8 000	
1572	Provisions pour gros entretien ou grandes révisions		8 000
	Révision future programmée répartie sur 4 ans : 32 000 x 1/4		

■ DOSSIER N° 3 : Créances douteuses

■ Client douteux Cartier :

Le solde de sa créance étant irrécouvrable, il convient de l'enregistrer en perte définitive et de reprendre au résultat la dépréciation inscrite au bilan du 31-12-N–1.

Montant de la créance nette hors taxes à enregistrer en pertes définitives : (15 000 – 3 000)/1,20 = 10 000 €.

	31-12-N		
654	Pertes sur créances irrécouvrables	10 000	
4457	État, TVA collectée	2 000	
416	Clients douteux		12 000
	Cartier : créance irrécouvrable		
	d°		
491	Dépréciations des comptes de clients	2 500	
7817	Reprises sur dépréciations des actifs circulants		2 500
	Cartier : annulation de la dépréciation N–1		

■ Client douteux Hannas :

Il convient d'enregistrer une reprise sur dépréciations :

Dépréciation nécessaire au 31-12-N : (5 400 – 1 800)/1,20 x 60 % ..	1 800
– Dépréciation existante au 31-12-N–1	2 250

= Reprise sur dépréciations à enregistrer	450

	31-12-N		
491	Dépréciations des comptes de clients	450	
7817	Reprises sur dépréciations des actifs circulants		450
	Hannas : reprise sur dépréciations		

■ Nouveaux clients douteux Faure, Cluze et Duprat :

La créance sur le client Cluze étant totalement irrécouvrable, elle doit être enregistrée en perte définitive. Quant aux clients douteux Faure et Duprat, il convient d'abord d'isoler leurs créances (TTC) dans le compte spécifique 416. *Clients douteux* et, ensuite, d'enregistrer des dépréciations correspondant au risque de non-recouvrement.

	31-12-N		
654	Pertes sur créances irrécouvrables *(3 600/1,20)*	3 000	
4457	État, TVA collectée	600	
411	Client Cluze		3 600
	Cluze : créance irrécouvrable		
	d°		
416	Clients douteux	21 000	
411	Client Faure		7 800
411	Clients Duprat		13 200
	Nouveaux clients douteux		
	d°		
6817	Dotations aux dépréciations des actifs circulants	4 925	
491	Dépréciations des comptes de clients		4 925
	Dotations sur créances douteuses :		
	Faure : (7 800/1,20) x 25 % = 1 625		
	Duprat : (13 200/1,20) x 30 % = 3 300		

■ DOSSIER N° 4 : Portefeuille Titres

1. Valeurs mobilières de placement

Les valeurs mobilières de placement en portefeuille doivent faire l'objet des régularisations suivantes :

– **Actions Maxi-Livres** : la dépréciation inscrite au bilan de 1 164 € doit être annulée, car la valeur d'inventaire des titres au 31-12-N est supérieure à leur valeur d'acquisition.

– **Actions Devernois** : il convient de régulariser la cession du 12-03-N, puis d'enregistrer une dotation aux dépréciations, calculée sur les titres restant en portefeuille, de : 100 x (43,00 € – 27,60 €) = 1 540 €.

– **Actions Infogrames** : il n'y a pas de dépréciation à enregistrer.

	31-12-N		
5903	Dépréciations de VMP – Actions	1 164	
7866	Reprises sur dépréciations des éléments financiers		1 164
	Annulation de la dépréciation des actions Maxi-Livres		
	d°		
471	Compte d'attente *(400 x 35 €)*	14 000	
667	Charges nettes sur cessions des VMP *(400 x (43 € – 35 €)*	3 200	
503	VMP – Actions *(400 x 43 €)*		17 200
	Régularisation de la cession des actions Devernois		
	d°		
6866	Dotations aux dépréciations des éléments financiers	1 540	
5903	Dépréciations des VMP – Actions		1 540
	Dépréciation des actions Devernois		

2. Titres de participation

Les titres de participation Hadoc doivent faire l'objet d'une dépréciation calculée comme suit :

Valeur d'acquisition : (10 000 x 10 €) + (15 000 x 14 €)	310 000
– Valeur d'utilité au 31-12-N : 25 000 x 11 €	(275 000)
= Dotation aux dépréciations N	35 000

	31-12-N		
6866	Dotations aux dépréciations des éléments financiers	35 000	
2961	Dépréciations des titres de participation		35 000
	Dépréciation des actions Hadoc		

■ DOSSIER N° 5 : Ajustements des comptes de gestion

1. Intérêts courus sur emprunt

Intérêts courus sur l'exercice N : (140 000 – 20 000) x 10 % x 9/12 = 9 000 €.

	31-12-N		
661	Charges d'intérêts	9 000	
1688	Intérêts courus		9 000

2. Prime d'assurance constatée d'avance

Il convient de transférer sur l'exercice N+1, la fraction de la prime d'assurance comptabilisée d'avance, soit : 13 200 x 10/12 = 11 000 €.

	31-12-N		
486	Charges constatées d'avance	11 000	
616	Primes d'assurance		11 000

3. Fournitures de bureau non consommées à la clôture de l'exercice N

Les achats non stockés et non encore consommés à la clôture d'un exercice sont considérés comme des charges constatées d'avance.

	31-12-N		
486	Charges constatées d'avance	2 820	
6064	Fournitures administratives		2 820

4. Consommations de téléphone et d'électricité à rattacher à l'exercice N

Les consommations téléphoniques et d'électricité se rapportant à l'exercice N, mais non encore facturées à la clôture de celui-ci, doivent être estimées et constatées en comptabilité sous la forme de *charges à payer.*

	31-12-N		
626	Frais postaux et frais de télécommunications	1 500	
44586	État, TVA sur factures non parvenues	300	
408	Fournisseurs – Factures non parvenues		1 800
	d°		
6061	Fournitures non stockables	2 000	
44586	État, TVA sur factures non parvenues	400	
408	Fournisseurs – Factures non parvenues		2 400

5. Achats de matières premières comptabilisés d'avance

Les factures enregistrées en comptabilité et se rapportant à des livraisons (ou des prestations de services) non encore effectuées à la clôture de l'exercice, doivent être régularisées sous la forme de *charges* ou *produits constatées d'avance.*

	31-12-N		
486	Charges constatées d'avance	2 380	
601	Achats stockés – Matières premières		2 380

6. Ristourne sur achats de matières premières à obtenir d'un fournisseur

Les réductions commerciales restant à obtenir (ou à accorder) à la clôture de l'exercice doivent être estimées et inscrites en comptabilité sous la forme de réductions de charges (ou de produits) à obtenir (ou à accorder). Ici, il s'agit d'une ristourne sur achats de matières premières à comptabiliser en réductions de charges au crédit du compte 609. *R.R.R. obtenus sur achats.*

	31-12-N		
4098	Fournisseurs – R.R.R. à obtenir	1 440	
6091	R.R.R. obtenus sur achats de matières premières		1 200
44586	État, TVA sur factures non parvenues		240

7. État de rapprochement bancaire

	Compte 512. Banque (comptabilité de l'entreprise)		Compte Client Aubry (comptabilité de la banque)	
	Débit	**Crédit**	**Débit**	**Crédit**
Soldes au 31-12-N avant rapprochement :	**25 072**			**18 751**
Opérations manquantes sur le compte « Banque » de l'entreprise :				
– Remise à l'escompte	8 825			
– Domiciliation d'effets		5 340		
– Encaissements de dividendes	525			
Opérations manquantes sur le relevé de compte envoyé par la banque :				
– Chèque Fournisseur n° 566			6 231	
– Remise de chèque				16 562
Soldes au 31-12-N après rapprochement :		**29 082**	**29 082**	
Total	**34 422**	**34 422**	**35 313**	**35 313**

Enregistrement des écritures de régularisation du compte 512. *Banque* :

	31-12-N		
512	Banque	9 350	
627	Services bancaires	90	
44566	État, TVA déductible sur ABS	18	
661	Charges d'intérêts	367	
5114	Effets à l'escompte		9 300
764	Revenus des valeurs mobilières de placement		525
	Régularisation d'après état de rapprochement		
	d°		
403	Fournisseurs – Effets à payer	5 340	
512	Banque		5 340
	Régularisation d'après état de rapprochement		

■ DOSSIER N°6 : Inventaire des stocks

1. Enregistrement des variations de stocks

	31-12-N		
6031	Variation des stocks de matières premières	75 480	
6032	Variation des stocks des autres approvisionnements	9 356	
7135	Variation des stocks de produits	130 028	
311	Stocks de matières premières		75 480
3265	Stocks d'emballages récupérables non identifiables		9 356
355	Stocks de produits finis		130 028
	Annulation du stock initial		
	d°		
311	Stocks de matières premières	98 256	
3265	Stocks d'emballages récupérables non identifiables	10 744	
355	Stocks de produits finis	169 226	
6031	Variation des stocks de matières premières		98 256
6032	Variation des stocks des autres approvisionnements		10 744
7135	Variation des stocks de produits		169 226
	Constatation du stock final au 31-12-N selon inventaire		

2. Régularisation des dépréciations de stocks

Le stock initial de produits finis ayant été vendu au cours de l'exercice N, la dépréciation de 2 628 € inscrite au bilan du 31-12-N–1 n'a plus d'objet. Il convient donc de la reprendre au résultat de l'exercice N. En revanche, il faut enregistrer une dépréciation du stock de matières premières au 31-12-N.

	31-12-N		
3955	Dépréciations des stocks de produits finis	2 628	
7817	Reprises sur dépréciations des actifs circulants		2 628
	Annulation de la dépréciation N-1		
	d°		
6817	Dotations dépréciations des actifs circulants	3 270	
3911	Dépréciations des matières premières		3 270
	Dotation aux dépréciations N		

■ DOSSIER N°7 : Impôts et taxes

1. Déclaration et centralisation de la TVA du mois de décembre N

La déclaration de TVA du mois de décembre est établie sur la base des comptes figurant dans la balance avant inventaire, corrigés des écritures d'inventaire :

Solde du compte 4457. *État, TVA collectée*	73 860
+ TVA collectée sur reprise de la machine SX2	10 500
– Récupération de la TVA collectée sur créance irrécouvrable Cartier	(2 000)
– Récupération de la TVA collectée sur créance irrécouvrable Cluze	(600)
= TVA collectée du mois de décembre N	**81 760**

Solde du compte 44562. *État, TVA déductible sur immobilisations*	2 232
+ TVA déductible sur acquisition de la machine SX3	43 200
= TVA déductible sur immobilisations du mois de décembre N	**45 432**

Solde du compte 44566. État, TVA déductible sur ABS	20 879
+ TVA déductible sur agios bancaires	18
= TVA déductible sur ABS du mois de décembre N	**20 897**

La TVA prise en compte lors des écritures de régularisation et inscrite dans le compte 44586. *État, TVA sur factures non parvenues* ne doit pas être prise en considération puisqu'il s'agit d'une taxe potentielle sur des opérations qui seront régularisées au cours de l'exercice suivant.

Déclaration de la TVA due au titre du mois de décembre N

TVA collectée sur les ventes du mois de décembre		81 760
– TVA déductible		(66 329)
- sur immobilisations du mois de décembre	45 432	
- sur autres biens et services du mois de décembre	20 897	
TVA à décaisser au titre du mois de décembre		**15 431**

Centralisation de la TVA :

	31-12-N		
4457	État, TVA collectée	81 760	
44562	État, TVA déductible sur immobilisations		45 432
44566	État, TVA déductible sur ABS		20 897
4455	État, TVA à décaisser		15 431
	Centralisation TVA du mois de décembre N		

2. Impôts sur les sociétés

L'impôt sur les bénéfices dû au titre de l'exercice N, soit 57 260 €, doit être enregistré :
- au débit du compte 695. *Impôts sur les bénéfices* ;
- au crédit du compte 444. *État – Impôts sur les bénéfices.*

Le compte 444. *État – Impôts sur les bénéfices* ayant été débité au cours de l'exercice du montant des quatre acomptes versés, seul figurera au passif le solde restant à payer au Trésor public, soit : (57 260 – 41 870) = 15 390 €.

Cette somme sera payée au Trésor public le 15 avril N+1 au plus tard.

	31-12-N		
695	Impôts sur les bénéfices	57 260	
444	État – Impôts sur les bénéfices		57 260
	Impôt sur les sociétés dû au titre de l'exercice N		

2 • Présentation de la balance après inventaire

La balance après inventaire est obtenue à partir de la balance avant inventaire et du report des écritures d'inventaire.

Balance Aubry au 31-12-N – Après inventaire			
N°	**Libellé**	**Débit**	**Crédit**
101	Capital social		700 000
1061	Réserve légale		30 000
1068	Autres réserves		74 000
145	Amortissements dérogatoires		39 824
1511	Provisions pour litiges		0
1572	Provisions pour gros entretien ou grandes révisions		16 000
164	Emprunts auprès des établissements de crédit		120 000
1688	Intérêts courus		9 000
201	Frais d'établissement	21 000	
211	Terrains	123 000	
213	Constructions	128 000	
215	Installations techniques, matériels et outillages industriels	372 000	
2182	Matériel de transport	117 200	
2183	Matériel de bureau et matériel informatique	48 000	
261	Titres de participation	310 000	
275	Dépôts et cautionnements versés	6 400	
2801	Amortissements des frais d'établissement		17 500
2813	Amortissements des constructions		16 000
2815	Amortissements des installations techniques, matériels et outillages industriels		99 600
28182	Amortissements du matériel de transport		73 250
28183	Amortissements du matériel de bureau et matériel informatique		18 000
2961	Dépréciations des titres de participation		35 000
311	Stocks de matières premières	98 256	
3265	Stocks d'emballages récupérables non identifiables	10 744	
355	Stocks de produits finis	169 226	

…/…

.../...

391	Dépréciations des stocks de matières premières		3 270
3955	Dépréciations des stocks de produits finis		0
401	Fournisseurs		182 020
403	Fournisseurs – Effets à payer		29 056
404	Fournisseurs d'immobilisations		43 230
408	Fournisseurs – Factures non parvenues		4 200
4091	Fournisseurs – Avances et acomptes versés	10 297	
4096	Fournisseurs – Créances pour emballages à rendre	2 840	
4098	Fournisseurs – R.R.R. à obtenir	1 440	
411	Clients	161 760	
413	Clients – Effets à recevoir	13 642	
416	Clients douteux ou litigieux	24 600	
4196	Clients – Dettes pour emballages consignés		7 438
444	État – Impôts sur les bénéfices		15 390
4455	État, TVA à décaisser		15 431
44562	État, TVA déductible sur immobilisations	0	
44566	État, TVA déductible sur autres biens et services	0	
4457	État, TVA collectée		0
44586	État, TVA sur factures non parvenues	460	
471	Compte d'attente	0	
486	Charges constatées d'avance	16 200	
491	Dépréciations des comptes de clients		6 725
503	Valeurs mobilières de placement – Actions	17 475	
5114	Effets à l'escompte	0	
512	Banque	29 082	
53	Caisse	5 884	
5903	Dépréciations des VMP – Actions		1 540
601	Achats stockés – Matières premières	1 356 850	
60265	Achats stockés – Emballages récupérables non identifiables	63 394	
6031	Variation des stocks de matières premières		22 776
6032	Var. des stocks des autres approvisionnements		1 388
6061	Fournitures non stockables	5 760	
6064	Fournitures administratives	1 560	
6091	R.R.R. obtenus sur achats de matières premières		24 454
6122	Redevances de crédit-bail mobilier	58 300	
613	Locations	41 609	
615	Entretien et réparations	67 927	
616	Primes d'assurance	30 000	
622	Rémunérations d'intermédiaires et honoraires	10 630	
623	Publicité, publications, relations publiques	60 000	
6241	Transports sur achats	97 800	
6242	Transports sur ventes	37 700	
626	Frais postaux et frais de télécommunications	7 390	

.../...

.../...

627	Services bancaires	3 960	
631	Impôts, taxes et versements assimilés sur rémunérations.	88 700	
635	Autres impôts, taxes et versements assimilés	100 004	
641	Rémunérations du personnel	535 800	
645	Charges de sécurité sociale et de prévoyance	268 158	
654	Pertes sur créances irrécouvrables	13 000	
661	Charges d'intérêts	35 885	
665	Escomptes accordés	1 538	
667	Charges nettes sur cessions de VMP	3 200	
671	Charges exceptionnelles sur opérations de gestion	13 900	
675	Valeurs comptables des éléments d'actif cédés	55 200	
6811	Dotations aux amortissements sur immobilisations incorporelles et corporelles	111 900	
6815	Dotations aux dépréciations d'exploitation	8 000	
6817	Dotations aux dépréciations des actifs circulants	8 195	
6866	Dotations aux dépréciations des éléments financiers	36 540	
6872	Dotations aux provisions réglementées	16 200	
695	Impôts sur les bénéfices	57 260	
701	Ventes de produits finis		3 183 045
7091	R.R.R. accordés par l'entreprise sur ventes de produits finis	30 724	
7135	Variation des stocks de produits		39 198
764	Revenus des valeurs mobilières de placement		1 161
765	Escomptes obtenus		3 916
775	Produits des cessions d'éléments d'actif		52 500
7817	Reprises sur dépréciations des actifs circulants		5 578
7866	Reprises sur dépréciations des éléments financiers		1 164
7872	Reprises sur provisions réglementées		16 986
7875	Reprises sur provisions pour risques et charges exceptionnels		6 000
	Totaux	**4 914 640**	**4 914 640**

3 • Les écritures de détermination du résultat

		31-12-N		
6091		R.R.R. obtenus sur achats de matières premières	24 454	
	601	Achats stockés – Matières premières		24 454
		Achats nets de réductions commerciales		
		d°		
701		Ventes de produits finis	30 724	
	7091	R.R.R. accordés par l'entreprise sur ventes de produits finis		30 724
		Ventes nettes de réductions commerciales		

.../...

	31-12-N		
12	Résultat net de l'exercice	3 147 792	
6031	Variation des stocks de matières premières	22 776	
6032	Variation des stocks des autres approvisionnements	1 388	
601	Achats stockés – Matières premières		1 332 396
60265	Achats stockés – Emballages récupérables non identifiables		63 394
6061	Fournitures non stockables		5 760
6064	Fournitures administratives		1 560
6122	Redevances de crédit-bail mobilier		58 300
613	Locations		41 609
615	Entretien et réparations		67 927
616	Primes d'assurance		30 000
622	Rémunérations d'intermédiaires et honoraires		10 680
623	Publicité, publications, relations publiques		60 000
6241	Transports sur achats		97 800
6242	Transports sur ventes		37 700
626	Frais postaux et frais de télécommunications		7 390
627	Services bancaires		3 960
631	Impôts, taxes et versements assimilés sur rémunérations.		88 700
635	Autres impôts, taxes et versements assimilés		100 004
641	Rémunérations du personnel		535 800
645	Charges de sécurité sociale et de prévoyance		268 158
654	Pertes sur créances irrécouvrables		13 000
661	Charges d'intérêts		35 885
665	Escomptes accordés		1 538
667	Charges nettes sur cessions de VMP		3 200
671	Charges exceptionnelles sur opérations de gestion		13 900
675	Valeurs comptables des éléments d'actif cédés		55 200
6811	Dotations aux amortissements sur immobilisations corporelles et incorporelles		111 900
6815	Dotations aux provisions d'exploitation		8 000
6817	Dotations aux dépréciations des actifs circulants		8 195
6866	Dotations aux dépréciations des éléments financiers		36 540
6872	Dotations aux provisions réglementées		16 200
695	Impôts sur les bénéfices		57 260
	Pour solde des comptes de charges		

.../...

.../...

	d°		
701	Ventes de produits finis	3 152 321	
7135	Variation des stocks de produits	39 198	
764	Revenus des valeurs mobilières de placement	1 161	
765	Escomptes obtenus	3 916	
775	Produits des cessions d'éléments d'actif	52 500	
7817	Reprises sur dépréciations des actifs circulants	5 578	
7866	Reprises sur dépréciations des éléments financiers	1 164	
7872	Reprises sur provisions réglementées	16 986	
7875	Reprises sur provisions pour risques et charges exceptionnels	6 000	
12	Résultat net de l'exercice		3 278 824
	Pour solde des comptes de produits		

Après avoir enregistré ces écritures, le compte 12. *Résultat net de l'exercice* présente un solde créditeur de : (3 278 824 – 3 147 792) = 131 032 €, correspondant au bénéfice de l'exercice N. Ce montant sera reporté dans les capitaux propres du bilan.

4 • Établissement du bilan et du compte de résultat

Le bilan et le compte de résultat présentés sur les pages suivantes correspondent au système de base. Les documents présentés sont conformes aux formulaires obligatoires n° 2050 à n° 2053 de la Direction Générale des Impôts.

Il est conseillé, pour une meilleure compréhension de ces documents, de se référer à des tableaux de correspondance entre les comptes de la balance et les postes correspondants du bilan et du compte de résultat.

5 • Tableaux de variation des immobilisations, amortissements, dépréciations et provisions

1. Tableau de variation des immobilisations

Situations et et mouvements Rubriques	A Valeur brute à l'ouverture de l'exercice	B Augmentations	C Diminutions	D Valeur brute à la clôture de l'exercice
Immobilisations corporelles	664 200	216 000	92 000	788 200
Immobilisations incorporelles	21 000	-	-	21 000
Immobilisations financières	106 400	210 000	-	316 400
Total	**791 600**	**426 000**	**92 0000**	**1 125 600**

2. Tableau de variation des amortissements

Situations et et mouvements / Rubriques	A Amortissements cumulés au début de l'exercice	B Augmentations : dotations de l'exercice	C Diminutions d'amortissem. de l'exercice	D Amortissements cumulés à la fin de l'exercice
Immobilisations corporelles	138 750	104 900	36 800	206 850
Immobilisations incorporelles	10 500	7 000	-	17 500
Immobilisations financières				
Total	**149 250**	**111 900**	**36 800**	**224 350**

3. Tableau de variation des dépréciations

Situations et et mouvements / Rubriques	A Dépréciations au début de l'exercice	B Augmentations : dotations de l'exercice	C Diminutions : reprises de l'exercice	D Dépréciations à la fin de l'exercice
Immobilisations incorporelles				
Immobilisations corporelles				
Immobilisations financières		35 000		35 000
Stocks	2 628	3 270	2 628	3 270
Créances	4 750	4 925	2 950	6 725
VMP	1 164	1 540	1 164	1 540
Total	**8 542**	**44 735**	**6 742**	**46 535**

4. Tableau de variation des provisions

Situations et et mouvements / Rubriques	A Provisions au début de l'exercice	B Augmentations : dotations de l'exercice	C Diminutions : reprises de l'exercice	D Provisions à la fin de l'exercice
Provisions réglementées	40 610	16 200	16 986	39 824
Provisions pour risques	6 000	-	6 000	-
Provisions pour charges	8 000	8 000	-	16 000
Total	**54 610**	**24 200**	**22 986**	**55 824**

cerfa N° 10937*01
Formulaire obligatoire (article 53 A du Code général des impôts)

(1) **BILAN – ACTIF**

D.G.I. N° 2050 [1]

Désignation de l'entreprise : AUBRY S.A. — Durée de l'exercice exprimée en nombre de mois* 12

Adresse de l'entreprise : — Durée de l'exercice précédent* 12

Numéro SIRET* — Code APE — Exercice précédent (N – 1) clos le :

1er EXEMPLAIRE DESTINÉ À L'ADMINISTRATION

Déclaration souscrite en euros		Code	Exercice N, clos le : 3112N — Brut 1	Code	Amortissements, provisions 2	Net 3	N – 1 Net 4
	Capital souscrit non appelé (0)	AA					
ACTIF IMMOBILISÉ* — IMMOBILISATIONS INCORPORELLES	Frais d'établissement*	AB	21 000	AC	17 500	3 500	
	Frais de recherche et développement*	AD		AE			
	Concessions, brevets et droits similaires	AF		AG			
	Fonds commercial (1)	AH		AI			
	Autres immobilisations incorporelles	AJ		AK			
	Avances et acomptes sur immobilisations incorporelles	AL		AM			
IMMOBILISATIONS CORPORELLES	Terrains	AN	123 000	AO		123 000	
	Constructions	AP	128 000	AQ	16 000	112 000	
	Installations techniques, matériel et outillage industriels	AR	372 000	AS	99 600	272 400	
	Autres immobilisations corporelles	AT	165 200	AU	91 250	73 950	
	Immobilisations en cours	AV		AW			
	Avances et acomptes	AX		AY			
IMMOBILISATIONS FINANCIÈRES (2)	Participations évaluées selon la méthode de mise en équivalence	CS		CT			
	Autres participations	CU	310 000	CV	35 000	275 000	
	Créances rattachées à des participations	BB		BC			
	Autres titres immobilisés	BD		BE			
	Prêts	BF		BG			
	Autres immobilisations financières*	BH	6 400	BI		6 400	
	TOTAL (I)	BJ	1 125 600	BK	259 350	866 250	
ACTIF CIRCULANT — STOCKS*	Matières premières, approvisionnements	BL	109 000	BM	3 270	105 730	
	En cours de production de biens	BN		BO			
	En cours de production de services	BP		BQ			
	Produits intermédiaires et finis	BR	169 226	BS		169 226	
	Marchandises	BT		BU			
	Avances et acomptes versés sur commandes	BV	10 297	BW		10 297	
CRÉANCES	Clients et comptes rattachés (3)*	BX	200 002	BY	6 725	193 277	
	Autres créances (3)	BZ	4 740	CA		4 740	
	Capital souscrit et appelé, non versé	CB		CC			
DIVERS	Valeurs mobilières de placement (dont actions propres : ...)	CD	17 475	CE	1 540	15 935	
	Disponibilités	CF	34 966	CG		34 966	
Comptes de régularisation	Charges constatées d'avance (3)*	CH	16 200	CI		16 200	
	TOTAL (II)	CJ	561 906	CK	11 535	550 371	
	Charges à répartir sur plusieurs exercices* (III)	CL					
	Primes de remboursement des obligations (IV)	CM					
	Ecarts de conversion actif* (V)	CN					
	TOTAL GÉNÉRAL (0 à V)	CO	1 687 506	1A	270 885	1 416 621	

Renvois : (1) Dont droit au bail :		(2) part à moins d'un an des immobilisations financières nettes :	CP	(3) Part à plus d'un an :	CR
Clause de réserve de propriété : *	Immobilisations :	Stocks :		Créances :	

* Des explications concernant cette rubrique sont données dans la notice n° 2032

cerfa N° 10938*01

Formulaire obligatoire (article 53 A du Code général des impôts)

② **BILAN – PASSIF avant répartition**

D.G.I. N° 2051 [1]

Désignation de l'entreprise : AUBRY S.A.

1er EXEMPLAIRE DESTINÉ À L'ADMINISTRATION

			Exercice N 1	Exercice N – 1 2
CAPITAUX PROPRES	Capital social ou individuel (1)* (Dont versé :..............................)	DA	700 000	
	Primes d'émission, de fusion, d'apport, …	DB		
	Ecart de réévaluation (2)* (dont écart d'équivalence EK)	DC		
	Réserve légale (3)	DD	30 000	
	Réserves statutaires ou contractuelles	DE		
	Réserves réglementées (3)* (Dont réserve spéciale des provisions pour fluctuations des cours) B1	DF		
	Autres réserves (Dont réserve relative à l'achat d'œuvres originales d'artistes vivants * EJ)	DG	74 000	
	Report à nouveau	DH		
	RÉSULTAT DE L'EXERCICE (bénéfice ou perte)	DI	131 032	
	Subventions d'investissement	DJ		
	Provisions réglementées *	DK	39 824	
	TOTAL (I)	DL	974 856	
Autres fonds propres	Produit des émissions de titres participatifs	DM		
	Avances conditionnées	DN		
	TOTAL (II)	DO		
Provisions pour risques et charges	Provisions pour risques	DP		
	Provisions pour charges	DQ	16 000	
	TOTAL (III)	DR	16 000	
DETTES (4)	Emprunts obligataires convertibles	DS		
	Autres emprunts obligataires	DT		
	Emprunts et dettes auprès des établissements de crédit (5)	DU	129 000	
	Emprunts et dettes financières divers (Dont emprunts participatifs EI)	DV		
	Avances et acomptes reçus sur commandes en cours	DW		
	Dettes fournisseurs et comptes rattachés	DX	215 276	
	Dettes fiscales et sociales dont IS 19N = IS 19N-1 =	DY	30 821	
	Dettes sur immobilisations et comptes rattachés	DZ	43 230	
	Autres dettes	EA	7 438	
Compte régul.	Produits constatés d'avance (4)	EB		
	TOTAL (IV)	EC	425 765	
	Ecarts de conversion passif* (V)	ED		
	TOTAL GÉNÉRAL (I à V)	EE	1 416 621	
RENVOIS	(1) Ecart de réévaluation incorporé au capital	1B		
	(2) Dont Réserve spéciale de réévaluation (1959)	1C		
	(2) Dont Ecart de réévaluation libre	1D		
	(2) Dont Réserve de réévaluation (1976)	1E		
	(3) Dont réserve réglementée des plus-values à long terme *	EF		
	(4) Dettes et produits constatés d'avance à moins d'un an	EG		
	(5) Dont concours bancaires courants, et soldes créditeurs de banques et CCP	EH		

*Des explications concernant cette rubrique sont données dans la notice n° 2032.

cerfa N° 10167*01

Formulaire obligatoire (article 53 A du Code général des impôts)

③ **COMPTE DE RÉSULTAT DE L'EXERCICE** (En liste)

D.G.I. N° 2052 1

1er EXEMPLAIRE DESTINÉ À L'ADMINISTRATION

Désignation de l'entreprise : AUBRY S.A.

Rubrique	Poste	Code	Exercice N – France	Code	Exercice N – Exportations et livraisons intracommunautaires	Code	Exercice N – Total	Exercice (N – 1)
PRODUITS D'EXPLOITATION	Ventes de marchandises*	FA		FB		FC		
	Production vendue – biens	FD	3 152 321	FE		FF	3 152 321	
	Production vendue – services*	FG		FH		FI		
	Chiffres d'affaires nets*	FJ	3 152 321	FK		FL	3 152 321	
	Production stockée*					FM	39 198	
	Production immobilisée*					FN		
	Subventions d'exploitation					FO		
	Reprises sur les amortissements et provisions, transfert de charges*					FP	5 578	
	Autres produits (1)					FQ		
	Total des produits d'exploitation (2) (I)					FR	3 197 097	
CHARGES D'EXPLOITATION	Achats de marchandises (y compris droits de douane)*					FS		
	Variation de stock (marchandises)*					FT		
	Achats de matières premières et autres approvisionnements (y compris droits de douane)*					FU	1 395 790	
	Variation de stock (matières premières et approvisionnements)*					FV	-24 164	
	Autres achats et charges externes (3) (6 bis)*					FW	422 686	
	Impôts, taxes et versements assimilés*					FX	188 704	
	Salaires et traitements*					FY	535 800	
	Charges sociales					FZ	268 158	
	DOTATIONS D'EXPLOITATION – Sur immobilisations – dotations aux amortissements*					GA	111 900	
	DOTATIONS D'EXPLOITATION – Sur immobilisations – dotations aux provisions					GB		
	DOTATIONS D'EXPLOITATION – Sur actif circulant : dotations aux provisions					GC	8 195	
	DOTATIONS D'EXPLOITATION – Pour risques et charges : dotations aux provisions					GD	8 000	
	Autres charges					GE	13 000	
	Total des charges d'exploitation (4) (II)					GF	2 928 069	
1 - RÉSULTAT D'EXPLOITATION (I – II)						GG	269 028	
opérations en commun	Bénéfice attribué ou perte transférée* (III)					GH		
	Perte supportée ou bénéfice transféré* (IV)					GI		
PRODUITS FINANCIERS	Produits financiers de participations (5)					GJ		
	Produits des autres valeurs mobilières et créances de l'actif immobilisé (5)					GK	1 161	
	Autres intérêts et produits assimilés (5)					GL	3 916	
	Reprises sur provisions et transferts de charges					GM	1 164	
	Différences positives de change					GN		
	Produits nets sur cessions de valeurs mobilières de placement					GO		
	Total des produits financiers (V)					GP	6 241	
CHARGES FINANCIÈRES	Dotations financières aux amortissements et provisions*					GQ	36 540	
	Intérêts et charges assimilées (6)					GR	37 423	
	Différences négatives de change					GS		
	Charges nettes sur cessions de valeurs mobilières de placement					GT	3 200	
	Total des charges financières (VI)					GU	77 163	
2 - RÉSULTAT FINANCIER (V – VI)						GV	-70 922	
3 - RÉSULTAT COURANT AVANT IMPÔTS (I – II + III – IV + V – VI)						GW	198 106	

(RENVOIS : voir tableau n° 2053) * Des explications concernant cette rubrique sont données dans la notice n° 2032.

cerfa N° 10168*01 — Formulaire obligatoire (article 53 A du Code général des impôts)

④ **COMPTE DE RÉSULTAT DE L'EXERCICE (Suite)** — D.G.I. N° 2053 — 1

1er EXEMPLAIRE DESTINÉ À L'ADMINISTRATION

Désignation de l'entreprise : AUBRY S.A.

			Exercice N	Exercice N – 1
PRODUITS EXCEPTIONNELS	Produits exceptionnels sur opérations de gestion	HA		
	Produits exceptionnels sur opérations en capital*	HB	52 500	
	Reprises sur provisions et transferts de charges	HC	22 986	
	Total des produits exceptionnels (7) **(VII)**	HD	75 486	
CHARGES EXCEPTIONNELLES	Charges exceptionnelles sur opérations de gestion (6 bis)	HE	13 900	
	Charges exceptionnelles sur opérations en capital*	HF	55 200	
	Dotations exceptionnelles aux amortissements et provisions	HG	16 200	
	Total des charges exceptionnelles (7) **(VIII)**	HH	85 300	
4 - RÉSULTAT EXCEPTIONNEL (VII – VIII)		HI	-9 814	
Participation des salariés aux résultats de l'entreprise **(IX)**		HJ		
Impôts sur les bénéfices* **(X)**		HK	57 260	
TOTAL DES PRODUITS (I + III + V + VII)		HL	3 278 824	
TOTAL DES CHARGES (II + IV + VI + VIII + IX + X)		HM	3 147 792	
5 - BÉNÉFICE OU PERTE (total des produits – total des charges)		HN	131 032	

RENVOIS

(1)	Dont produits nets partiels sur les opérations à long terme	HO	
(2)	Dont produits de locations immobilières	HY	
	Dont produits d'exploitation afférents à des exercices antérieurs (à détailler au (8) ci-dessous)	1G	
(3)	Dont – Crédit-bail mobilier	HP	
	Dont – Crédit-bail immobilier	HQ	
(4)	Dont charges d'exploitation afférentes à des exercices antérieurs (à détailler au (8) ci-dessous)	1H	
(5)	Dont produits concernant les entreprises liées	1J	
(6)	Dont intérêts concernant les entreprises liées	1K	
(6bis)	Dont dons faits aux organismes d'intérêt général (art. 238 bis du C.G.I.)	HX	

(7) Détail des produits et charges exceptionnels (Si ce cadre est insuffisant, joindre un état du même modèle) :	Exercice N — Charges exceptionnelles	Exercice N — Produits exceptionnels

(8) Détail des produits et charges sur exercices antérieurs :	Exercice N — Charges antérieures	Exercice N — Produits antérieurs

* Des explications concernant cette rubrique sont données dans la notice n° 2032.

PARTIE 3

[redacted]

Imposition et répartition des bénéfices

■ Énoncé

La société anonyme Bonniol a enregistré au cours de l'exercice N les charges suivantes dont le CGI n'admet pas, en tout ou partie, la déductibilité :
– taxes sur les voitures de sociétés : 5 880 € ;
– amende fiscale pour retard de paiement de l'impôt sur les sociétés relatif à l'exercice N–1 : 2 672 € ;
– dotations aux amortissements enregistrées sur le véhicule de fonction de fonction Citroën DS5 Hybrid. Ce véhicule, acquis en N–2 au prix de 30 540 € TTC, est amorti selon le mode linéaire sur une durée de 5 ans.

Les bénéfices fiscaux relatifs aux exercices précédents ont été les suivants :
31-12-N–1 : 435 000 €.
31-12-N–2 : 357 000 €.

La société Bonniol clôture ses comptes au 31 décembre de chaque année. Effectuant les opérations d'inventaire au cours du premier trimestre, ses résultats ne sont généralement pas connus avant le 31 mars.

Le capital de la S.A. Bonniol, entièrement libéré, est divisé en 30 000 actions de 100 €.

On vous communique l'extrait des statuts suivant :
Article 6 : Après dotation à la réserve légale conformément à la loi, il sera servi un intérêt statutaire de 4 % sur le capital libéré ;
Article 7 : il sera doté à titre de réserve, 25 % du bénéfice restant à répartir.

Le conseil d'administration prévoit de distribuer un superdividende calculé sur le bénéfice restant à répartir et arrondi à l'euro inférieur par action. Le solde est ensuite affecté intégralement en réserves libres.

On vous communique un extrait du bilan provisoire établi avant impôt sur les sociétés (IS).

Bilan provisoire avant enregistrement de l'impôt sur les sociétés

Passif	Avant répartition
Capitaux propres	
Capital social : 30 000 x 100 €	3 000 000
Réserve légale	285 000
Réserve statutaire	734 500
Autres réserves	1 134 000
Report à nouveau	54 000
Résultat de l'exercice	562 000
Total	**5 769 500**

Mission

1. Déterminez le résultat fiscal de l'exercice N.

2. Calculez le montant des acomptes sur IS à verser au cours de l'exercice N ainsi que le solde de l'IS à payer au titre de cet exercice.

3. Enregistrez au journal les écritures relatives à l'IS dû au titre de l'exercice N (acomptes, charge d'IS et versement du solde).

4. Présentez, sous la forme d'un tableau, la répartition du bénéfice de l'exercice N.

5. Enregistrez au livre-journal l'écriture de répartition du résultat.

■ Solution

1 • Détermination du résultat fiscal de l'exercice N

L'amortissement des véhicules immatriculés dans la catégorie des voitures particulières n'est déductible du résultat fiscal que pour la fraction calculée sur un prix d'acquisition inférieur à 18 300 € (ce montant s'entend TTC, car la TVA n'est pas récupérable).

Il convient donc de réintégrer dans le résultat fiscal : (30 540 – 18 300) x 20 % = 2 448 €.

REMARQUE

Pour les véhicules acquis à compter du 1er janvier 2006 et dont la date de 1re mise en circulation est intervenue après le 1er juin 2004, cette limite a été ramenée à 9 900 € pour les voitures dont le taux d'émission de dioxyde de carbone est supérieur à 200 g/km.

Bénéfice comptable avant IS	**562 000**
RÉINTÉGRATIONS :	
Amende fiscale	2 672
Amortissement non déductible sur véhicule Citroën DS5	2 448
Taxe sur les voitures de sociétés	5 880
Bénéfice fiscal avant IS	**573 000**

2 • Détermination des acomptes versés au cours de l'exercice N

Le premier acompte est provisoirement calculé sur le résultat fiscal de l'exercice N–2, en attendant de connaître celui de l'exercice N–1. La régularisation est effectuée lors du versement du deuxième acompte.

Nature	Calcul	Montant	Date limite de paiement
Acompte n° 1	357 000 x $8^{1/3}$ %	29 750	15-03-N
Acompte n° 2 + Régularisation de l'acompte n° 1	435 000 x $8^{1/3}$ % + (435 000 – 357 000) x $8^{1/3}$ %	42 750	15-06-N
Acompte n° 3	435 000 x $8^{1/3}$ %	36 250	15-09-N
Acompte n° 4	435 000 x $8^{1/3}$ %	36 250	15-12-N

La somme des acomptes versés au cours de l'année N représente $33^{1/3}$ % du résultat fiscal de l'exercice N–1, soit : 435 000 x $33^{1/3}$ % = 145 000 €.

L'Impôt sur les sociétés dû au titre de l'exercice N s'élève à : 573 000 x $33^{1/3}$ % = 191 000.

Le solde de liquidation, c'est-à-dire le montant de l'IS dû au titre de l'exercice N diminué des acomptes versés, s'élève à : (191 000 – 145 000) = 46 000 €. Il doit être versé au Trésor public le 15 avril N+1 au plus tard.

Remarque

Les personnes morales dont l'IS excède 763 000 € sont assujetties à une contribution sociale sur les bénéfices (CSB) de 3,3 %, juridiquement distincte de l'IS. Il n'en a pas été tenu compte dans les calculs qui précèdent.

3 • Traitement comptable de l'impôt sur les sociétés relatif à l'exercice N

■ Versement des acomptes au cours de l'exercice N

		15-03-N		
444		État – Impôts sur les bénéfices	29 750	
	512	Banque		29 750
		Versement du premier acompte		
		15-06-N		
444		État – Impôts sur les bénéfices	42 750	
	512	Banque		42 750
		Versement du deuxième acompte		
		15-09-N		
444		État – Impôts sur les bénéfices	36 250	
	512	Banque		36 250
		Versement du troisième acompte		
		15-12-N		
444		État – Impôts sur les bénéfices	36 250	
	512	Banque		36 250
		Versement du quatrième acompte		

■ Comptabilisation de l'Impôt sur les Sociétés dû au titre de l'exercice N

	31-12-N		
695	Impôts sur les bénéfices	191 000	
444	État – Impôts sur les bénéfices		191 000
	IS dû au titre de l'exercice N		

L'Impôt sur les sociétés est une charge inscrite sur la ligne « *Impôts sur les bénéfices* » au bas du compte de résultat.

■ Versement du solde de liquidation

Le solde du compte 444. *Impôts sur les bénéfices* est inscrit dans le poste « *Dettes fiscales et sociales* », au passif du bilan de l'exercice N, et sera versé au Trésor public le 15-04-N+1 au plus tard.

	15-04-N+1		
444	État – Impôts sur les bénéfices	46 000	
512	Banque		46 000
	Versement du solde de liquidation :		
	(191 000 – 145 000)		

4 • Tableau de répartition du bénéfice de l'exercice N

Après comptabilisation, dans les charges, de l'IS dû au titre de l'exercice N, le résultat comptable net, tel qu'il apparaît au passif du bilan définitif, s'élève à :

	Résultat comptable avant IS	562 000
–	Impôt sur les sociétés	191 000
=	Résultat comptable net	371 000

La réserve légale inscrite au bilan atteint 9,5 % du capital. Rappelons que cette réserve cesse d'être obligatoire lorsqu'elle atteint 10 % du capital social.

La dotation à la réserve légale de l'exercice N doit donc être limitée ici à : (3 000 000 x 10 %) – 285 000 = 15 000 €.

Tableau de répartition du résultat de l'exercice N

Bénéfice net de l'exercice		371 000	
+ Report à nouveau créditeur		54 000	
= Bénéfice à répartir			425 000
Réserve légale :	5 % de 371 000, limité à 15 000	15 000	
Intérêt statutaire :	4 % de 3 000 000	120 000	
Bénéfice restant à répartir			290 000
Réserve statutaire :	25 % de 290 000	72 500	
Bénéfice restant à répartir			217 500
Superdividende (1) :	30 000 x 7 €	210 000	
Réserve facultative :	217 500 – 210 000	7 500	

(1) 217 500/30 000 = 7 € (arrondi à l'euro inférieur)

5 • Comptabilisation de la répartition du résultat de l'exercice N

Après avoir enregistré les écritures de clôture, le bénéfice net comptable est inscrit dans le compte 120. *Résultat de l'exercice (Bénéfice)*. L'enregistrement de la répartition du résultat consiste à solder ce compte en contrepartie des affectations correspondantes.

	31-12-N		
120	Résultat de l'exercice (Bénéfice)	371 000	
110	Report à nouveau créditeur	54 000	
1061	Réserve légale		15 000
1063	Réserve statutaire		72 500
1068	Autres réserves		7 500
457	Associés – Dividendes à payer		
	(120 000 + 210 000)		330 000
	Affectation du bénéfice de l'exercice N		

Le bilan définitif, avant et après répartition du résultat, se présente alors comme suit :

Extrait du bilan BONNIOL au 31-12-N

Passif	Avant répartition	Après répartition
Capitaux propres		
Capital social	3 000 000	3 000 000
Réserve légale	285 000	300 000
Réserve statutaire	734 500	807 000
Autres réserves	1 134 000	1 141 500
Report à nouveau	54 000	-
Résultat de l'exercice	371 000	-
Total capitaux propres	**5 578 500**	**5 248 500**
Dettes		
Autres dettes	-	330 000
Total	**5 578 500**	**5 578 500**

PAPIER À BASE DE
FIBRES CERTIFIÉES

hachette s'engage pour
l'environnement en réduisant
l'empreinte carbone de ses livres.
Celle de cet exemplaire est de :
1100 g éq. CO_2
Rendez-vous sur
www.hachette-durable.fr

Achevé d'imprimer en France par Dupli-Print à Domont (95)
Dépôt légal : janvier 2014 – Collection : 10 – Édition : 02
N° d'impression : 2013121197
14/0171/0